21 世纪高职高专能力本位型系列规划教材·物流管理系列

运输组织与管理项目式教程

主　编　苏玲利　陶春柳
副主编　饶阳春　陈鸿雁

内容简介

本书以高等职业教育"理论以必需、够用为度，重视实践，重视应用能力培养"为编写原则，构建适应高等职业院校学生知识层次的运输组织与管理项目式教程的框架。本书体系结构有别于传统的物流运输管理类教材，全书围绕运输业务流程，通过与行业企业合作，对运输岗位的工作任务和职业能力进行分析、分解，以工作任务为导向，以工作过程为主线，将内容分为 8 大项目，即走进运输、物流运输决策、公路货物运输、铁路货物运输、水路货物运输、航空货物运输、多式联运货物运输和特殊货物运输。

本书可作为高职高专、五年制高职、应用型本科等院校的物流管理、运输管理等相关专业的教材，也可作为运输企业业务人员培训教程及自学用书。

图书在版编目(CIP)数据

运输组织与管理项目式教程/苏玲利，陶春柳主编. —北京：北京大学出版社，2013.1
(21 世纪高职高专能力本位型系列规划教材·物流管理系列)
ISBN 978-7-301-21946-1

Ⅰ. ①运… Ⅱ. ①苏…②陶… Ⅲ. ①货物运输—交通运输管理—高等职业教育—教材 Ⅳ. ①U294.1

中国版本图书馆 CIP 数据核字(2013)第 007428 号

书　　　名：运输组织与管理项目式教程
著作责任者：苏玲利　陶春柳　主编
策划编辑：赖青　李辉
责任编辑：陈颖颖
标准书号：ISBN 978-7-301-21946-1/F·3479
出版发行：北京大学出版社
地　　　址：北京市海淀区成府路 205 号　100871
网　　　址：http://www.pup.cn　新浪官方微博：@北京大学出版社
电子信箱：pup_6@163.com
电　　　话：邮购部 62752015　发行部 62750672　编辑部 62750667　出版部 62754962
印　　　刷　者：北京鑫海金澳胶印有限公司
经　　　销　者：新华书店

　　　　　　787 毫米×1092 毫米　16 开本　13 印张　295 千字
　　　　　　2013 年 1 月第 1 版　2017 年 5 月第 3 次印刷

定　　　价：26.00 元

未经许可，不得以任何方式复制或抄袭本书之部分或全部内容。
版权所有，侵权必究
举报电话：010-62752024　电子信箱：fd@pup.pku.edu.cn

前　言

本书是根据教育部高职高专院校专业课程教学的基本要求，总结编者多年的教学实践经验，采用项目化编写思路展开的运输组织管理教材。在编写过程中，为了推进项目化教学，促进学校之间的交流与合作，听取不同院校的使用意见、要求，教材编写小组与行业企业合作共同编写开发。

本书在编写过程中力求突出以下几个方面的特点。

(1) 工学结合，制定运输工作过程的学习情境。

在广泛调研的基础上，与企业运输管理人员共同研究、设计教学项目，分解工作任务。以物流运输任务为载体，构建体现工学结合理念的学习领域，设计开发了 8 个学习项目、20 个运输任务，将学习过程融入工作过程，增强学生岗位技能，培养学生的职业能力。

(2) 结构新颖。

每个项目由若干任务构成，每个任务包含学习目标、任务描述、任务分析、知识准备、任务实施和实训等内容。预备知识里每一单元内容与任务中需要完成的活动一一对应，以利于教师的教学实施。学生通过完成任务掌握相关理论知识，并形成相应的学习能力和操作能力。

(3) 注重教学评价过程。

在每一任务完成的情况下，本书设置相关的实训任务，根据学生的学习态度、职业素养、完成任务情况进行成绩评定，有利于教师在项目化教程中的课程考核。

本书由健雄职业技术学院的苏玲利和陶春柳担任主编，南昌职业学院的饶阳春和淄博职业学院的陈鸿雁担任副主编。苏玲利进行编写思路整体设计和统稿，并编写项目 1、项目 2、项目 3、项目 6；陶春柳编写项目 4、项目 5；饶阳春编写项目 7；陈鸿雁编写项目 8。在本书编写过程中，参考了大量的文献资料及网络资源，引用了一些专家学者的研究成果和一些公司的案例资料，此外还得到了苏州城联快递、天地华宇集团等一线专业人员的帮助，在此对他们表示崇高的敬意和诚挚的谢意！

由于编者水平所限，书中如有不足之处敬请读者批评指正，以便修订时改进。

编　者
2012 年 11 月

目 录

项目 1　走进运输 1
　任务 1.1　认识运输 1
　　　1.1.1　物流运输方式 2
　　　1.1.2　运输市场 5
　任务实施 7
　　　活动 1　运输方式认知 7
　　　活动 2　地区运输业现状调研 8
　实训 8
　任务 1.2　运输公司的岗位设置 9
　　　1.2.1　运输企业的组织结构 10
　　　1.2.2　运输企业的业务流程和
　　　　　　岗位设置 14
　任务实施 17
　　　活动 1　建立运输作业部门 17
　　　活动 2　运输企业岗位人员招聘 18
　实训 18

项目 2　物流运输决策 20
　任务 2.1　制定运输方案 20
　　　2.1.1　选择运输方式的定性
　　　　　　分析方法 21
　　　2.1.2　选择运输方式的定量
　　　　　　分析方法 22
　任务实施 23
　　　活动 1　运输方案决策方法确定 23
　　　活动 2　成本比较法确定运输方案 23
　实训 24
　任务 2.2　确定运输路线 25
　　　2.2.1　物流运输路线决策的方法 26
　　　2.2.2　物流运输车辆运行路线
　　　　　　决策的方法 30
　任务实施 31
　　　活动 1　运输路线的决策方法 31
　　　活动 2　扫描法确定车辆路线 32
　实训 32

项目 3　公路货物运输 35
　任务 3.1　公路货运业务认知 35
　　　3.1.1　公路货物运输概述 36
　　　3.1.2　公路货物运输基本业务 42
　任务实施 48
　　　活动 1　确定公路运输作业方式 48
　　　活动 2　公路整车运输业务操作 48
　实训 52
　任务 3.2　模拟公路零担货物运输流程 53
　　　3.2.1　公路零担货物运输组织 54
　　　3.2.2　公路货运运费计算 59
　任务实施 64
　　　活动 1　公路零担货运流程模拟 64
　　　活动 2　公路货运运费核算 66
　实训 67

项目 4　铁路货物运输 69
　任务 4.1　铁路货运业务认知 69
　　　4.1.1　铁路货物运输概述 70
　　　4.1.2　铁路货物运输要求与种类 71
　任务实施 74
　　　活动　调查铁路货运发展现状 74
　实训 74
　任务 4.2　铁路货运业务组织 75
　　　4.2.1　货运合同的签订 76
　　　4.2.2　货物的托运和承运 79
　　　4.2.3　货物的装车作业 83
　　　4.2.4　货物途中作业 85
　　　4.2.5　货物的到达领取 85
　任务实施 86
　　　活动 1　签订货运合同 86
　　　活动 2　货物托运和承运 86
　　　活动 3　货物装车 88
　　　活动 4　货物途中作业 88
　　　活动 5　货物到达领取 89
　实训 89
　任务 4.3　铁路货运运费计算 90
　　　4.3.1　铁路货物运价种类 90
　　　4.3.2　铁路运费的计算程序 91

任务实施 93
    活动1　区分铁路货运运价种类 93
    活动2　计算铁路货物运费 93
  实训 94

项目5　水路货物运输 95

  任务5.1　水路货运业务认知 95
    5.1.1　水路货物运输概述 96
    5.1.2　水路货物运输的经营方式 98
  任务实施 99
    活动　调查水路运输发展现状 99
  实训 100
  任务5.2　班轮运输业务组织 100
    5.2.1　货运安排 101
    5.2.2　接货装船 102
    5.2.3　卸船交货 104
  任务实施 104
    活动1　安排货物运输 104
    活动2　组织货物装船运输 106
    活动3　货物卸船交付 106
  实训 106
  任务5.3　租船运输业务组织 107
    5.3.1　询盘 109
    5.3.2　洽商 109
    5.3.3　签署合同 110
  任务实施 111
    活动1　租船询盘 111
    活动2　租船洽商 111
    活动3　签署租船合同 111
  实训 113
  任务5.4　水路货运运费计算 113
    5.4.1　班轮运费的计算 114
    5.4.2　不定期船运费和租金的计算 118
  任务实施 120
    活动1　计算班轮运费 120
    活动2　计算装卸时间、滞期费和
        速遣费 120
  实训 120

项目6　航空货物运输 122

  任务6.1　模拟航空货物运输流程 122

    6.1.1　航空货物运输方式 123
    6.1.2　航空货物运输业务流程 126
  任务实施 131
    活动1　确定航空运输组织方式 131
    活动2　模拟航空货物发运
        交接操作 131
  实训 135
  任务6.2　填制航空主运单 136
    6.2.1　航空运单概述 137
    6.2.2　航空货运运费计算 143
  任务实施 148
    活动1　填制航空运单 148
    活动2　核算航空运费 150
  实训 151

项目7　多式联运货物运输 153

  任务7.1　多式联运方案设计 153
    7.1.1　多式联运概述 154
    7.1.2　多式联运方案设计概述 157
  任务实施 160
    活动1　选择多式联运运输路线 160
    活动2　设计多式联运方案 160
  实训 160
  任务7.2　多式联运业务组织 161
    7.2.1　多式联运组织过程 162
    7.2.2　多式联运单据 169
  任务实施 170
    活动1　模拟多式联运业务流程 170
    活动2　缮制多式联运单证 171
  实训 171

项目8　特殊货物运输 172

  任务8.1　危险货物运输组织 172
    8.1.1　危险货物的确认 173
    8.1.2　危险货物运输要求 181
    8.1.3　危险货物运输流程 183
  任务实施 184
    活动1　确认危险货物分类 184
    活动2　制定危险货物运输
        操作规范 184
    活动3　组织危险货物运输 184

实训 184
任务 8.2 超限货物运输组织 185
    8.2.1 超限货物运输概述 186
    8.2.2 超限货物运输要求 187
    8.2.3 超限货物运输流程 188
任务实施 189
    活动 模拟超限货物运输流程 189
实训 190

任务 8.3 鲜活易腐货物运输组织 191
    8.3.1 鲜活易腐货物概述 191
    8.3.2 鲜活易腐货物运输要求 192
    8.3.3 鲜活易腐货物运输流程 193
任务实施 194
    活动 模拟鲜活易腐货物运输流程 194
实训 194

参考文献 196

项目 1 走进运输

任务 1.1 认识运输

学习目标

(1) 了解运输及运输市场的基本概念。
(2) 掌握运输市场的构成。
(3) 掌握物流运输的 5 种方式及特点。
(4) 能够具有设计调查问卷进行运输业调研的能力。

任务描述

北京物流运输公司由于华东地区的业务扩大，经过一系列的市场调查，决定在太仓、上海等地开设分公司，专门接洽华东地区的物流运输业务，主营公路运输。公司现委派负责人到江苏太仓组建运输公司，并招聘公司员工，购买车辆，完成货物的实际运输任务。

小王是刚毕业的物流管理专业大学生，现在接受总公司的委派，作为太仓分公司负责人张经理的助理到太仓来完成运输公司的组建工作，现要求以分公司负责人的名义，开始组建太仓分公司，完成公司组建及人员安排。

任务分析

小王作为刚毕业的大学生，在作为助理组建公司的过程中，一定会遇到许多问题，当地的运输市场如何，对新招聘的员工如何进行培训，在这过程中也要回顾自己所学的专业知识，需要与公司实际业务相结合，所以本任务需要通过以下两个活动来完成。

活动 1　运输方式认知
活动 2　地区运输业现状调研

知识准备

1.1.1 物流运输方式

1. 运输及其功能

1) 运输的概念

运输是指人或者物借助于运力创造时间和空间效应的活动。当产品因从一个地方转移到另一个地方而价值增加时,运输就创造了空间价值;时间效应则是指这种服务在需要的时候发生。所谓运力,是指由运输设施、路线、设备、工具和人力组成的,具有从事运输活动能力的系统。关于人的运输称为客运,货物的运输称为货运。

物流的运输专指"物"的载运及输送。根据《中华人民共和国国家标准物流术语》对运输(Transportation)的解释,运输是指"用设备和工具将物品从一地点向另一地点运送的物流活动,其中包括集货、分配、搬运、装入、卸下、分散等一系列操作"。

2) 运输的特点

运输是在不同地域范围内实现对"物"的空间位移,具有如下基本特点。

(1) 运输是在流通过程中完成的。运输表现为产品的生产过程在流通领域中的继续,运输业不断为企业生产提供原料、材料、燃料和半成品,以保证企业不间断地从事生产。

(2) 运输产品计量的特殊性。运输产量是以运输量和运输距离进行复合计量的,运输产量的大小直接决定着运输能力和运输费用的消耗。

(3) 运输费用在物流成本中占有较大的比例。在整个物流费用中,运输费用与其他环节的支出相比是比较高的。运输路程越远,运量越大,运输费用也就越高,在整个物流费用中所占的比例也就越大。

3) 运输的功能

(1) 产品转移。运输的主要功能就是使产品在价值链中来回移动,即通过改变产品的地点与位置,消除产品的生产与消费之间的空间位置上的背离,或将产品从效用价值低的地方转移到效用价值高的地方,创造出产品的空间效用。另外,因为运输的主要目的是以最少时间完成从原产地到规定地点的转移,使产品在需要的时间内到达目的地,创造出产品的时间效用。

(2) 产品储存。如果转移中的产品需要储存,且在短时间内又将重新转移,而卸货和装货的成本费用也许会超过储存在运输工具中的费用,这时,可将运输工具作为暂时的储存场所。所以,运输也具有临时的储存功能。通常以下几种情况需要将运输工具作为临时储存场所:一是货物处于转移中,运输的目的地发生改变时,产品需要临时储存,这时,采取改道则是产品短时储存的一种方法;二是起始地或目的地仓库储存能力有限的情况下,将货物装上运输工具,采用迂回线路运往目的地。诚然,用运输工具储存货物可能是昂贵的,但如果综合考虑总成本,包括运输途中的装卸成本、储存能力的限制、装卸的损耗或延长时间等,那么,选择运输工具作短时储存往往是合理的,有时甚至是必要的。

4) 运输的原理

指导运输管理和运营的两条基本原理是批量经济和距离经济。批量经济是指随着装运批量的增加，单位重量的运输成本逐渐降低。距离经济是指每单位距离的运输成本随距离的增加而减少。其存在原因和具体表现见表1-1。

表1-1 运输的两大原理

经济形式	存在原因	举例
批量经济	① 固定费用可以按整票货物量分摊 ② 享受运价折扣	① 整车运输的每单位成本低于零担运输 ② 能力较大的运输工具的每单位运输成本要低于能力较小的运输工具
距离经济	① 分摊到每单位距离的装卸费用随距离的增加而减少 ② 费率随距离的增加而减少	在完成相同吨千米运输情况下，一次运输800千米的成本要低于二次运输400千米的成本

2. 物流运输的方式

运输是物流活动的核心功能，可按照不同的标准分类。

(1) 按运输设备及运输工具的不同，运输方式的分类见表1-2。

表1-2 运输方式按运输设备及运输工具分类

运输方式	特 点
公路运输	主要使用汽车，也使用其他车辆(如人、畜力车)在公路上进行客、货运输的一种方式。公路运输具有很强的灵活性，速度快，装卸方便，路网分布密，一般适用于短距离运输，可以进行门对门的直接运输，但它的运输能力较小，主要承担近距离、小批量的货运
铁路运输	在铁路上把车辆组成列车载运货物的另一种陆上运输方式。铁路运输载运量大，运行一般不受气候条件限制，但受路线、货站限制，机动灵活性差，主要用于大宗物资的长距离运输
水路运输	使用船舶及其他航运工具，在江河、湖泊、海洋上载运货物的一种运输方式。从技术性能上看，主要承担大吨位、长距离的货物运输，是在干线运输中起主力作用的运输方式。从经济指标上看，运输成本最低，并在内河及沿海担任补充及衔接大批量干线运输
航空运输	使用飞机或其他航空器进行货物运输的一种运输方式，运行速度快，成本高，主要适用于对时效性要求高的高价值货物的运输
管道运输	利用管道输送气体、液体和粉状固体的一种特殊的运输方式，主要适用于大宗流体货物，如石油、天然气、煤浆、矿石浆体等

(2) 按运营主体不同，运输方式分类见表1-3。

表1-3 运输方式按运营主体分类

运输方式	特 点
自营运输	货主自己搞运输，即自备车辆，自行承担运输责任，从事货物的运输活动。多限于公路运输，水路运输中也有少量部分属于这种情况。以汽车为主要运输工具，且多为近距离小批量货物运输
经营性运输	广见于公路、铁路、水路、航空等运输业中，是运输业的发展方向。最常见的汽车营业运输系统一般可分专线运输及包车运输
公共运输	体系的构筑投资相当大，回收期长，风险大，与国民经济的发展息息相关，是一种基础性系统，在我国一般没有相应的企业投资经营

(3) 按运输范畴不同,运输方式的分类见表1-4。

表1-4 运输方式按运输范畴分类

运输方式	特　点
干线运输	利用铁路、公路的干线、大型船舶的固定航线进行的长距离、大数量的运输,是进行远距离空间位置转移的重要运输形式。干线运输一般速度较同种运输工具的其他运输方式速度要快,成本也较低。干线运输是运输的主体
支线运输	是相对于干线运输来说的,是在干线运输的基础上,对干线运输起辅助作用的运输形式,是与收、发货地点之间的补充性运输形式,路程较短,运输量相对较小
二次运输	经过干线与支线运输到站的货物,还需要再从车站至仓库、工厂或集贸市场等指定交货地点的运输。二次运输是一种补充性的运输方式,路程短,运量小
厂内运输	在生产企业范围内,直接为生产过程服务的运输。一般是在车间与车间之间,车间与仓库之间进行的内部货物转运。通常情况下因厂内运输距离较短,将企业中的内部运输、车间与仓库的运输称为"搬运"

(4) 按运输作用的不同,运输方式的分类见表1-5。

表1-5 运输方式按运输作用分类

运输方式	特　点
集货运输	将分散的货物汇集集中的运输形式,一般距离短、批量小。在时序上,货物"集中"后才能利用干线运输形式进行远距离及大批量运输,因此,集货运输是干线运输的一种补充形式
配送运输	将节点(一般是配送中心)中已按用户要求配好的货物分送各个用户的运输,一般是短距离、小批量的运输,是对干线运输的一种补充和完善的运输。在时序上,干线运输完成后将货物"分发"给零散分布的各个用户

(5) 按运输协作程度的不同,运输方式的分类见表1-6。

表1-6 运输方式按运输协作程度分类

运输方式	特　点
一般运输	运输工具及运输方式单一,运输服务的适应性不强
联合运输	可缩短货物的在途运输时间,加快运输速度,节省运费,提高运输工具的利用率,同时可以简化托运手续,方便用户
多式联运	比一般的联合运输规模要大,并且反复地使用多种运输手段,以实现最优化运输服务

(6) 按运输中途是否换装,运输方式的分类见表1-7。

表1-7 运输方式按运输中途是否换装分类

运输方式	特　点
直达运输	在组织货物运输时,利用一种运输工具从起运站、港口一直运送至到达站、港口,中途不经过换装、不入库储存的运输形式。避免中途换装所出现的运输速度缓慢、货损增加、装卸费用增加等因素,从而可缩短运输时间、加快车船周转效率、降低运输费用、提高运输质量
中转运输	在组织货物运输时,在货物运往目的地的过程中,在途中的车站、港口、仓库进行转运换载,包括同种运输工具不同运输线路的转运换载,不同运输工具之间的转运换载。通过中转,可以将干线、支线运输有效地衔接,可以化整为零或集零为整,从而方便用户,提高运输效率

特别提示

运输方式根据不同的标准有不同的分类,但通常情况下,在物流运输系统中提到的运输方式是由道路运输(公路运输)、铁路运输、水路运输、航空运输和管道运输组成。

1.1.2 运输市场

运输市场是运输生产者和运输需求者之间进行运输服务、产品交易的场所和机制,是运输活动的客观反映。运输市场的形成源自于对运输服务的客观需求,以及合适的运输工具及有可供运输工具运行的铁路、公路、航道和港站等的运力供给,包括设施和劳务。因此运输市场表现为在相当广阔的空间里,在一定时间的推移中实现运输服务的需求和供给,从而完成货物位移。运输市场是随着运输需求和供给的出现而产生的,它通过市场机制的调节得以发挥作用,在市场竞争规律的作用下运行。

1. 运输市场的概念

运输需求和运输供给构成了运输市场。狭义的运输市场是指运输劳务交换的场所,该场所为旅客、货主、运输业者、运输代理者提供交易的空间。广义的运输市场则包括运输参与各方在交易中所产生的经济活动和经济关系的总和,即运输市场不仅是运输劳务交换的场所,而且还包括运输活动的参与者之间、运输部门与其他部门之间的经济关系。此外,运输市场作为整个市场体系中的一部分,同样包含资源配置手段这一深层含义。

运输市场是多层次、多要素的集合体。运输市场主要包括以下参与者。

(1) 需求方:客、货运输的需求者,如居民、企业和军队等。
(2) 供给方:提供客、货运输服务的运输业者,如铁路运输局和航空公司等。
(3) 中介方:提供各种与运输服务相关的货运代理公司、经纪人和信息咨询公司等。
(4) 政府方:政府有关机构和各级交通运输管理部门。政府方代表国家和公众利益对运输市场进行监督、管理、调控,包括铁道部、交通部、中国民航总局、省交通厅、市县交通局等各级交通运输主管部门,以及财政、金融、税务、海关、城建、环保、工商、物价、商检、标准计量、经贸委和仲裁等部门和机构。

2. 物流运输市场的分类

为了做好运输的管理工作,需要了解不同运输市场的经济特征,并有针对性地进行市场调查与分析研究。运输市场分类见表1-8。

表1-8 运输市场分类

分类标准	运输市场	特点
按行业划分	铁路运输市场 水路运输市场 公路运输市场 航空运输市场 管道运输市场	这种分类可以用于研究不同运输方式之间的竞争,如综合运输、运价体系和各种运输方式之间的竞争等
按运输对象划分	货运市场 客运市场 装卸搬运市场	货运市场对国民经济形态较为敏感,对安全质量和经济性等要求较高; 客运市场与人民生活水平和国际交往有关,对运输的安全性、快速性、舒适性和方便性等要求较高

续表

分类标准	运输市场	特点
按运输范围划分	国内运输市场 国际运输市场	这种分类可以了解在全球货运市场的背景下国内运输市场如何争占优势，发现国内货运市场面临的问题，了解国际货运市场的发展趋势
按供求关系划分	买方运输市场 卖方运输市场	供不应求时，货主和旅客的需要常常得不到满足，买票难、出门难，发生以运定产的现象，需要扩大运输生产能力；供过于求时，大量的运力闲置而得不到充分利用。买方与卖方市场的经营环境不同，运输企业所采取的运营策略也不同

3. 物流运输市场的特征

运输市场是多层次、多要素的集合体，其参与者可以分为需求方、供给方、中介方和政府方 4 个方面。我国运输市场除具有社会主义市场经济共同的特点外，作为市场体系中的一个专业市场，又有以下特征。

1) 运输生产与运输消费的同步性

运输商品的生产过程和消费过程是融合在一起的，在运输生产过程中，劳动者主要不是作用于运输对象，而是作用于交通工具，货物是和运输工具一起运行的，并且随着交通工具的场所变动而改变所在位置。由于运输所创造的产品在生产过程中同时被消费掉，因此不存在任何可以存储、转移或调拨的运输"产成品"。

2) 运输市场的非固定性

运输市场所提供的运输产品具有运输服务特性，它不像其他工农业产品市场那样有固定的场所和区域来生产、销售商品。运输活动在开始提供时只是一种"承诺"，即以货票、运输合同等作为契约保证，随着运输生产过程的开始进行，通过一定时间和空间的延伸，在运输生产结束时，才将货物位移的实现所形成的运输劳务全部提供给运输需求者。整个市场交换行为，并不局限于一时一地，而是具有较强的广泛性、连续性和区域性。

3) 运输需求的多样性及波动性

运输企业以运输劳务的形式服务于社会，服务于运输需求的各个组织或个人。由于运输需求者的经济条件、需求习惯、需求意向等多方面存在比较大的差异，必然会对运输劳务或运输活动过程提出各种不同的要求，从而使运输需求呈现出多样性的特点。由于工农业生产有季节性的特点，因此货物运输需求也有季节性的波动。特别是水果、蔬菜等农产品的运输需求季节性十分明显。由于运输产品无法储存，运输市场供需平衡较难实现。

 知识链接——运输在国民经济中的地位和作用

案例——绿色物流

目前，世界各国都在尽力把绿色物流活动作为物流业发展的重点，积极开展绿色环保物流的专项技术研究(如在物流系统和物流活动的规划与决策中尽量采用对环境污染小的方案，如采用排污量小的货车车型、近距离配送、夜间运货，以减少交通阻塞、节省燃料和降低排放等)，促进新材料的广泛应用与开发，以及积极出台与其相应的绿色物流政策和法规，努力为物流的绿色化和可持续发展奠定基础。

欧洲是引进"物流"概念较早的地区之一，而且也是较早将现代技术用于物流管理，提高物流绿色化的先锋。例如，在 20 世纪 80 年代，欧洲就开始探索一种新的联盟型或合作式的物流新体系，即综合物流供应链管理。欧洲最近又提出一项整体运输安全计划，目的是监控船舶运行状态。通过测量船舶的运动、船体的变形情况和海水状况，就可以提供足够的信息，避免发生事故，或者是在事故发生之后，能够及时采取应急措施。这一计划的目的就是为了尽量避免或者减少海洋运输对环境的污染。欧洲的运输与物流业组织——欧洲货代组织(FFE)也很重视绿色物流的推进和发展，对运输、装卸、管理过程制定出相应的绿色标准，加强政府和企业协会对绿色物流的引导和规划作用，同时鼓励企业运用绿色物流的全新理念(重点在于规划和兴建物流设施时，应该与环境保护结合起来；要限制危害人类生态的公路运输的发展，大力推进铁路电气化运输)来经营物流活动，加大对绿色物流新技术的研究和应用，如对运输规划进行研究，积极开发和试验绿色包装材料等。

把物流行业作为本国经济发展生命线的日本，从一开始就没有忽视物流绿色化的重要意义，除了在防止交通事故、抑制道路沿线的噪声和振动等方面加大政府部门的监管和控制作用外，还特别出台了一些实施绿色物流的具体目标值，如，货物的托盘使用率，货物在停留场所的滞留时间等，来降低物流对环境造成的负荷。在 2001 年出台的《新综合物流实施大纲》中，其重点之一就是要减少对大气污染的排放，加强地球环境保护，对可利用的资源进行再生利用，实现资源、生态和社会经济良性循环，建立适应环保要求的新型物流体系。

在我国，绿色物流方兴未艾。2008 年北京奥运物流是现在业界关注的热点话题，几乎所有的大型物流企业都在对奥运物流可能带来的市场进行研究。据悉，某些国际物流企业甚至就承接奥运器材等某些专项物流项目做出了具体的方案。实现绿色物流需要在下列两个方面下功夫：①对物流系统污染进行控制，在物流系统和物流活动的规划与决策中尽量采用对环境污染小的方案，如采用排污量小的货车车型，近距离配送，夜间运货等。发达国家政府倡导绿色物流的对策是在污染发生源、交通量、交通流等几个方面制定相关政策；②建立工业和生活废料处理的物流系统。随着经济全球化步伐的加快，科学技术尤其是信息技术、通信技术的进步，跨国公司的迅猛发展所导致的本土化生产、全球采购以及全球消费趋势的加强，均使得当前的国际物流的发展呈现出一系列新的特点和发展趋势。

案例分析：

绿色物流是指在物流过程中抑制物流对环境造成危害的同时，实现对物流环境的净化，使物流资源得到最充分利用。在抑制物流对环境造成危害的同时，形成一种能促进经济发展和人类健康发展的物流系统，即向绿色物流、循环型物流转变。

运输对环境的影响：交通运输业中，公路运输以其机动灵活、覆盖面广、可以实现"门到门"运输等优势而在物流运输中的地位不断上升。然而汽车运输存在许多影响环境与生态的问题。首先是汽车排放的尾气含有大量有害气体，是城市空气污染的最大祸首。其次，汽车运输能耗大，单位运量(吨千米)的能耗约为铁路运输的 4～5 倍。美国全部运输方式的总能耗约占整个国家总能耗的 25%。此外，交通产生了大量噪声，交通事故(如油轮触礁等)都对环境与生态系统产生严重的负面影响。

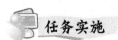

活动 I 运输方式认知

小王在作为分公司助理协助组建公司的过程中，需要对新进员工进行培训，也需要了解当地运输市场。该部分活动可以将班级学生模拟为新进员工，通过查阅资料、现场调查等方式对运输进行认知。

通过对学生分组，在结合理论知识的基础上，查找相关资料，特别是图片资料来加深对运输方式的认知。

(1) 将学生分成 5~6 人一组。

(2) 各组查阅资料。

① 我国高速公路的发展。

② 我国主要铁路干线和铁路枢纽。

③ 我国的远洋航线。

④ 我国主要航空港。

⑤ 我国管道运输的发展。

⑥ 各种运输方式的优势和劣势。

(3) 各组交流所查阅资料的信息，并探讨各种运输方式的发展，教师给予指导与点评。

活动 2　地区运输业现状调研

(1) 将学生分成 5~6 组，每组 5~6 人。

(2) 将本地区划分为 5~6 个区域，每一组分配一个区域。

(3) 制订调查方案。小组成员通过实地考察了解该区域运输市场发展情况，制定出调查方案初稿，内容包括调查目的、调查对象、内容、方式、组织安排、调研过程的各个阶段的具体工作等。

(4) 设计调查表。小组根据调查目的设计出地区运输业发展情况问卷调查表，内容包括企业性质、企业规模、信息系统建立、客户分布和满意度、运输服务收费标准、运输方式选取等问题。

(5) 市场调研实施。每组成员合理分工，协同合作，采取现场访谈、电话询问等方式对区域内运输业进行调查。

(6) 完成整理表和分析表。小组成员对问卷进行回收、整理、分析，形成整理表和分析表。

(7) 以小组形式撰写调研报告。各组上交的调研报告必须要有附录，附录内容包括调研实施计划、调研问卷、调研原始资料、调研整理资料等，都作为附件附在调研报告之后，并在调研报告中列出附录清单。

(8) 在各组推荐的基础上，选定若干名学生在全班进行交流。谈谈对调研工作的心得和体会，对所在区域运输业发展的认识和建议以及对这次调研工作的评价(包括成功经验和不足之处)。

实　　训

一、实训目的

1. 通过实际调查使学生了解各种运输方式在社会生活中的功能。
2. 培养学生调查收集整理相关信息的能力。
3. 培养学生与人协作、沟通和团队合作的能力。

二、实训内容

参观货运站。教师安排学生利用节假日到货运站或物流企业进行参观调查。

项目 1 走进运输

三、实训要求

1. 学生分组，每组 5~6 人。
2. 小组成员查阅各种运输方式发展的相关资料。
3. 各组利用节假日到企业(最好是物流企业)进行调查，注意做好调查记录。
4. 调查重点内容为企业运输方式的选择和对应运输方式的车辆和特征，以及主要运输的货物。
5. 各组对所调查的情况进行总结，并在全班进行交流，派代表发言。
6. 教师点评。

四、实训评价

认识运输技能训练评价表见表 1-9。

表 1-9 认识运输技能训练评价表

	内容	分值	教师评价
考评标准	查阅资料范围广	20	
	参观过程中遵循企业要求，资料收集认真细致	20	
	参观报告调理清晰，内容翔实	40	
	成员分工合理，积极参与	20	
	合计	100	

备注：① 项目得分由组内自评、组间互评和教师评价 3 部分构成。

② 组间互评得分均不能相同，原则上优秀率为 20%(90 以上)；良好率为 60%(分 85、80 两档)；中等及以下为 20%(75 以下)。

③ 项目得分=组内自评×20%+互评×30%+教师评价×50%。

任务 1.2 运输公司的岗位设置

 学习目标

(1) 理解运输主管、运输物流员等的岗位描述。
(2) 熟悉运输企业职能部门划分的主要模式。
(3) 能够具有依据运输企业岗位招聘要求完成笔试、面试的能力。
(4) 能够根据实际情况进行运输企业的组织结构设置和岗位设计。

 任务描述

北京物流运输公司因华东地区的业务扩大，现已决定在太仓开设分公司，专门接洽华东地区的物流运输业务。小王作为分公司经理助理到太仓协助分公司的组建工作。在分公

司开始实际业务之前，需要明确各个部门的管理范围和岗位职责。小王在分公司经理的安排下需要完成公司部门设置和岗位设置。

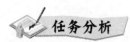

如何设立公司各个管理部门，并且对各部门人员进行职位描述？小王需要在了解当地运输市场的基础上，结合公司实际情况，完成作业部门的建立等工作。本任务可以通过以下两个活动完成。

活动1　建立运输作业部门
活动2　运输企业岗位人员招聘

1.2.1　运输企业的组织结构

运输企业在运营过程中往往会出现这样或那样大大小小的混乱现象，其背后主要原因是组织结构不明确、不完备、不健全、不适宜等，造成了企业中各个部门的混乱。而现代运输物流业因为运输量大、速度快、竞争激烈等特点，需要各个部门紧密配合、互相衔接。运输企业组织结构是企业运作与管理的基础，合理的组织结构设计能够有效实现企业效益最大化。

1. 运输企业组织结构设计

企业组织结构是企业组织内部各个有机构成要素相互作用的联系方式或形式，以求有效、合理地把组织成员组织起来，为实现共同目标而协同努力。组织结构是企业资源和权力分配的载体，它在人的能动行为下，通过信息传递，承载着企业的业务流动，推动或者阻碍企业使命的进程。一个企业在考虑采用什么样的组织形式时，必须考虑4个基本问题：什么样的组织形式有利于实现企业战略目标；什么样的组织形式能提高组织效率；组织形式与企业活动如何适应；组织与外部环境如何适应。因此，组织结构设计的过程主要有以下6个步骤。

1) 确定组织目标

运输企业组织目标的设立是紧紧围绕企业面临的内外部环境，结合自身的资源，合理确定组织的总体目标。运输企业的目标不可能也不应该是单一目标，而应该是一个目标体系。

运输企业作为运输市场的一个经营实体，其经营的主要目标是投资收益最大化。追求利润是企业永恒不变的法则，也是企业发展的基础，但作为关系国民经济发展命脉的运输企业，其最高目标应在于能为国家、社会、他人以及与组织相关的企业提供运输服务。

2) 确定业务内容和流程

确定业务流程就是明确组织的具体工作内容和主导业务流程，并与流程中各节点的工作内容进行分工。

3) 确定组织结构

根据行业特点及组织环境等因素，确定采取何种组织形式，应设置哪些部门，将性质相同或相近的工作内容进行优化组合。

运输企业的经营管理组织结构随着社会的发展也在不断变化,一般有直线式、直线职能式、事业部式、母子公司体制等几种类型。

4) 进行职能分解

运输物流公司确立总体结构框架后,确定各部门职能并对各部门进行职能分解,明确每一部门的具体职能和设立岗位,明确各岗位人员的素质要求。一般把公司划为分一、二、三级职能,明确各部门及岗位的职责。

5) 确定岗位职责及权限

规定各职位的权利、责任和义务,同时明确各部门之间、上下级之间和同级之间的职权关系,以及相互之间的沟通与原则。

6) 配备职位人员

根据运输公司部门的工作性质和对职务人员的素质要求,为各个部门配备人员,明确其职务和职称。

2. 运输企业组织结构形式

运输组织就是按照预定的目标,将运输作业人员与运输手段有效结合起来,完成运输作业过程各环节的职责,为物品流通提供良好的运输服务,合理使用人力、物力,取得最大经济效益。图 1.1 所示是中远物流的运输组织结构图。

1) 直线式组织结构

这种组织结构形式是由一个上级直接管理多个下级的一种组织结构(图 1.2)。其优点是从上到下垂直领导,不设行政职能部门,组织精简,指令传达迅速,责任权限明确,运输企业总经理的管理意图得到充分执行。其缺点是管理中的各种决策易受管理者自身能力的限制,对管理者的要求较全面。当业务扩大需要增加业务人员时,易于产生命令执行不统一,管理者会感到管理业务的压力过大,力不从心。

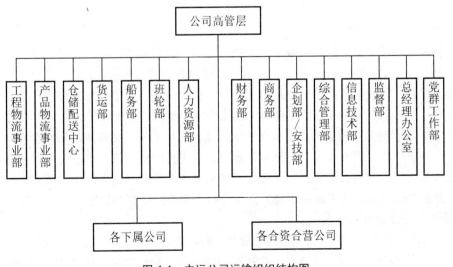

图 1.1 中远公司运输组织结构图

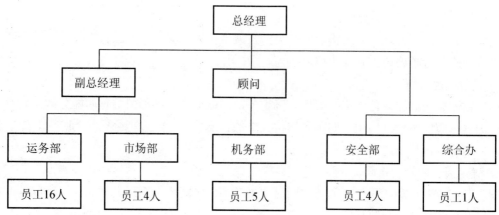

图 1.2　直线式组织结构形式

2) 直线职能式组织结构

直线职能式的管理模式是在直线式的基础上加上职能部门，各职能部门分管不同专业，这些职能结构都是某种职能的组合体(图 1.3)。其优点是克服了直线式管理模式中管理者的精力和工作时间有限的缺点。其缺点是各职能部门之间有时会发生矛盾，因此需要密切配合。这种组织管理模式适合大多数的企业，目前一般的企业、事业单位、政府机构都是采用这种管理模式。

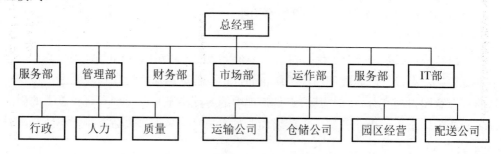

图 1.3　直线职能式组织结构形式

3) 事业部式组织结构

事业部式管理模式是一种较为复杂的运输企业组织管理模式，它是在总公司领导下，以某项职能(或某项目)为事业部，实行统一管理、分散经营的管理方法。其缺点是公司与事业部的职能机构重叠，构成管理人员浪费；事业部实行独立核算，各事业部只考虑自身的利益，影响事业部之间的协作，一些业务联系与沟通往往也被经济关系所替代。

从图 1.4 所示的某运输企业的事业部式组织结构可以看出，战略决策和经营决策是分离的。根据业务按产品、服务、客户、地区等设立半自主性的经营事业部，公司的战略决策和经营决策由不同的部门和人员负责，使高层领导从繁重的日常经营业务中解脱出来，集中精力致力于企业的长期经营决策，并监督、协调各事业部的活动和评价各部门的绩效。

4) 母子公司体制组织结构

母子公司体制组织结构是母公司通过参股和控股等形式来对子公司施加影响的一种分权制组织结构。对于大型的企业集团或跨国公司来讲，这是一种比较传统的也是比较普遍的组织形式。

图 1.5 所示为某大型集团母子公司体制组织结构，集团董事会进行决策，党委发挥监督职能，经理层执行董事会的决策，分工较为明确。

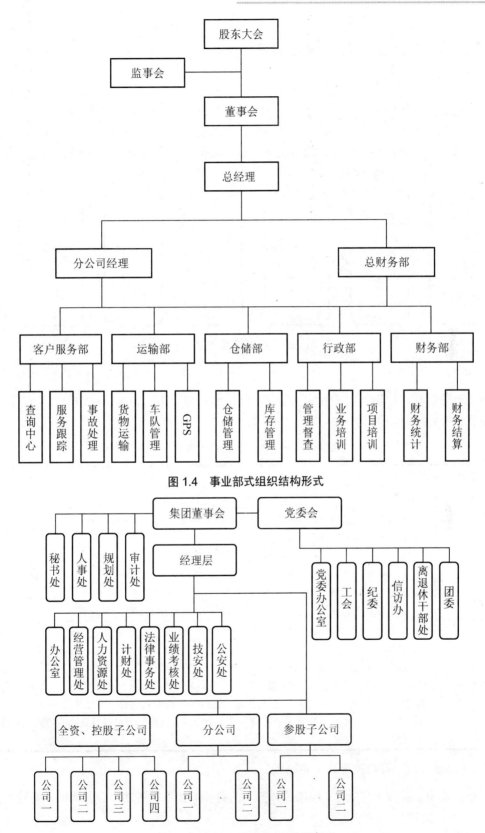

图 1.4 事业部式组织结构形式

图 1.5 母子公司体制组织结构形式

1.2.2 运输企业的业务流程和岗位设置

1. 运输企业业务流程

运输企业由于运输主营业务不同,规模不同,其营运涵盖的作业项目和作业流程不完全相同,但围绕货物运输,公路运输、铁路运输、水路运输和航空运输的基本作业流程基本可归纳为货物承托受理及合同签订、费用结算、组织装车、在途运输、卸货交付、货运事故处理的完整过程。其运输业务流程如图1.6所示。

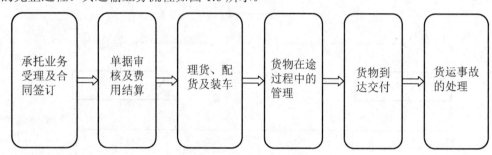

图 1.6 运输业务流程图

2. 运输部门岗位职责

围绕业务流程,运输部门主要职责包括制订作业计划、车辆调度、运输纠纷处理等。具体职能和相应管辖范围见表1-10。

表 1-10 运输部门岗位职责描述

部门名称	运输部
部门职责	做好物资运输工作
主要职能	(1) 编制运输部作业计划,并组织检查、落实和考核; (2) 掌握各类物资的收发动态、库存; (3) 通过调度指挥、调度控制,实施物资运输计划; (4) 完成运输计划和公司核定的利润指标
管辖范围	(1) 运输部、运输队、装卸队、维修部; (2) 运输部及下属各部门办公设备、办公用品,所有运输车辆、装卸设备
职能描述	(1) 运输前工作:指导并协助装卸人员搬运、堆码、装载待运货品,查验办理运输货物数量,办理相关运输手续; (2) 运输途中管理:在货运运输途中,根据货物特性进行保管、护送、喂养等工作,保证货品安全到达目的地;如遇突发事件,及时向公司相关领导汇报,尽快予以解决;对于运输途中出现的货品损坏,按照相关规定进行处理,如退换货、修理等; (3) 货物交付:按照客户要求将货物运送到指定地点交货卸货,进行货物的检验,办理交付手续

3. 运输企业职能部门设置的主要模式

运输企业为了提高工作效率,根据具体部门的业务形式将业务部门划分为以下几种模式。

1) 专业化模式

专业化模式划分方法如图1.7所示。其优点在于:目标单一,力量集中,可使服务质量和效益效率不断提高；分工明确，易于协调和采用机械化；单位独立，管理便利，易于绩效评估。缺点表现为无法统筹运用人力、物力而导致浪费。

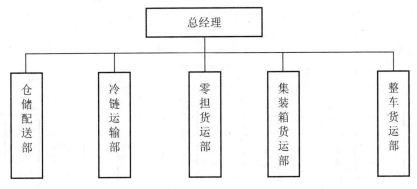

图 1.7　专业化模式

2) 客户化模式

客户化模式划分方法如图 1.8 所示。这种划分方法能使产品或服务更切合客户的实际要求，缺点是降低了技术专业化的效果。

3) 地理区域化模式

地理区域化模式划分方法如图 1.9 所示。这种划分的最大优点是对所负责的地区有充分的了解，各项具体业务的开展更切合当地的实际要求。缺点是容易产生各自为政的弊病，忽视了公司的整体目标。

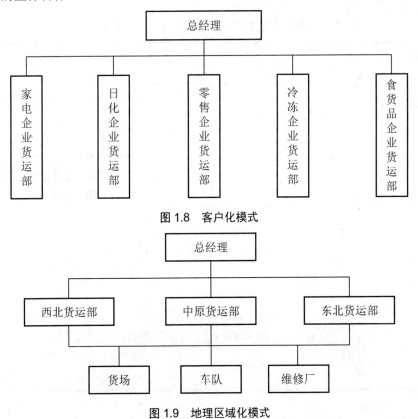

图 1.8　客户化模式

图 1.9　地理区域化模式

4) 生产过程化模式

生产过程化模式划分方法如图 1.10 所示,它是根据作业流程划分的。这种划分所形成的部门专业化程度高,生产效率也高,常用于组织大型货运企业。

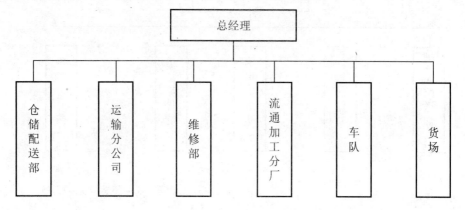

图 1.10　生产过程化模式

4. 运输企业主要作业部门岗位设置

运输企业主要业务部门涉及的岗位主要有运输企业一线经理(部门经理)、运输主管(项目经理、调度主管)、基础操作人员(调度员、提/送员、积载配货员、理/验货员、信息处理员)。其主要工作内容和能力要求见表 1-11。

表 1-11　运输企业主要作业部门岗位工作内容及能力要求

职业岗位	工作内容	能力要求
部门经理	按照营运流程,管理公司运输业务的日常运作,为物流其他环节和客户提供最优的支持	组织结构设计; 业务流程设计; 成本控制; 服务绩效评价; 运输业务管理; 妥善处理运输事故及运输纠纷; 项目管理和团队管理
运输主管 (项目经理、调度主管)	按照运输业务标准操作流程,完成客户运输服务请求; 保障收发货物的准确、高效和及时; 负责日常与物流中心进行协调和沟通,解决站点和运送中出现的问题	业务流程操作; 流程管理; 团队建设; 运输事故处理; 与操作人员/上层管理者/客户进行专业性沟通; 现场管理; 资源分配和人力调配; 月度或季度安排

项目1 走进运输

续表

职业岗位		工作内容	能力要求
基础操作人员	调度员	编制派车计划； 签发行车单据； 控制和协调在途运输异常，保障运输质量； 合理使用运能，提高运输效率； 抓好车辆的安全检查工作	编制短期运输计划； 做出合理的车辆调度计划； 运输线路选择； 司机与任务的合理指派； 运输过程中的及时追踪和对突发事件的协调
	提/送员	接洽客户； 组织货源； 填制货物运输单证； 办理货物托运手续； 进行商品组配	填写各种运输单证； 货源调查和开发新客户； 能填写货物运输单证或协议； 能够完成运费计算
	积载配货员	执行车辆运行作业计划； 货物包装及合理装载； 划分服务区域； 车辆配载； 完成车辆积载方案	执行车辆运行作业计划； 组织货物合理装卸载； 熟悉服务区域的交通及路网布局情况； 具备合理制定车辆积载方案的能力
	理/验货员	按照凭单提取货物并进行复核； 检查货物包装、标志，填写装箱单； 搬运、整理、堆码货物； 分析货物残损原因； 办理货物交接手续	读、写各种单证； 熟悉货物的分类及其属性特点，鉴定货物质量； 掌握货物的包装要求； 具备一定的分析问题和解决问题的能力
	信息处理员	录入有关表单资料； 统计各种费用； 负责信息的搜集、整理工作； 负责开展电子商务	熟悉仓储运输业务基本流程和指标体系； 电脑操作熟练； 掌握物流信息系统软件构架及操作技能； 物流成本核算

活动I 建立运输作业部门

在当地运输市场调研的基础上，根据北京物流运输公司的安排，太仓分公司现在确定主营业务为华东地区为公路货物运输。根据运输市场的需求，推出高端公路快运服务。服务产品突出"准时、安全、优质服务"的特性，让客户以不到航空货运 1/3 的价格，享受堪比航空货运的高性价比服务。此外还提供"零担运输"和"整车特运"等服务产品，同时提供多种增值服务，以满足不同客户的需求。

在确定组织目标的基础上，公司设立相应的服务部门，采用直线职能式组织结构形式，如图 1.11 所示。

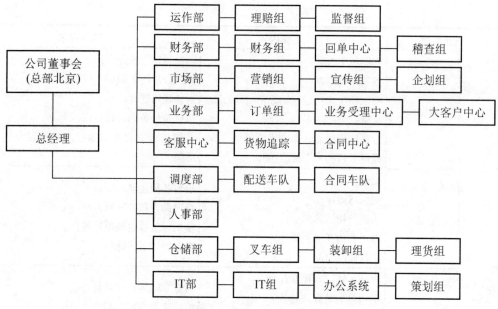

图 1.11　太仓运输公司组织结构图

小王根据相应的作业部门设置岗位，并进行职责描述，负责人员招聘等工作。具体的岗位人员招聘可参考活动 2。

活动 2　运输企业岗位人员招聘

在活动 1 分公司组建的基础上，现在以太仓分公司人事部的名义，完成布置招聘会、公布招聘流程和招聘岗位要求信息发布等工作。活动步骤如下。

(1) 将学生每 9 人分为一组，每组再分成两组，分别扮演招聘方(3 人)和应聘方(6 人)。

(2) 招聘方讨论，完成公司简介、招聘流程和招聘岗位要求的设计。

(3) 招聘方布置招聘会现场，准备白板。在白板上公布招聘信息。

(4) 招聘方准备笔试和面试考题及评分表。

(5) 应聘者作好面试前的准备。准备好应付考官可能提出面试和笔试的考题。

(6) 招聘会开始。根据招聘流程进行：招聘方宣讲—应聘方笔试—招聘方讨论—面试—录用等工作。

(7) 招聘方对应聘者笔试、面试进行打分，招聘出最适合岗位要求的应聘者，并公布面试结果。

(8) 教师对小组招聘活动各环节和招聘方、应聘方表现进行点评。

实　训

一、实训目的

1. 掌握运输企业岗位设置技能。
2. 培养学生与人协作、沟通和团队合作的能力。

二、实训内容

本地某运输企业由于规模不断扩大,运输业务不断增加,急需开拓市场,招兵买马。现需运输部经理、运输物流员、物流经理各 1 名。总经理委托人事处组织招聘会完成这项紧急任务。现要求以该运输企业人事处的名义,完成布置招聘会、公布招聘流程和招聘岗位要求信息发布等工作。

三、实训要求

1. 学生分组,每组 8~10 人;各组再分为招聘方和应聘方。
2. 各组根据招聘和应聘的流程完成相应准备工作。
3. 模拟招聘、应聘流程,各组观摩,并讨论。
4. 各组结合公司组织结构进行岗位职责分析,并探讨相关人员配备是否结构最优。
5. 小组派代表发言,教师点评。

四、实训评价

运输公司的岗位设置技能训练评价表见表 1-12。

表 1-12 运输公司的岗位设置技能训练评价表

	内容	分值	教师评价
考评标准	公司简介、招聘流程和招聘岗位要求设计方案合理、符合现实要求	30	
	招聘笔试和面试考题及评分表设计适合岗位的能力要求	30	
	招聘现场活动真实、招聘方和应聘方表现良好	20	
	成员分工合理,积极参与	20	
	合计	100	

备注:① 项目得分由组内自评、组间互评和教师评价 3 部分构成。

② 组间互评得均不能相同,原则上优秀率为 20%(90 以上);良好率为 60%(分 85、80 两档);中等及以下为 20%(75 以下)。

③ 项目得分=组内自评×20%+互评×30%+教师评价×50%。

项目 2　物流运输决策

任务 2.1　制定运输方案

(1) 了解运输方式选择的影响因素。
(2) 掌握运输方式的选择方法。
(3) 能够针对运输方案进行决策。
(4) 能运用成本比较法确定运输方案。

某公司欲将产品从坐落位置 A 的工厂运往坐落位置 B 的公司自有仓库，年运量 D 为 700 000 件，每件产品的价格 C 为 30 元，每年的存货成本 I 为产品价格的 30%。公司希望选择使总成本最小的运输方式。据估计，运输时间每减少 1 天，平均库存水平可以减少 1%。各种运输服务的有关参数见表 2-1。

表 2-1　各种运输服务的相关参数

运输方式	运输费率 R/(元/件)	运达时间 T/天	每年运输批次	平均存货量 $(Q/2)$/件
铁路	0.10	21	10	100 000
水路	0.15	14	20	50 000×0.93
公路	0.20	5	20	50 000×0.84
航空	1.40	2	40	25 000×0.81

注：安全库存约为订货量的 1/2。

现在有 4 个运输方案：铁路运输、水路运输、公路运输和航空运输，哪个方案是最优的呢？

在途运输的年存货成本为 $ICDT/365$，两端储存点的存货成本各为 $ICQ/2$，但其中的 C 值有差别，工厂储存点的 C 为产品的价格，购买者储存点的 C 为产品价格加上运输费率之和。本任务需要通过以下两个活动来完成。

活动 1　运输方案决策方法确定
活动 2　成本比较法确定运输方案

2.1.1 选择运输方式的定性分析方法

选择运输方式定性分析方法，就是根据各种运输方式的主要技术经济特征，即运输速度、运输工具的容量及线路、运输能力、运输成本、经济里程、环境保护等判断选择合适的运输方式。表 2-2 列出了 5 种运输方式的技术经济特征、运输速度、运输距离和运输对象。

表 2-2 各种运输方式的技术经济特征及选择范围

运输方式	技术经济特征	运输速度	运输距离	运输对象
铁路	初始投资大，运输容量大，成本低廉，占用的土地多，连续性强，可靠性好	80～160 千米/小时	800～2 500 千米	适合于大宗货物、杂件货
公路	机动灵活，适应性强，短途运输速度快，能源消耗大，成本高，空气污染严重，占用的土地多	80～120 千米/小时	800 千米以内	适合于短途、零担运输，门到门的运输
水路	运输能力大，成本低廉，速度慢，连续性差，能源消耗及土地占用都较少	河运：8～20 千米/小时 海运：10～25 千米/小时	中长途	适合于大宗货物运输，海运，国际货物运输
航空	速度快，成本高，空气和噪声污染严重	900～1 000 千米/小时	中长途	中长途及贵重货物运输，保鲜货物运输
管道	运输能力大，占用土地少，成本低廉，连续输送	—	—	适合于长期稳定的流体、气体及浆化固体物运输

从表 2-2 可以看出，各种运输方式各有特点，而不同特性的货物对运输的要求也不一样，所以选择运输方式可以结合以下因素考虑：货物的性质；运输期限；运输成本；运输距离；运输批量；运输的机动性和便利性；运输的安全性和准确性等。

1) 货物的性质

这是影响企业选择运输方式的重要因素。一般来讲，低价的散装货物比较适合水运方式，如粮食等大宗货物；而体积小、价值高以及时间性要求高的产品适合航空运输，如水果、蔬菜、鲜花等鲜活商品和宝石等贵重商品；石油、天然气、碎煤浆等适宜选择管道运输；危险化学品的运输必须符合《危险化学品安全管理条例》的规定。

2) 运输期限

运输期限必须与交货日期相联系。如果交货日期紧急或市场供求需要，应选择运输期限短的运输方式；否则应选择安全性高、运输费用低的运输方式。一般情况下，运输时间的快慢顺序依次为航空运输、汽车运输、铁路运输、船舶运输。

3) 运输成本

运输成本因货物的种类、重量、容积、运距不同而不同；而且运输工具不同，运输成本也会发生变化，运输速度快的运输方式运输费用较高，与此相反，运输费用低的运输方式速度较慢。在考虑运输成本时，还必须考虑运输费用与其他物流子系统之间存在互为利弊的关系，不能单从运输费用出发来决定运输方式，而要从全部的物流总成本出发来考虑。

4) 运输距离

从运输距离看，一般情况下可以依照以下原则：300 千米以内用汽车运输；300～500 千米的范围内用铁路运输；500 千米以上用船舶运输(不要求时间的情况下)。当然运距的确定还要依货物的情况决定。

5) 运输批量

运输批量和运输费用之间是比较紧密的关系。大批量运输成本低，应尽可能使商品集中，然后选择合适的运输方式进行运输，这是降低物流成本的良策。一般来说，15～20 吨以下的货物用汽车运输；15～20 吨以上的货物用铁路运输；数百吨以上的原材料之类的货物，应选择船舶运输。

在选择运输方式时应综合考虑各种因素，通常是在保证运输安全的前提下，再衡量运输时间和运输费用，当到货时间得到满足时再考虑费用低的运输方式。当然，计算运输费用不能单凭运输单价的高低，而必须同存储和客户服务目标以及综合物流的其他方面互相配合进行综合分析。

2.1.2 选择运输方式的定量分析方法

选择运输方式的定性分析方法具有简单、适用的特点，被广泛应用。在涉及小规模运输时，借助定性分析，并根据自己的经验，就可以合理选用运输方式；涉及大宗货物运输，并且从两三种方式中选优时，就要借助于定量分析。选择运输方式的定量分析法包括成本比较法和竞争因素法。

1. 成本比较法

如果不将运输服务作为竞争手段，那么能使该运输服务的成本与该运输服务水平所导致的间接库存成本之间达到平衡的运输服务就是最佳服务方案。即：运输的速度和可靠性会影响托运人和买方库存水平(订货库存和安全库存)以及他们之间的在途库存水平。如果选择速度慢、可靠性差的运输方式，物流渠道中就需要有更多的库存。这样，就需要考虑库存持有成本可能升高，而抵消运输服务成本降低的情况。因此，方案中最合理的应该是，既能满足顾客需求，又使总成本最低的服务。

2. 竞争因素法

运输方式的选择如直接涉及竞争优势，则应考虑采用竞争因素法。当买方通过供应渠道从若干个供应商处购买商品时，物流服务和价格就会影响到买方对供应商的选择。反之，供应商也可以通过对供应渠道运输方式的选择来控制物流服务的这些要素，从而影响买方。

对买方来说，良好的运输服务(较短的运达时间和较少的运达时间变动)意味着可保持较低的存货水平和较确定的运作时间表。为了能获得所期望的运输服务,从而降低成本,买方对供应商提供唯一的鼓励——对该供应商更多的惠顾。买方的行为是将更大的购买份额转向能提供较好运输服务的供应商,供应商可以用从交易额扩大而得到的更多利润去支付由于特佳的运输服务而增加的成本,从而鼓励供应商去寻求更适合于买方需要的运输服务方式,而不是单纯追求低成本。这样,运输服务方式的选择成了供应商和买方共同的决策。当然,当一个供应商为了争取买方而选择特佳的运输方式时,参与竞争的其他供应商会做出怎样的竞争反应就很难估计了。

活动1　运输方案决策方法确定

根据任务内容,要完成运输方案的确定,需要确定各种方案的运输成本,显然需要使用定量分析方法,此次任务选用成本比较法确定各种运输方式的成本,从而确定最佳运输方案。

活动2　成本比较法确定运输方案

1. 核算运输方案成本

根据项目给出的条件核算每种运输方案的成本,见表2-3。

表2-3　运输服务方案比较表

成本类型	计算方法	运输服务方案	
		铁路	水路
运输	$R \times D$	$0.10 \times 700\,000 = 70\,000$	$0.15 \times 700\,000 = 105\,000$
在途存货	$ICDT/365$	$(0.30 \times 30 \times 700\,000 \times 21)/365 = 362\,466$	$(0.30 \times 30 \times 700\,000 \times 14)/365 = 241\,644$
工厂存货	$ICQ/2$	$0.30 \times 30 \times 100\,000 = 900\,000$	$0.30 \times 30 \times 50\,000 \times 0.93 = 418\,500$
仓库存货	$I(C+R)Q/2$	$0.30 \times 30.1 \times 100\,000 = 903\,000$	$0.30 \times 30.15 \times 50\,000 \times 0.93 = 420\,593$
总成本		2 235 466	1 185 737
成本类型	计算方法	运输服务方案	
		公路	航空
运输	$R \times D$	$0.20 \times 700\,000 = 140\,000$	$1.4 \times 700\,000 = 980\,000$
在途存货	$ICDT/365$	$(0.30 \times 30 \times 700\,000 \times 5)/365 = 86\,301$	$(0.30 \times 30 \times 700\,000 \times 2)/365 = 34\,521$
工厂存货	$ICQ/2$	$0.30 \times 30 \times 50\,000 \times 0.84 = 378\,000$	$0.30 \times 30 \times 25\,000 \times 0.81 = 182\,250$
仓库存货	$I(C+R)Q/2$	$0.30 \times 30.2 \times 50\,000 \times 0.84 = 380\,520$	$0.30 \times 31.4 \times 25\,000 \times 0.81 = 190\,755$
总成本		984 821	1 387 526

2. 分析总成本

分别计算各种运输服务的总成本,见表2-3。

3. 确定适合的运输方案

从表 2-3 可以看出 4 种运输方式总成本最小的是公路运输,为 984 821 元人民币,与最高的铁路运输成本 2 235 466 元人民币相比,节约了 1 250 645 元人民币,因此应选择公路运输。

实　　训

一、实训目的

1. 培养学生分析各种运输方式的成本构成。
2. 掌握各种运输方式下不同端点的库存成本。
3. 培养学生与人协作、沟通、团队合作的能力。

二、实训内容

某生产箱包的公司分拨计划是将生产的成品先存放在工厂仓库,然后外包运输公司运往自有的基层仓库。假设有铁路运输、驼背运输、汽车运输、航空运输 4 种送货方案可供选择,这 4 种运输方式的运价、运送时间等指标见表 2-4。假设每个箱包的平均价值 C=30 美元,所有的库存成本均为箱包价值的 30%,即 I=30%C/年,每件基层仓库销售量(年需求)D=70 万件箱包。根据成本比较法确定该公司该选何种运输方式。

表 2-4　运输方式运价、运送时间、运输批次情况表

运输方式	运费率 R /(美元/件)	门到门运送时间 T/天	运输批量 Q /万件	运输服务与运输批次数对库存成本影响系数 K/%
铁路运输	0.10	21	20	100
驼背运输	0.15	14	10	94
汽车运输	0.20	5	10	82
航空运输	1.40	2	5	80

三、实训要求

1. 学生分组,每组 5~6 人。
2. 小组成员分析运输方式的成本构成。
3. 计算分析各端点的成本。
4. 各种运输方式总服务成本比较。
5. 根据成本比较法确定最佳运输方案。
6. 小组派代表发言。
7. 教师点评。

四、实训评价

制定运输方案技能训练评价表见表 2-5。

项目2 物流运输决策

表 2-5 制定运输方案技能训练评价表

	内容	分值	教师评价
考评标准	各运输方式费用计算准确	30	
	运输服务商选择考虑因素全面	30	
	运输方案选择正确	20	
	成员分工合理，积极参与	20	
	合计	100	

备注：① 项目得分由组内自评、组间互评和教师评价 3 部分构成。
② 组间互评得分均不能相同，原则上优秀率为 20%(90 以上)；良好率为 60%(分 85、80 两档)；中等及以下为 20%(75 以下)。
③ 项目得分=组内自评×20%+互评×30%+教师评价×50%。

任务 2.2　确定运输路线

(1) 掌握运输路线选择的方法。
(2) 熟悉物流运输路线的类型。
(3) 能够运用图上作业法合理确定运输路线。
(4) 能够运用扫描法合理确定运输路线。

某物流企业从其所属的仓库用送货车辆到各客户点提货，然后将客户的货物运回仓库，以便集运成大的批量再进行远程运输。全天各停留点的提货量如图 2.1 所示。提货量以件为单位，送货车每次可运载 10 000 件。完成一次运行路线一般需要一天时间。该公司要求确定：需多少条路线(即多少辆送货车)；每条路线上有哪几个客户点；送货车辆服务有关客户点的顺序。

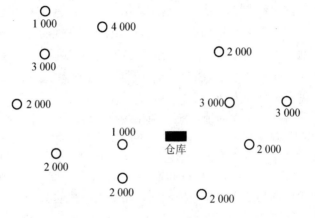

图 2.1　停留点提货量数据

任务分析

确定运输路线,既要考虑运行时间和距离,还要考虑车辆载重量,综合考虑这些因素,需要掌握运输路线的决策方法。本任务可以通过以下两个活动完成。

活动1 运输路线的决策方法
活动2 扫描法确定车辆路线

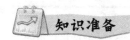

2.2.1 物流运输路线决策的方法

企业自备运输车辆进行货物运输的情况下,当存在有多条运输路线时,就需要运用一定的方法来确定最佳的运输路线,防止迂回、对流、过远等不合理运输现象的发生,合理减少中间转运环节,提高企业货物运输的经济效益。经过归纳,可以将运输路线决策分为以下几个类型:①最短路线法主要解决的是起讫点不同的单一问题;②经验试探法主要解决的是起讫点重合的问题;③图上作业法主要解决的是多起讫点的问题。以下详细说明图上作业法。

由于运力安排的不合理,常出现两种浪费现象,一种是对流现象,另一种是迂回现象。所谓对流,就是在一段路线上有同一种物品往返运输;所谓迂回,就是成圈(构成回路)的道路上,从一点到另一点有两条路可以走,一条是小半圈,一条是大半圈,如果选择的路线的距离大于全回路程的一半,则就是迂回现象。图上作业法可以帮助避免对流和迂回现象。运用线性规划理论可以证明,一个运输方案,如果没有对流和迂回现象,它就是运力最省的最优方案。

任何一张交通网络图,其线路的形状总可以分为成圈和不成圈两种情况。下面介绍各种运输线路选择方法。

1. 不成圈的图上作业法

运输线路不成圈,就是不构成回路的"树"形线路,包括直线、交叉线、分支线等。直线为图上作业法的基本路线。对于运输线路不成圈的流向图,只要不出现对流现象,就是最优调运方案。

运输线路不成圈的图上作业法就是从各端点开始,按"各站供需就近调拨"的原则进行调配。图 2.2 所示是某地区物资供应情况及货物发运地与到达地的交通路线图,图中○表示起运站,□表示目的地。以下通过图上作业法得到物资调运的最优方案。

在图 2.2 中,有 4 个起运站:A、B、C、D,供应量分别为 7、8、6、4;另有 4 个目的地甲、乙、丙、丁,需求量分别为 2、8、7、8。

为了便于检查对流现象,把流向箭头统一画在线路右边,调运量用数字表示,标注在箭头旁边。从端点 A(即起运站 A)开始,把 7 个单位的物资供应给甲,剩余 5 个单位的物资,再调运给 B;起运站 B 的 8 个单位物资供应给乙;从 A 调运过来的 5 个单位的物资供应给丙,这时,丙缺 2 个单位的物资;D 站 4 个单位的物资调运给 C,连同 C 原有的 6 个单位共 10 个单位,供应 8 个单位给丁,另 2 个单位供应给丙,填补丙所缺的 2 个单位的物资。这样就得出一个最优调运方案,如图 2.3 所示。

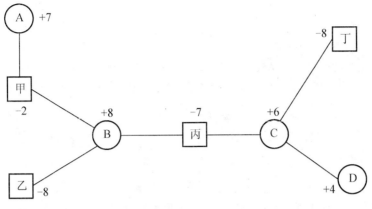

图 2.2 不成圈的交通线路示意图

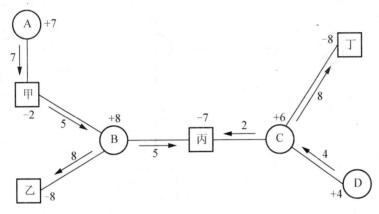

图 2.3 不成圈运输的最优线路流向图

2. 成圈的图上作业法

运输线路成圈，就是形成闭合回路的"环"形路线，包括一个圈(有三角形、四边形、多边形)和多个圈。成圈的线路流向图要同时达到既无对流现象又无迂回现象的要求，才是最优流向图。对于成圈运输线路的图上作业法，可按图 2.4 的步骤寻求最优方案。

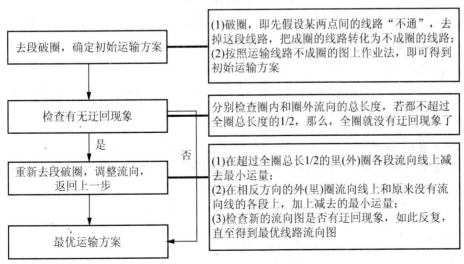

图 2.4 成圈线路图上作业法流程图

特别提示

在成圈线路图寻找最优运输方案的过程中,如果运输线路中存在两个及两个以上的圈,则需分别对各圈进行是否存在迂回线路的检查,如果各圈的里、外圈都不超过全圈总线长的 1/2,则不存在迂回现象,此方案为最优运输方案。

 应用案例

有某物资 7 万吨,由发运点 A_1、A_2、A_3 发出,发出量分别为 3、3、1(万吨),运往接收点 B_1、B_2、B_3、B_4,接收量分别为 2、3、1、1(万吨),收发量平衡,交通图如图 2.5 所示,问应如何调运,才能使吨·千米最小。

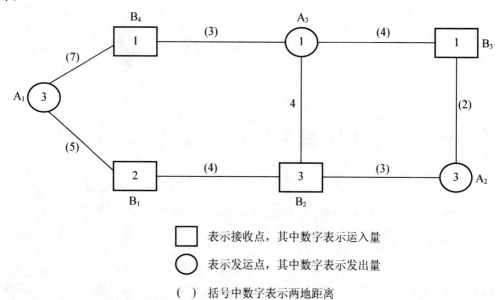

图 2.5 交通路线图

分析:图 2.5 的交通线路图可采用成圈线路的作图法获得最佳运输调运方案。

步骤一:去线破圈

作一个没有对流的流向图,用"去线破圈"的方法,去一线破一圈,有几个圈去掉几条线,把有圈的交通图化为不成圈的交通图。一般是先去掉长度最长的交通线,比如去掉 A_1B_4(7 千米),破 $A_1B_1B_2A_3B_4$ 圈,再去掉 A_3B_3(4 千米),破 $B_2A_2B_3A_3$ 圈,原来有圈的交通图,变成了不成圈的交通图,如图 2.6 所示。然后先从各个端点开始,在图 2.6 上作一个没有对流的流向图。

步骤二:检查有无迂回

对流向图中的各圈进行检查,看看有无迂回。如果没有迂回,这个初始方案就是最优方案,如果其中某一圈有迂回,这个方案就不是最优方案,需要改进。

圈 $A_1B_1B_2A_3B_4$:总长为 5+4+4+3+7=23(千米)

半圈长为 23/2=11.5(千米)

外圈流向总长为 5+4+3=12(千米)

里圈流向总长为 0 千米

因为外圈流向总长超过了全圈总长的 1/2(12 千米＞11.5 千米)，可以断定，圈 $A_1B_1B_2A_3B_4$ 初始运输线路存在迂回现象，所对应的运输方案不是最优方案，因而需要优化调整。

再看圈 $B_2A_2B_3A_3$，其总长为 13 千米，圈中内流长为 3 千米，外流长为 2 千米，都小于圈长的 1/2，因此此圈不必调整。

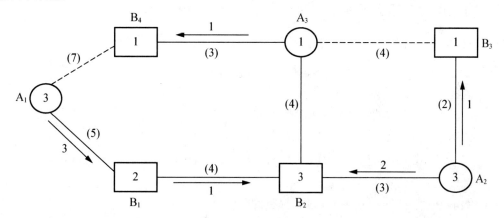

图 2.6　调运流量图

步骤三：重新去段破圈，调整流向

初始方案中圈 $A_1B_1B_2A_3B_4$ 的里圈符合要求，外圈流向超过全圈总长的 1/2，故需缩小外圈。

对圈 $A_1B_1B_2A_3B_4$ 的调整方法是：在外圈的各流量中，减去外圈的最小流量 1 万吨，然后在内圈的各流量中加上 1 万吨，在此圈中，因无内流量，所以无处可加；另外，再在无流量的线段上，新添上内圈流量 1 万吨，这样得出新的流量图，如图 2.7 所示。

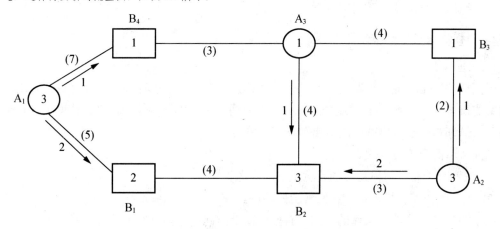

图 2.7　调整后的流量图

检查新运输线路图中的里外圈流向长，看是否超过全圈(封闭回路线)总长的 1/2。

新的流量图中，在 $A_1B_1B_2A_3B_4$ 圈内，内流长为 4+7=11 千米，外流长为 5 千米，都不超过新圈长(23 千米)的 1/2；在 $B_2A_2B_3A_3$ 圈内，内流长为 3 千米，外流长为 4+2=6 千米，也都没有超过全圈长(13 千米)的 1/2，因此，这个流向图没有迂回现象，是本问题的最优调运方案。

此时，按调整后的新方案组织运输，总运输量为：

$$1\times7+2\times5+1\times4+2\times3+2\times1=29(吨\cdot千米)$$

按初始方案组织运输的运输量为：

$$3×5+1×4+3×2+2×1+3×1=30(吨·千米)$$

由此可知，调整后的运输方案比初始运输方案节约运力为1吨·千米。

2.2.2 物流运输车辆运行路线决策的方法

1. 安排车辆运行路线

车辆运行路线和时间安排是车辆运行路线选择问题的延伸，车辆运行路线选择问题受到以下条件的约束。

(1) 每个停留点规定的提货数量和送货数量。

(2) 使用的多种类型车辆的载重量和载货容积各不相同。

(3) 车辆在路线上休息前允许的最大的行驶时间(美国运输部安全条款规定至少8小时要有一次休息)。

(4) 停留点规定的在一天内可以进行提货的时间。

(5) 可能只允许送货后再提货的时间。

(6) 司机可能只能在一天的特定时间进行短时间的休息或进餐。

上述约束条件使问题的决策复杂化，甚至难以寻求最优化的解决方案。实际中，这些约束条件常常发生。例如，停留点的工作时间约束；不同载重量和容积的多种类型车辆；一条路线上允许的最大运行时间；不同区段的车速限制；运行途中的障碍物；甚至道路上的车辆堵塞等。为此，可以采取扫描法对有约束条件的车辆运行线路问题求解，这不一定是最优解，但是可以得出一个比较满意的解。

2. 扫描法确定车辆运行路线

1) 扫描法概述

用扫描法确定车辆运行路线的方法十分简单，甚至可用手工计算。一般来说，它求解所得方案的误差率在10%左右，这样水平的误差率通常是可以被接受的，因为调度员往往在接到最后一份订单一小时内就要制定出车辆运行路线。

扫描法由两个阶段组成。

(1) 第一个阶段是将停留点的货运量分配给送货车。

(2) 第二个阶段是安排停留点在路线上的顺序。

由于扫描法是分阶段操作的，因此有些时间上的问题，如路线上的总的时间和停留点工作时间的约束等难以妥善地处理。

在车辆运行路线安排过程中，由于涉及因素较多，并不能找到最优方案，但是可以通过经验试探法来获得满意的方案，即当运行路线不发生交叉时，经过各停留点的次序是合理的，同时，如有可能应尽量使运行形成菱形状。

图2.8所示是通过各点的运行路线示意图，其中图2.8(a)是不合理的运行路线，图2.8(b)是合理的运行路

线。根据上述两项原则物流管理人员可以很快画出一张路线图,而如用电子计算机反而需要花费好几个小时。当然如果点与点之间的空间关系并不真正代表其运行时间或距离(如有路障,单行道路,交通拥挤等),则使用电子计算机寻求路线上停留点的合理次序更为方便。

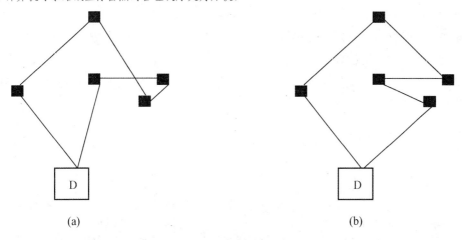

图 2.8 运输路线示意图

扫描法即是在经验试探法的基础上来确定车辆的运行方案。

2) 扫描法的步骤

(1) 将仓库和所有的停留点位置画在地图上或坐标图上。

(2) 在仓库位置放置一直尺,直尺指向任何方向均可,然后顺时针或逆时针转动直尺,直到直尺交到一个停留点。询问累积的装货量是否超过送货车的载重量或载货容积(首先要使用最大的送货车辆)。如是,将最后的停留点排除后将路线确定下来,再从这个被排除的停留点开始继续扫描,从而开始一条新的路线。这样扫描下去,直至全部的停留点都被分配到路线上。

(3) 对每条运行路线安排停留点顺序,以求距离最小化。停留点的顺序安排可用前面阐述过的起讫点重合问题决策的方法。

运输路线的确定要根据路线的类型来合理选择分析方法。根据运输路线中起点和终点(讫点)是否重合,运输路线可分为起讫点重合、起讫点不同的单一问题,多起讫点等几种类型。一般情况下,最短路线法主要解决的是起讫点不同的单一问题,经验试探法主要解决的是起讫点重合的问题,图上作业法主要解决的是多起讫点的问题。

活动 1 运输路线的决策方法

从任务分析中可知,运行的车辆需要从始点出发,然后从终点回到始点,即起讫点重合,可以采用经验试探法来确定运输路线。但同时需要考虑车辆的载重量,所以应该结合运输决策中车辆的运行路线决策方法来进行,即采用扫描法确定车辆路线。具体步骤参考活动 2。

活动 2　扫描法确定车辆路线

步骤一： 通过仓库放置一直尺，直尺指北向。

步骤二： 逆时针方向转动直尺进行扫描，在直尺交到的客户点提货，直到装满送货车辆的载重量 10 000 件(不能超载)。

步骤三： 客户点被分配好车辆后，用菱形状法确定一条路线上各客户点的服务顺序。最终路线设计如图 2.9 所示。

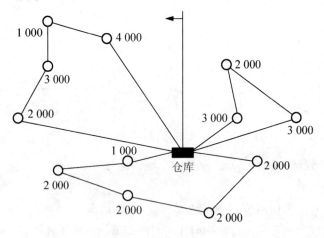

图 2.9　"扫描法"解决方案

由图 2.9 可知，该物流企业需要 3 辆送货车，每条路线上的客户点及客户点顺序如图 2.9 所示。

实　训

一、实训目的

1．掌握图上作业法和扫描法确定车辆的运行路线。
2．培养学生与人协作、沟通、团队合作的能力。

二、实训内容

1．某仓库货车到各客户点提货，然后将客户的货物运回仓库，各个客户点的货运量和距离如图 2.10 所示。货运量以件为单位，送货车每次可运载 1 000 件。仓库到各个客户的路段为二级公路，货车平均时速 40 千米/小时。该仓库要求确定以下内容。

(1) 需要安排多少条路线；每条路线上有哪几个客户点，用菱形状法连起来。
(2) 计算每条线路运输所用时间。

已知：各点间的距离 OA=15；OB=20；OC=25；OD=20；AB=20；AC=5；AD=5；BC=10；BD=3；CD=27；OE=30；OF=22；OG=16；EF=27；EG=36；FG=15。

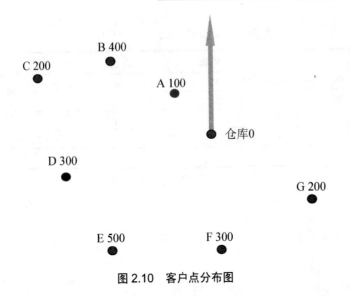

图 2.10 客户点分布图

2. 某企业有甲、乙、丙三个工厂，产品销往 A、B、C、D、E、F、G、H 8 个地区。各工厂的位置、产量和各销售地区的位置、需求量如图 2.11 所示。请选用适当的方法确定最优运输线路图。

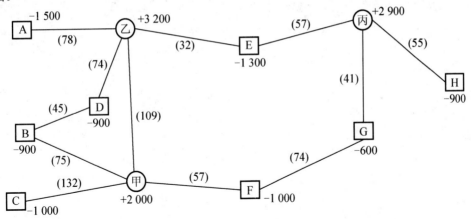

图 2.11 某地区物资供应交通线路图

三、实训要求

1. 学生分组，每组 5~6 人。
2. 分析路线的决策方法，选择适用的方法。
3. 小组成员按照扫描法和图上作业法确定路线。
4. 确定路线和客户点，并计算运输时间。
5. 小组派代表发言，教师点评。

四、实训评价

确定运输路线的技能训练评价表见表 2-6。

表 2-6 确定运输路线技能训练评价表

考评标准	内容	分值	教师评价
	图上作业法绘制准确	30	
	扫描法确定路线合理	30	
	运输方案选择正确	20	
	成员分工合理，积极参与	20	
	合计	100	

备注：① 项目得分由组内自评、组间互评和教师评价 3 部分构成。

② 组间互评得分均不能相同，原则上优秀率为 20%(90 以上)；良好率为 60%(分 85、80 两档)；中等及以下为 20%(75 以下)。

③ 项目得分=组内自评×20%+互评×30%+教师评价×50%。

项目 3 公路货物运输

任务 3.1 公路货运业务认知

(1) 掌握公路货物运输的概念、技术经济特点。
(2) 了解主要公路干线和公路运输设备与设施。
(3) 掌握公路运输业务操作流程。
(4) 能够选择正确的运输方式。
(5) 能够根据实际业务填写货物运单。
(6) 能够完成整车货物运输业务的基本作业流程。

太仓星达物流有限公司是一家以专业经营太仓至全国各地公路汽车运输为主的货运公司,经太仓交通部门审批、核发营业执照、道路运输许可证、税务登记证等相关证件取得合法经营资格,主要经营的运输服务有:公路运输业务,承接长三角至全国各地的零担货物运输、整车货物运输及货物包装、仓储等服务。公司凭借雄厚的经济实力和科学管理经验,不断提高服务品质,完善服务体系,通过公平竞争扩大市场占有率,并在全国各大城市设有分公司,备有各类车辆,随时按照客户的要求调配车辆,在最大可能降低运输及管理成本的前提下,为客户提供优质、高效的服务,得到了广大客户的认可,在物流运输行业中脱颖而出。

2012年5月27日,星达物流有限公司接到太仓乐天教育出版社的一笔运输业务。太仓乐天教育出版社近期需要向南京新华书店出售一批图书,共500箱,每箱10千克,外包装为纸箱,纸箱的长宽高为 43cm×21cm×27cm。

小王作为公路运输物流员根据领导安排完成这项任务,小王如何受理这项运输任务?

任务分析

作为公路运输物流员,想要完成这项运输任务,首先要能够向客户介绍公司的主要业务构成，并且要掌握公路货物运输中的作业流程，能够按照运输对象要求完成货物的运输组织工作。本任务需要通过以下两个活动来完成。

活动1　确定公路运输作业方式
活动2　公路整车运输业务操作

3.1.1　公路货物运输概述

1. 公路货物运输的概念

从广义上来说，公路货物运输是指利用一定的载运工具(如汽车、拖拉机、畜力车、人力车等)沿公路实现货物空间位移的过程。从狭义上来说，公路运输是指汽车运输。物流运输中的公路运输专指汽车货物运输。

2. 公路运输的基本功能和作用

1) 公路运输的基本功能

公路运输的基本功能通常可划分为"通过"和"送达"功能。通过功能是指在干线上完成大批量的运输。送达功能，又称为"集散"功能，是指为通过性运输承担客货集散任务的运输。

一般情况下，货物运输全过程的完成都需要有公路运输方式的参与。在高速公路投入使用以前，公路运输的主要功能是"送达"，也就是主要为其他运输方式承担集散货物的任务。在5种运输方式中，管道运输所占的比例很小，适应性也较差，目前只能算是一种辅助性的运输方式。航空、水运和铁路运输都只有单一的通过功能，只能依靠公路运输才能送达到门。在公路等级低的情况下，通过功能较差。随着高速公路建成使用，公路运输方式的通过功能大大加强。公路运输功能示意图如图3.1所示。

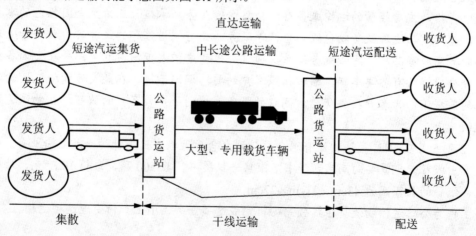

图3.1　公路运输功能示意图(货运)

2) 公路运输的特点

公路运输机动灵活，在整个交通运输业中处于基础地位。其特点表现为以下方面。

项目 3 公路货物运输

(1) 机动灵活，快速直达。这是最便捷也是唯一具有送达功能的运输方式，可以实现门到门运输，是公路运输独特的优势。

(2) 衔接其他运输方式的运输。其他运输方式组织运输生产，通常需要公路运输提供集疏运的条件。运输方式之间的衔接，大部分也需要公路运输来完成。

(3) 在中短途运输中，运送速度较快，并能独立担负长途运输。随着公路技术等级的逐步提高和"五纵七横"国道主干线的全面建成，公路运输覆盖面越来越广，公路货运量在综合运输体系中所占的比重不断提高，能够承担长途运输。公路运输在中途不需要倒运，可以通过"门到门"的形式直接将货物直接送达目的地，因此，与其他运输方式相比，公路运输在中短途运输中运送速度较快。

(4) 原始投资少，资金周转快。公路运输与铁路、水路、航空等运输方式相比，所需固定设施简单，车辆购置费用也比较低，因此，投资简单，回收期短。

当然，汽车运输还具有载运量小、效率低；长途运输成本较高；燃料消耗大，环境污染比其他运输方式严重得多；易发生事故等不足表现。

3. 公路货物运输的类型

根据不同的划分标准，公路运输可划分不同的类型，见表3-1。

表3-1 公路货物运输的分类

序号	分类标准	类型
1	按托运批量大小	整车运输、零担运输、集装箱运输、包车运输
2	按运送距离	长途运输、短途运输
3	按货物的性质及对运输条件的要求	普通货物运输、特种货物运输
4	按托运的货物是否保险或保价	不保险(不保价)运输、保险运输、保价运输
5	按货物运送速度	一般货物运输、快件货物运输、特快专运
6	按运输的组织特征	集装化运输、联合运输

1) 按托运批量大小划分

按托运批量大小可分为整车运输、零担运输、集装箱运输和包车运输。

(1) 凡托运方一次托运货物在3吨及3吨以上的，或虽不足3吨但其性质、体积、形状需要一辆3吨以上的汽车运输的业务为整车运输。整车运输的货物通常有煤炭、粮食、木材、建筑材料等。这些一般都是大宗货物，货源的构成、流量、流向、装卸地点都比较稳定。

(2) 凡托运方一次托运货物不足3吨者为零担运输。零担运输非常适合商品流通中品种繁杂、量小批多、价高贵重、时间紧迫、到达站点分散等特殊情况下的运输，弥补了整车运输和其他运输方式在运输零星货物方面的不足。

(3) 集装箱运输是将适箱货物集中装入标准化集装箱，采用现代化手段进行的货物运输。

(4) 包车运输是指应托运人的要求，经双方协议，把车辆包给托运人安排使用，并按时间或里程计算运费的业务。

运输组织与管理项目式教程

整车运输一般多是单程运输,所以对于整车运输业务应大力组织空程货源,充分利用全车行程,提高经济效益。

2) 按运送距离划分

按运送距离可分为长途与短途运输。

按交通部规定,公路运输运距在 25 千米以上为长途运输;25 千米及 25 千米以下为短途运输,各地根据具体情况都有不同的划分标准。

长途运输是在各种类型和不同等级的公路上进行的运输。与短途运输相比,长途公路货运具有运输距离长、周转时间长、行驶线路较固定等特点。

短途公路货运具有的特点是:运输距离短,装卸次数多,车辆利用效率低;点多面广,时间要求紧迫;货物零星,种类复杂,数量忽多忽少等。

3) 按货物的性质及对运输条件的要求划分

按货物的性质及对运输条件的要求可分为普通货物运输与特种货物运输。

被运输的货物本身的性质普通,在装卸、运送、保管过程中没有特殊要求的,称为普通货物。普通货物分为一等、二等、三等 3 个等级。

被运输的货物本身的性质特殊,在装卸、运送、保管过程中需要特定条件、特殊设备来保证其完整无损的,称为特种货物运输。特种货物运输又可分为长大、笨重货物运输,危险货物运输,贵重货物运输和鲜活易腐货物运输。

普通货物与特种货物的种类可参考汽车货物运输规则,其中表 3-2 所示为普通货物分类表,特种货物的具体分类可自行查找。

表 3-2　普通货物分类表

等级	序号	货类	货物名称
一等货物	1	砂	砂子
	2	石	片石、渣石、寸石、石硝、粒石、卵石等
	3	非金属矿石	各种非金属矿石
	4	土	各种土、垃圾
	5	渣	炉渣、炉灰、水渣、各种灰烬、碎砖瓦等
二等货物	1	粮食及加工品	各种粮食(稻、麦、各种杂粮、薯类)及其加工品
	2	棉花、麻	皮棉、籽棉、絮棉、旧棉、棉胎、木棉、各种麻类
	3	油料作物	花生、芝麻、油菜子、蓖麻子及其他油料作物
	4	烟叶	烤烟、土烟等
	5	植物的种籽、草、藤、树条	树、草、菜、花的种籽、干花、牧草、谷草、稻草、芦苇、树条、树根、木柴、藤等
	6	肥料、农药	化肥、粪肥、土杂肥、农药(具有危险货物性质的除外)等
	7	糖	各种食用糖(包括饴糖、糖稀)

续表

等级	序号	货类	货物名称
二等货物	8	酱菜、调料	腌菜、酱菜、酱油、醋、酱、花椒、茴香、生姜、芥末、腐乳、味精及其他调味品
	9	土产杂品	土产品、各种杂品
	10	皮毛、塑料	生皮张、生熟毛皮、鬃毛绒及其加工品、塑料及其制品
	11	日用百货、一般纺织制品	各种日用小百货、一般纺织品、针织品
	12	药材	普通中药材
	13	纸、纸浆	普通纸及纸制品、各种纸浆
	14	文化体育用品	文具、教学用具、体育用品
	15	印刷品	报刊、图书及其他印刷品
	16	木材	圆木、方木、板料、成材、杂木棍等
	17	橡胶、可塑材料及其制品	生橡胶、人造橡胶、再生胶及其制品电木制品、其他可塑原料及其制品
	18	水泥及其制品	袋装水泥、水泥制品、预制水泥构件等
	19	钢铁、有色金属及其制品	钢材(管、丝、线、绳、板、皮条)、生铁、毛坯、铸铁件、有色金属材料、大小五金制品配件、小型农机具等
	20	矿物性建筑材料	普通砖、瓦、缸砖、水泥瓦、乱石、块石、级配石、条石、水磨石、白云石、蜡石、莹石及一般石制品、滑石粉、石灰膏、电石灰、矾石灰、石膏、石棉、白垩粉、陶土管、石灰石、生石灰
	21	金属矿石	各种金属矿石
	22	煤	原煤、块煤、可燃性片岩等
	23	焦碳	焦碳、焦碳末、石油焦、沥青、焦木炭等
	24	原煤加工品	煤球、煤砖、蜂窝煤等
	25	盐	原盐及加工精盐
	26	泥、灰	泥土、淤泥、煤泥、青灰、粉煤灰等
	27	废品及散碎品	废钢铁、废纸、破碎布、碎玻璃、废靴鞋、废纸袋等
	28	空包装容器	篓、坛罐、桶、瓶、箱、筐、袋、包、箱皮、盒等
	29	其他	未列入表的其他货物
三等货物	1	蜂	蜜蜂、蜡虫
	2	蚕、茧	蚕、蚕子、蚕蛹、蚕茧
	3	观赏用花、木	观赏用普通长青树木、花草、树苗
	4	蔬菜、瓜果	鲜蔬菜、鲜菌类、鲜水果、甘蔗、瓜类
	5	植物油	各种食用、工业、医药用植物油
	6	蛋、乳	蛋、乳及其制品
	7	肉脂及制品	鲜、腌、酱肉类，油脂及制品
	8	水产品	干鲜鱼、虾、蟹、贝、海带
	9	干菜干果	干菜、干果、子仁及各种果脯
	10	橡胶制品	轮胎、橡胶管、橡胶布类及其制品
	11	颜料、染料	颜料、染料及助剂与其制品
	12	食用香精、树胶、木蜡	食用香精、糖精、樟脑油、芳香油、木榴油、木蜡、橡蜡(橡油皮油)、树胶等

续表

等级	序号	货类	货物名称
三等货物	13	化妆品	护肤、美容、卫生、头发用品等各种化妆品
	14	木材加工品	毛板、企口板、胶合板、刨花板、装饰板、纤维板、木构件等
	15	家具	竹、藤、钢、木家具
	16	交电器材	普通医疗器械、无线电广播设备、电线电缆、电灯用品、蓄电池(未装酸液)、各种电子元件、电子或电动玩具
	17	毛、丝、棉、麻、呢绒、化纤、皮革制品	毛、线、棉、麻、呢绒、化纤、皮革制品、鞋帽、服装
	18	烟、酒、饮料、茶	各种卷烟、各类瓶罐装的酒、汽水、果汁、食品、罐头、炼乳、植物油精(薄荷油、桉叶油)、茶叶及其制品
	19	糖果、糕点	糖果、果酱(桶装)、水果粉、蜜饯、面包、饼干、糕点
	20	淀粉	各种淀粉及其制品
	21	冰及冰制品	天然冰、机制冰、冰淇淋、冰棍
	22	中西药品、医疗器具	西药、中药(丸、散、膏、丹成药)及医疗器具
	23	贵重纸张	卷烟纸、玻璃纸、过滤纸、晒图纸、描图纸、绘图纸、蜡纸、复写纸、复印纸
	24	文娱用品	乐器、唱片、幻灯片、录音带、录像带、光盘(碟片)及其他演出用具及道具
	25	美术工艺品	刺绣、蜡或塑料制品、美术制品、骨角制品、漆器、草编、竹编、藤编等各种美术工艺品
	26	陶瓷、玻璃及其制品	瓷器、陶器、玻璃及其制品
	27	机器及设备	各种机器及设备
	28	车辆	组成的自行车、摩托车、轻骑、小型拖拉机
	29	污染品	炭黑、铅粉、锰粉、乌烟(墨黑、松烟)涂料及其他污染人体的货物、角、蹄甲、牲骨、死禽兽
	30	粉尘品	散装水泥、石粉、耐火粉
	31	装饰石料	大理石、花岗岩、汉白玉
	32	带釉建设用品	玻璃瓦、琉璃瓦、其他带釉建设用品、耐火砖、耐酸砖、瓷砖瓦

注：未列入表中的其他货物，除参照同类货物分等外，均列入二等货物。

4) 按托运的货物是否保险或保价划分

按托运的货物是否保险或保价可分为不保险(不保价)运输、保险运输和保价运输。

保险和保价运输均采用托运人自愿的办法，凡保险或保价的，需按规定缴纳保险金或保价费。保险运输须由托运人向保险公司投保和委托承运人代办。保价运输时托运人必须在货物运单的价格栏内向承运人声明货物的价格。

5) 按货物运送速度划分

按货物运送速度可分为一般货物运输、快件货物运输和特快专运。

(1) 一般货物运输即普通速度运输或称慢运。

(2) 快件货物运送的速度从货物受理当日15点钟起算，运距在300千米内24小时运达，运距在1 000千米内48小时运达，运距在2 000千米内72小时运达。

(3) 特快专运是指按托运人要求在约定时间内运达。

6) 按运输的组织特征划分

按运输的组织特征可分为集装化运输与联合运输。

(1) 集装化运输也称成组运输或规格化运输。它是以集装单元作为运输的单位,保证货物在整个运输过程中不致损失,而且便于使用机械装卸、搬运的一种货运形式。集装化运输最主要的形式是托盘运输和集装箱运输。

(2) 联合运输就是两个或两个以上的运输企业,根据同一运输计划,遵守共同的联运规章或签订的协议,使用共同的运输票据或通过代办业务,组织两种或两种以上的运输工具,相互接力,联合实现货物的全程运输。联合运输的具体操作方式可参考本书项目7的内容。

4. 运载工具

公路运载工具包括公路运输车辆、人力车、畜力车。而在现代化的运输生产中,主要考虑公路运输车辆。公路运输车辆按其载运功能可以分为载货汽车、牵引车和挂车。

1) 载货汽车

载货汽车是指专门用于运送货物的汽车,又称载重汽车。载货汽车按其载重量和车身形式有不同的类型,见表3-3。

表3-3 载货汽车的类型

划分标准	分类	图例	特点和作用
按车身形式划分	敞车车身		是载货汽车车身的主要形式,它适用于运送各种货物
	厢式车身		可以提高货物安全性,多用于运送贵重货物
	自卸汽车		可以自动卸货,适用于运送散装货物,如煤炭、矿石、沙子等
	专用车辆		仅适于装运某种特定的用普通货车或厢式车装运效率较低的货物。通用性较差,往往只能单程装运,因此运输成本高,如汽车搬运车、水泥车、油罐车、混凝土搅拌车、冷藏车等
按载重量划分	微型		最大载重量0.75吨,车长小于等于3.5米
	轻型		载重量0.75~3吨,服务于规模不大、批量很小的货物运输,通常用于城市运输

划分标准	分类	图例	特点和作用
按载重量划分	中型		载重量3~8吨,适用范围比较广泛,即可在城市承担短途运输任务,也可承担中、长途运输。目前在我国,中型载货汽车是主要车型,数量较多
	重型		载重量在8吨以上,多用于经常性的大批量货物运输,如大型建筑工地、矿山等地区的货物运输

2) 牵引车

牵引车亦称拖车,一般不设载客或载货车厢,是专门用以拖挂或牵引挂车的汽车。牵引车可分为全挂式和半挂式两种,见表3-4。除专门牵引车以外,一般的载货汽车也可作为全挂式牵引车使用。

表3-4 牵引车的类型

车型	分类	特点和作用
牵引车	半挂式	与半挂车一起使用,半挂车的部分重量由半挂式牵引车的底盘承载
	全挂式	与全挂车一起使用,其车架较短

3) 挂车

挂车本身无动力装置,而是通过杆式或架式拖挂装置,由牵引车或其他车辆牵引,因此它必须与牵引车组合在一起,才能作为一个完整的运输工具。挂车的车身通常也做成车厢的形式,可以运送货物。由于挂车结构简单,保养方便,而且自重较小,因此在汽车运输中应用广泛。牵引车与挂车组合在一起,便形成了汽车列车。挂车的类型见表3-5。

表3-5 挂车的类型

车型	分类	图例	特点和作用
挂车	全挂车		由牵引车或作为牵引车使用的汽车牵引
	半挂车		与半挂式牵引车一起使用
	轴式挂车		一种单轴车辆,专门用于运送长度较大的货物
	重载挂车		大载重量的挂车,它可以是全挂车,也可以是半挂车,专门用于运送沉重的货物,其载重量可达到300吨

3.1.2 公路货物运输基本业务

1. 货物运输业务流程

公路货物运输过程一般包括货物托运与承运、装运前的准备工作、装车、运送、卸车、保管和交付等环节，其作业流程如图 3.2 所示。按货物运输的阶段不同，可将货运作业划分为发送作业、途中作业和到达作业。

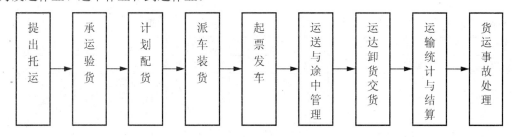

图 3.2 公路货物运输业务流程

1) 发送作业

货物在始发站的各项货运工作统称为发送作业，主要由受理托运、组织装车和核算制票 3 部分组成。

(1) 货物托运。货物托运是指货主委托运输企业为其运送货物，并为此办理相关手续。托运一般采用书面形式，先由货主填写托运单，经运输单位审核并由双方签章后，具有法律效力。

 特别提示

无论是货物交给汽车运输企业运输，还是汽车运输企业主动承揽货物，都必须由货主和承运企业双方办理托运手续。

托运手续的办理就是货运合同的订立。公路货物运输合同分为定期货运合同和一次性货运合同。定期货运合同适用于承运人、托运人之间商定的时期内的批量货物运输；一次性货运合同适用于每次货物运输。

从快捷、方便的角度出发，最常用的公路货物运输合同就是格式文本的公路货物运单。公路货物运单属于一次性货运合同，必须经过承运人审核并由双方签章后方可具有法律效力。

表 3-6 为常见的运单格式。

(1) 托运单的作用。

托运单确定了承运人与托运人在货物运输过程中的权利、义务和责任，是货主托运货物的原始凭证，也是承运人承运货物的原始依据。

① 是货物收据和交货凭证。

② 在运输过程中发生运输事故、延期时，托运单是判定双方责任的原始记录。

③ 是调度部门派车、货物装卸和货物到达交付的依据。

④ 是开具货票的凭证。

(2) 托运单填写注意事项。

① 托运的货物品种不能在一张运单内逐一填写，应填写货物清单(货物清单格式见表 3-7)。

② 若自行装卸货物，需在运单内注明。

③ 托运特种货物，托运人应按要求在运单中注明运输条件和特约事项。

④ 按照国家有关部门规定需办理准运或审批、检验等手续的货物，托运人托运时应将准运证或审批文件提交承运人，并随货同行；托运人委托承运人向收货人代递有关文件时，应在运单中注明文件名称和份数。

⑤ 已签订运输合同的运单由承运人填写，并在运单托运人签字盖章处填写合同序号。

表 3-6 某物流公司货物托运单样式

托运人(单位)：　　　　　　　经办人：
电话：　　　　　　　地址：　　　　　　　运单编号：

发货人		地址		电话		装货地点			厂休日		
收货人		地址		电话		卸货地点			厂休日		
付款人		地址		电话		约定起运时间	月日	约定到达时间	月日	需要车种	
货物名称及规格	包装形式	件数	体积长×宽×高(cm³)	体重(千克)	重量(吨)	保险、保价价格	货物等级		计费项目	计费重量	单价
									运费		
									装卸费		
合计							计费里程				
托运人注意事项			付款人银行账号			承运人记载事项			承运人银行账号		
注意事项	1. 货物名称应填写具体品名，如货物品名过多不能在运单内逐一填写须另附物品清单。 2. 保险或保价货物，在相应价格栏中填写货物声明价格。						托运人签章 年 月 日		承运人签章 年 月 日		

[说明]

1. 填在一张货物运单内的货物必须是属同一托运人。对拼装分卸货物，应将每一拼装或分卸情况在运单记事栏内注明。易腐蚀、易碎货物，易溢漏的液体，危险货物与普通货物，以及性质相抵触、运输条件不同的货物，不得用同一张运单托运。托运人、承运人修改运单时，需签字盖章。

2. 本运单一式两份：①受理存根；②托运回执。

表 3-7 道路运输货物清单

起运地点＿＿＿＿＿＿＿＿＿＿＿＿＿＿＿＿＿　装货日期＿＿＿＿＿＿＿＿＿＿＿＿＿＿＿＿
装货人名称＿＿＿＿＿＿＿＿＿＿＿＿＿＿＿＿　运单号＿＿＿＿＿＿＿＿＿＿＿＿＿＿＿＿＿
封制号＿＿＿＿＿＿＿＿＿＿＿＿＿＿＿＿

编号	货物名称	包装方式	件数	新旧程度	体积 长(cm)×宽(cm)×高(cm)			重量(kg)

托运人：(盖章)　　　　　　承运人：(盖章)　　　　　年　　月

(2) 货物承运。承运，表明运输单位接受了托运人的委托，开始承担了运输责任。货物承运是承运人对托运的货物进行审核、检查、登记等受理运输业务的工作过程。货物承运自承运人在托运单上加盖承运章开始。

承运人在托运单上加盖承运章前应派人验货,即对货物实际数量、重量、包装、标志及装货现场等情况进行查验。

特别提示

在货物托运与承运的环节涉及托运单和货票。车站接到发货人提出的货物托运单后,应进行认真审查,确认无误后办理登记。车站受理托运后,开始组织装车,发货人应按规定向车站缴纳运杂费,并领取承运凭证——货票。货票是一种财务性质的票据,是根据货物托运单填写的。在起运站它是向发货人核收运费的收费依据,在到达站它是与收货人办理货物交付的凭证之一。始发站在货物托运单和货票上加盖承运日期之时起即算承运。

(3) 货物装卸。货物装车、卸车是货物始发或到达所不可缺少的作业。不论它是由托运人自理,还是由承运人承办,都应强化质量意识,杜绝或减少货损货差事故的发生。货物装卸时,货物承运人应监装监卸,保证装卸质量,并尽量压缩装卸作业时间。

2) 途中作业

货物在运送途中发生的各项货运作业统称为途中作业,主要包括途中货物整理或换装等内容。为了方便货主,整车货物还允许途中拼装或分卸作业,考虑到车辆周转的及时性,对整车拼装或分卸应加以严密组织。

为了保证货物运输的安全与完好,便于划清企业内部的运输责任,货物在运输途中如发生装卸、换装、保管等作业,驾驶员之间、驾驶员与站务人员之间应认真办理交接检查手续。一般情况下交接双方可按货车现状及货物装载状态进行,必要时可按货物件数和重量交接,如接收方发现有异状,由交出方编制记录备案。

3) 到达作业

货物在到达站发生的各项货运作业统称为到达作业,主要包括货运票据的交接、货物卸车、保管和交付等内容。

整车货物运达时,收货人应及时组织卸车,驾驶员应同时对所卸货物计点清楚。

上述业务流程图如图3.3所示。

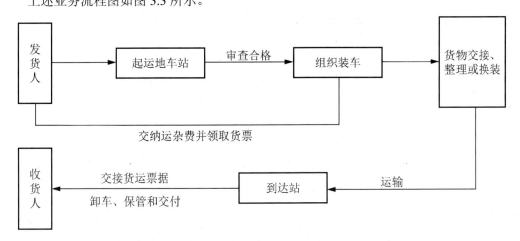

图3.3 公路货运业务流程图

2. 整车货物运输业务

1) 整车货物运输的概念

根据道路货物运输的规定，一次运输 3 吨以上货物可视为整车运输。如果货物重量不足 3 吨，但不能与其他货物拼装运输，需单独提供车辆办理运输，也可视为整车运输。

以下货物必须按整车运输。

(1) 鲜活货物，如冻肉、冻鱼、鲜鱼、活的牛、羊、猪、兔、蜜蜂等。

(2) 需用专车运输的货物，如石油、烧碱等危险货物，粮食、粉剂类散装货等。

(3) 不能与其他货物拼装运输的危险品。

(4) 易于污染其他货物的不洁货物，如炭黑、皮毛、垃圾等。

(5) 不易计数的散装货物，如煤、焦炭、矿石、矿砂等。

2) 整车货物运输的特点

(1) 一个托运人。为明确运输责任，整车货物运输通常是一车一张货票、一个托运人。为此，公路货物运输企业应选派定载重量(以车辆管理机关核发的行车执照上标记的载重量为准)与托运量相适应的车辆装运整车货物。但当一个托运人整车货物的重量(毛重)低于车辆额定重量时，为了合理使用车辆的载重能力，可以拼装另一托运人的货物，即一车两票或多票，但货物总重不得超过车辆额定载重量。

(2) 门到门。由于是一个托运人，所以整车运输都施行"门到门"运输。但整车货物可以多点装卸，装卸点的距离不会相距太远，比如在同一个城市几个分厂卸货，在同一个城市的几个销售点卸货。

(3) 托运人负责装卸车。托运整车货物的由托运人自理装车，如果要承运人负责装卸，应该事先协调，并支付装卸费用，或计入运费中。

(4) 操作方便。整车运输一般不需中间环节或中间环节很少，送达时间短，相应的货运集散成本较低。此外，还有快速、方便、经济、可靠等优点。因此，涉及城市间及过境的长途运输与集散通常采用整车运输。

3) 整车货物运输作业流程

公路整车货运组织流程，是指货物从受理开始，到交付收货人为止的生产活动。整车货物运输一般不需要中间环节，或中间环节很少，送达时间短，相应的货运集散成本较低。其作业流程如图 3.4 所示。

整车货物运输托运、受理的主要方法见表 3-8。

表 3-8　公路整车货物运输的受理方法

序号	受理方法	受理特点
1	登门受理	运输部门派人去客户单位办理承托手续
2	产地受理	适用于农产品上市时节，运输部门下产地联系运输事宜
3	驻点受理	对生产量大、调拨集中、对口供应的单位，以及货物集散的车站、码头、港口、油田、基建工地等，运输部门可设点或巡回办理托运
4	现场受理	在省、市、地区等召开物资分配、订货、展销、交流会议期间，运输部门在会议现场设立临时托运服务点，现场办理托运
5	异地受理	企业单位在外地的整车货物，运输部门可根据具体情况，向当地运输部门办理托运、要车等手续

续表

序号	受理方法	受理特点
6	电话、传真、信函、网上托运	经运输部门认可，本地或外地的货主单位可通过电话、传真、信函、互联网办理托运，由运输部门的业务人员受理登记，代填托运单
7	合同受理	根据承托双方签订的运输合同或协议办理货物运输
8	站台受理	货物托运单位派人直接到运输部门办理托运

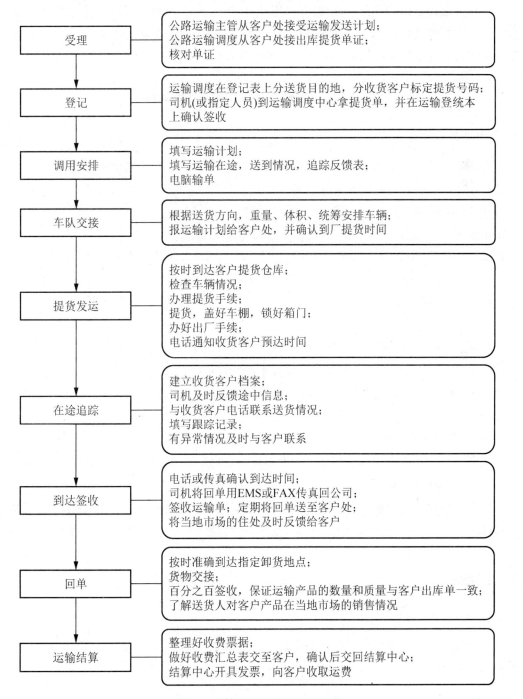

受理
- 公路运输主管从客户处接受运输发送计划；
- 公路运输调度从客户处接出库提货单证；
- 核对单证

登记
- 运输调度在登记表上分送货目的地，分收货客户标定提货号码；
- 司机(或指定人员)到运输调度中心拿提货单，并在运输登统本上确认签收

调用安排
- 填写运输计划；
- 填写运输在途，送到情况，追踪反馈表；
- 电脑输单

车队交接
- 根据送货方向、重量、体积、统筹安排车辆；
- 报运输计划给客户处，并确认到厂提货时间

提货发运
- 按时到达客户提货仓库；
- 检查车辆情况；
- 办理提货手续；
- 提货，盖好车棚，锁好箱门；
- 办好出厂手续；
- 电话通知收货客户预达时间

在途追踪
- 建立收货客户档案；
- 司机及时反馈途中信息；
- 与收货客户电话联系送货情况；
- 填写跟踪记录；
- 有异常情况及时与客户联系

到达签收
- 电话或传真确认到达时间；
- 司机将回单用EMS或FAX传真回公司；
- 签收运输单；定期将回单送至客户处；
- 将当地市场的住处及时反馈给客户

回单
- 按时准确到达指定卸货地点；
- 货物交接；
- 百分之百签收，保证运输产品的数量和质量与客户出库单一致；
- 了解送货人对客户产品在当地市场的销售情况

运输结算
- 整理好收费票据；
- 做好收费汇总表交至客户，确认后交回结算中心；
- 结算中心开具发票，向客户收取运费

图 3.4　整车货物运输作业流程图

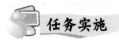

活动1 确定公路运输作业方式

小王作为公路运输物流员,在接到该任务后,首先和客户进行货物托运信息核实,在此基础上,根据货物的重量(总重达到5吨)判断货物需要采用整车货物运输方式。按照整车货物运输流程和客户完成该批图书的运输工作。具体业务操作参考活动2。

活动2 公路整车运输业务操作

1. 整车运输业务受理

太仓新华书店为星达物流有限公司的长期客户,所以对于这批货物的受理采取登门受理的方式。小王和客户约好时间到太仓乐天教育出版社去办理托运手续。

1) 托运人填写托运单

小王向客户出示货物托运单,并交由客户填写托运单。托运单样式见表3-6。

在客户填写过程中,小王需要提醒填写要求:①内容准确完整、字迹清楚、不得涂改,如有涂改,应由托运人在涂改处盖章证明;②托运人及收货人的姓名地址应填写全称,起运地、到达地应详细注明所属行政区;③货物的名称、包装、件数、体积、重量应填写齐全。

2) 托运单内容的审批和认定

星达物流有限公司工作人员对托运单进行审批,主要检查以下内容。

(1) 对货物的名称、体积、质量和运输要求进行审核。

(2) 检验有关运输凭证是否齐全。

(3) 对运输期限、承托双方议定的有关事项进行确定。

3) 确定货物运输运费

小王和工作人员在审核货物托运单的内容后对货物运输的计费里程和货物运杂费进行认定。运价、运费相关知识可参考3.2.2。

在确定运费过程中,通过查找表3-2普通货物分类表,判断所承运货物(图书)为二等货物印刷品(报刊、图书及其他印刷品),可知该批货物运价需在一等货物基础上加成15%。

特别提示

货物运价以一等货物为基础,二等货物加成15%,三等货物加成30%。

通过参考"全国主要城市间公路里程表",判断此次运输里程为278千米(计费里程的计费单位为千米)。

4) 托运编号及分送

托运单认定后，编订托运单的托运编号，小王同时要负责告知调度、运务部门，并将结算通知交与货主。

 特别提示

托运业务受理环节是整个运输的关键环节，该环节需要遵守以下要求。

(1) 托运人及收货人名称、联系人、地址、电话要准确。
(2) 起讫站名、装卸货物地址要详细。
(3) 货物名称、规格、性质、状态、数量、重量应齐全、准确。
(4) 应选择合理的运输路线。
(5) 有关证明文件、货运资料应齐全。
(6) 危险货、特种货应说明运输要求、采取的措施、预防的方法。
(7) 运费结算单的托收银行、户名、账号要准确。

业务受理工作完成后，完成这批货物的运输还有许多其他的环节，对于运输公司来说，需要派车提货、起票发车、途中运输以及到达交付等环节。

2．车辆调度

车辆调度是根据客户托运计划(托运信息)打印提货单和货物标签，将提货单和客户托运单交由提货司机，并将派车情况通知客户。司机(带有卷尺)上门提货，并在货上贴上货物标签。司机提货上车后，填写货物交接单。调度命令登记簿见表3-9。

表3-9 调度命令登记簿

序号	时间	命令内容				接受命令人姓名	调度员姓名
		汽车号码	货物种类	起始地	目的地		

3．监装与起票发车

货物起运前还需要进行理货验货工作。验货完成后，托运人向承运人交纳运费和运杂费，领取承运凭证——货票。货票见表3-10。

货物装车前，物流公司监装人员应注意检查包装，并注意货物码放，装车完毕后，与托运人员核实实际装车的件数，确认无误后，办理交接签收手续。货物装车记录见表3-11。

表 3-10　汽车运输货票

××省汽车运输货票　　　甲　　自编号：　　　No:00001
牌照号：

托运人：　　　　　　　车属单位：

装货地点			发货人			地址	电话
卸货地点			收货人			地址	电话
运单或货签号码			付款人			地址	电话
货物名称	包装形式	件数	实际重量(吨)	计费里程	计费运输量	吨公里运价	运费金额
					吨	货物等级	
					吨公里	道路等级	
						运价率	
其他收费						计费项目	金额
						装卸费	
							小计
运杂费合计金额(大写)						¥	
备注							

开票单位(盖章)：　　　开票人：　　　承运驾驶员：　　　收货人签收盖章
年　月　日

[说明]：
1. 本票适用于所有从事营业性运输的单位和个人的货物运费结算。
2. 本货票共分四联：第一联黑色存根；第二联红色运费收据；第三联浅蓝色报单；第四联绿色收货回单，经收货人盖章后送车队统计；
3. 票面尺寸为 220mm×130mm；
4. 货票第四联右下端设"收货人签收盖章"栏，在其他联中不设。

表3-11　汽车运输货物装车记录

运单号	
封志号	

起运地点：　　　　　　　　　　装货日期：　　年　　月　　日

装货人名称：

编号	货物名称及规格型号	包装方式	件数	新旧程度	体积 长×宽×高/cm³	重量/kg	保险价格
备注							

托运人：　　　　　(签章)　　　　　承运人：　　　　　(签章)

　　　　　　　　　　　　　　　　　　　　　　　　　　　年　　月　　日

4. 货物运输(途中作业)

车辆在运送货物过程中，一方面调度人员应做好线路车辆运行管理，并及时处理运输过程中出现的临时问题。司机要及时反馈途中信息，填写货物跟踪记录表，见表3-12。

表3-12　货物跟踪记录表

序号	托运人	托运方联系人与联系电话	收货方	收货方联系人与联系电话	到货日期	货物名称	跟踪情况	处理办法	经办人

5. 货物交付(到达作业)

进行货物交付时，需要进行如下处理。

(1) 在车辆到达交货地点，托运人交付货物时，驾驶员应负责点数、监装，发现包装破损、异状时应提出更换或重新整理的异议。

(2) 检查货票是否相符。

(3) 收货人应持有效凭证提货，签收。

(4) 发现货物缺失，应作出原始记录，分别由驾驶人和卸货人员开具证明。

(5) 处理货运事故。

6. 统计结算

货物送达收货人处之后，运输部门还需要对此次运输任务进行相关指标统计工作，即运输统计结算。司机在交付作业完成后，带回客户签收的返回联，运输公司的统计结算员对货物运输回单进行汇总，并进行费用处理相关工作。具体是指在公司内部，对驾驶员完成运输任务所应得的工资收入进行定期结算；在承运人外部，整理好收费票据，做好收费汇总表交至客户，客户确认后交回结算中心，结算中心开具发票，向客户收取运杂费。

特别提示

在费用收取环节，针对长期客户，可根据运输合同的相关规定，采用到付方式，反之先结算再运输，以防发生纠纷。

实 训

一、实训目的

1．培养学生能够根据实际运输业务进行运输形式选择的能力。
2．能够根据客户要求进行整车运输业务的受理工作。
3．培养学生与人协作、沟通、团队合作的能力。

二、实训内容

苏州金鼎商贸有限公司向江苏宿迁洋河酒厂订购一批白酒天之蓝600箱，每箱15kg，外包装为纸箱，尺寸53cm×23cm×29cm，货物内包装为玻璃瓶，由宿迁市星城运输公司承担。发货人(天之蓝销售部负责人)：张兰，收货人：郑明。请模拟宿迁市星城运输公司完成此次货物运输。重点完成业务受理工作，填写货物托运书，并完成流程模拟。

三、实训要求

1．学生分组，每组5~6人。
2．小组成员按照运输业务进行角色分配。
3．完成货运单的填写。
4．完成运单审核。
5．根据运输业务模拟整车运输流程。
6．各小组派代表发言，点评各组表现。
7．教师点评。

四、实训评价

公路货运业务受理技能训练评价表见表3-13。

表3-13 公路货运业务受理技能训练评价表

	内容	分值	教师评价
考评标准	运单填写正确，无错误	20	
	运单填写完整，无遗漏项目	30	
	业务流程模拟合理	30	
	成员分工合理，积极参与	20	
	合计	100	

备注：① 项目得分由组内自评、组间互评和教师评价3部分构成。
② 组间互评得分均不能相同，原则上优秀率为20%(90以上)；良好率为60%(分85、80两档)；中等及以下为20%(75以下)。
③ 项目得分=组内自评×20%+互评×30%+教师评价×50%。

任务 3.2　模拟公路零担货物运输流程

(1) 掌握公路零担货物运输的概念和组织形式。
(2) 熟悉零担货物的受理托运。
(3) 能够根据实际业务进行零担货物运输组织。
(4) 能够模拟零担货运业务流程操作。

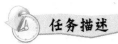

太仓星达物流有限公司是一家以专业经营太仓至全国各地公路汽车运输为主的货运公司。公司依靠高速公路网和国家高等级公路为依托提供"零担运输"和"整车特运"等服务产品，同时提供多种增值服务，以满足不同客户的需求。

零担货物"门到门"精益物流服务是星达物流为满足中小企业不断提高物流服务的需求而推出的精准贴身零担物流产品服务项目。该零担服务产品项目的核心是通过星达物流运作体系为中小企业客户的零担货物运输提供标准化的上门服务、服务上门的前沿性精益物流服务。通过该服务产品完全可以满足中小企业客户的多批次、少批量物流需求的零担运输。

公司服务内容如下。

(1) 为方便客户，星达通过分布在不同区域的营业网点(营业所)的服务营业员提供零担货物上门提、送货服务。

(2) 星达通过自有的支线、干线全封闭车辆将零担货物准确、安全的运送到目的地。

(3) 星达物流依托全国 25 个分公司覆盖了全国大部分地区，可以支持全国大部分地区二、三级城市的零担货物上门配送服务，可以满足零担货物直送经销商、KA(Key Account，重点客户)门店、专卖店、直营店等客户，部分地区可满足网购、直销等直送直销员或用户的物流服务。

(4) 通过星达物流网站可提供网上下单，货物追踪查询及签收单影印查询(需使用共速达托运单)服务。

(5) 根据客户委托代买货物运输保险。

(6) 根据客户委托邮寄客户签收单。

其服务流程图如图 3.5 所示。

2012 年 6 月 22 日，星达物流有限公司接到一家商铺的托运业务。产品为小型农机配件，用纸质包装箱，规格为 40cm×25cm×15cm，60 箱，单件重量为 24kg。收货人：张明，收货地址：南京市湖南路 22 号。客户要求到达日期 2012 年 6 月 30 日 14:00 左右。

小王作为公路运输物流员根据领导安排接受这项任务，他该如何完成这次的运输任务？

图 3.5　星达物流服务流程图

小王在任务 3.1 中已经掌握了整车货物的运输，根据此次任务的特点，小王判断出不能采用整车运输的形式。为了完成这次任务，小王需要掌握公路运输中的另一种业务组织形式——零担货物运输。本任务可以通过以下两个活动完成。

活动 1　公路零担货运流程模拟
活动 2　公路货运运费核算

3.2.1　公路零担货物运输组织

1. 公路零担货物运输的概念

托运人一次托运货物计费重量 3t 及以下的，为零担货物运输。我国汽车运输管理部门制定的《公路汽车货物运输规则》规定：托运人一次托运的货物，其重量不足 3t 者为零担货物。按件托运的零担货物，单件体积一般不得小于 $0.01m^3$（单件重量超过 10kg 的除外），不得大于 $1.5m^3$；单件重量不得超过 200kg；货物长度、宽度、高度分别不得超过 3.5m、1.5m 和 1.3m。不符合这些要求的，不能按零担货物托运、承运。零担运输一般需要特别的运输处理作业，如要求定线、定班期发运。

特别提示

各类危险货物、易破损、易污染和鲜活货物等,一般不能作为零担货物办理托运。

2. 零担货物运输的特点

一般而言,公路承运的零担货物具有数量小、批次多、包装不一、到站分散的特点,并且品种繁多,因此,零担货物运输对运输组织要求严密。具体表现在以下几个方面。

1) 货源的不确定性和来源的广泛性

零担货物运输的货物流量、数量、流向具有一定的不确定性,并且多为随机性发生,难以通过运输合同方式将其纳入计划管理范围。

2) 组织工作的复杂性

零担货物运输不仅货物来源、货物种类繁杂,而且面对如此繁杂的货物和各式各样的运输要求必须采取相应的组织形式,才能满足人们对货运的需求,这样就使得零担货物运输环节多,作业工序细致,设备条件繁杂,对货物配载和装载要求高。

 特别提示

零担站(汽车零担货运站)是经营汽车零担货物运输的服务单位和零担货物的集散场所,担负着组织零担运输生产、为货主服务、班线管理及信息传输等方面的任务。

3) 单位运输成本较高

为了适应零担货物运输的要求,货运站要配备一定的仓库、货棚、站台,以及相应的装卸、搬运、堆制的机具和专用厢式车辆。此外,相对于整车货物运输而言,零担货物周转环节多,更易于出现货损、货差,赔偿费用较高,因此,导致了零担货物运输成本较高。

4) 适应于千家万户的需要

零担货物运输非常适合商品流通中品种繁多、小批量、多批次、价格贵重、时间紧迫、到站分散的特点,因此它能满足不同层次人民群众商品流通的要求,方便大众物资生产和流动的实际需要。

5) 运输安全、迅速、方便

零担货运由于其细致的工作环节与广泛的业务范围,可承担一定的行李、包裹的运输,其班车一般都有规定的车厢,所装货物不会受到日晒雨淋,成为客运工作的有力支持,同时体现了安全、迅速、方便的优越性。

6) 运输机动灵活

零担货物运输都是定线、定期、定点运行,业务人员和托运单位对货运情况都比较清楚,便于沿途各站组织货源。往返实载率高,经济效益显著。对于经常性、时令性和急需的零星货物运输具有尤为重要的意义。

3. 零担货物运输的组织形式

客户对零担货物运送时间和方式、收发和装卸交接等的不同需要,要求零担货物运输采取不同的营运组织方式,这些组织方式形成了零担货物运输的基本组织形式。零担货物运输所采用的组织方式,按照零担车发送时间的不同划分为固定式和非固定式两大类。固定式零担货物运输一般靠固定式零担车完成,因此固定式零担货物运输的组织,实际上就是固定式零担车的组织,固定式零担车通常称为汽车零担货运班车，这种零担货运班车一般是以营运范围内零担货物流量、流向，以及货主的实际要求为基础组织运行。运输车辆主要以厢式专用车为主，实行定车、定期、定线、定时运行，即"四定运输"。其分类见表3-14，组织形式简图如图3.6所示。

表 3-14　零担货物运输组织形式

组织形式	分类	特点和作用
固定式	直达式	在起运站将多个发货人托运的同一到达站且可以配载的零担货物装在同一车内，直接送达目的地的一种零担班车
	中转式	在起运站将多个发货人托运的同一线路、不同到达站且允许配装的零担货物在同一车内运至规定中转站，卸后复装，重新组成新的零担班车运往目的地的一种零担班车
	沿途式	在起运站将多个发货人托运的同一线路、不同到达站且允许配装的各种零担货物装在同一车内，在沿途各计划停靠站卸下或装上零担货物继续前进，直至最后终点站的一种零担班车
非固定式		按照零担货流的具体情况，根据实际需要，临时组织而成的一种零担车。通常在新辟零担货运线路或季节性零担货物线路上使用

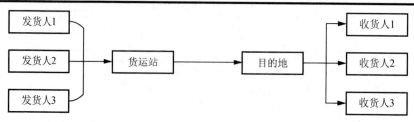

(a) 直达式零担货运简图

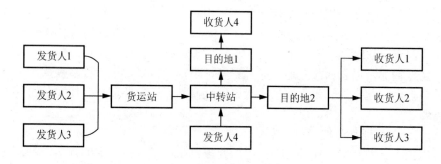

(b) 中转式零担货运简图

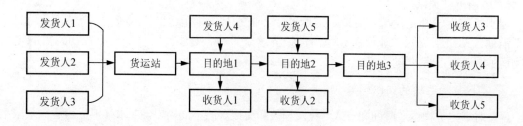

(c) 沿途式零担货运简图

图 3.6　零担货物各种运输组织形式简图

4. 零担货物作业流程

零担货物运输业务是根据零担货运工作的特点，按照流水作业构成的一种程序，包括以下几个环节：托运受理、过磅起票、验收入库，开票收费，配运装车，卸车保管、提货交付。其作业流程如图 3.7 所示。

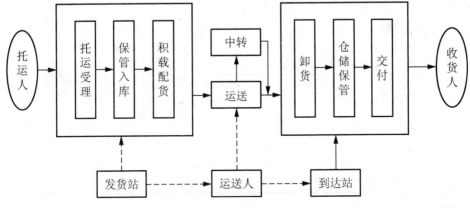

图 3.7　零担货物运输作业流程图

1) 托运受理

托运受理是零担货运业务的首要环节。它是指零担货物承运人根据经营范围内的线路、站点、运距、中转车站、各车站的装卸能力、货物的性质以及运输限制等业务规则和有关规定，接受托运零担货物、办理托运手续。

 特别提示——受理零担货物托运的必备条件

货物运输公司在办理零担货物业务时需要具备以下条件。

(1) 公布办理零担的线路、站点(包括联运、中转站点)、班期及里程运价。图 3.8 是某运输公司公布的部分零担运输路线。

(2) 张贴托运须知、包装要求和限运规定。

服务与产品		
整车零担，拥有多辆特种车辆专业承接超高、超宽、超长、超重大件运输服务		
全国运输路线表：		
华北	北京	北京各大城区
	天津	天津各大城区
	河北	秦皇岛、承德、邢台、保定、涿州、沧州、邯郸、廊坊、宣化、河间、唐山、张家口、石家庄、衡水
	山西	太原、晋中、大同、长治、侯马、晋城、临汾、吕梁、朔州、忻州、运城、朔州
东北	吉林	长春、通化、四平、白城、白山、辽源、桦甸、蛟河、磐石、舒兰、松原、延边
	黑龙江	哈尔滨、大庆、佳木斯、牡丹江、大兴安岭、鹤岗、呼伦贝尔、鸡西、七台河、齐齐哈尔、双鸭山、绥化、兴安盟、伊春
	内蒙古	包头、呼和浩特、锡林浩特、乌兰察布、通辽、兴安盟、锡林郭勒、兴安盟、巴彦淖尔、鄂尔多斯、乌海、阿拉善、阿拉善盟
	辽宁	丹东、本溪、锦州、盘锦、鞍山、阜新、辽阳、沈阳、铁岭、大连、赤峰、朝阳、葫芦岛、抚顺、营口

图 3.8　某运输公司公布的零担运输路线(部分)

运输组织与管理项目式教程

在受理托运时，可根据零担货物的数量、运距以及车站最大能力采用不同的受理制度。各种受理见表3-15。

表3-15 零担货物托运受理方法

受理方法	特点和作用
随时受理制	对托运日期无具体规定，在营业时间内，发货人均可将货物送到托运站办理托运，为货主提供了极大的方便。但随时受理制不能事先组织货源，缺乏计划性，因而货物在库时间长，设备利用率低。 主要适用于作业量较小的货运站、急送货运站，以及始发量小、中转量大的中转站
预先审批制	要求发货人事先向货运站提出申请，货运站根据各个发货方向及各站别的运量、站内设备和作业能力加以平衡，分别指定日期进货集结，组成零担班车。 对于货主不够方便，仅适宜零担货物发送量较大且稳定的地区
日历承运制	货运站根据零担货物流量与流向规律，编写承运日期表，事先公布，发货人则按规定日期来站办理托运手续。 对于货主来说便于合理安排生产和产品调拨，提前做好货物托运准备工作；对于货运站来说，便于将分散的零担货物合理集中，尽量组织直达零担车

2) 过磅起票

零担货物受理人员在接到零担货物托运单后，应及时验货过磅，并认真点件交接，做好记录。零担货物过磅后，连同托运单交仓库保管员按托运单编号填写货物标签(表 3-16)及有关标志，并根据托运单和磅码单填写零担货物运输货票，照票收清运杂费。

表3-16 汽车行李、包裹零担标签

车次	
起点	
到站	
总件数	

3) 仓库保管

零担货物进出仓要照单入库或出库，做到以票对票、票票不漏、货票相符；零担货物仓库应严格划分货位，一般可分待运货位、急运货位、到达待交货位和以线路划分的货位，以便堆放。零担货物仓库要具有良好的通风能力、防潮能力、防火和灯光设备以及安全保卫能力。

4) 配载装车

零担货物装车是起运的开始。装车前必须根据车辆的载货吨位、车厢容积、货物性质和货物运送方向及中转还是直达等，做好货物配载工作。

5) 车辆运行

零担货运班车必须按期发车，不得误班。定期零担班车应按规定线路行驶，凡规定停靠的中途站，车辆必须进站，并在中途站由值班人员在行车路单上签证。

行车途中，驾驶员(随车理货员)应经常检查车辆装载情况，如发现异常情况，应及时处理或报请就近车站协助办理。

6) 货物中转

对于需要中转的货物需以中转零担班车或沿途零担班车的形式运到规定的中转站进行中

转。中转作业主要是将来自各个方向的仍需继续运输的零担货物卸车后重新集结待运,继续运至终点站。零担货物中转作业 3 种基本方法见表 3-17。

表 3-17 零担货物中转作业方法

作业方法	特点和作用
落地法 (全部落地中转)	将整车零担货物全部卸下交中转站入库,由中转站按货物的不同到站重新集结,另行安排零担货车分别装运,继续运到目的地。 这种方法简便易行,车辆载重量和容积利用较好,但装卸作业量大,仓库和场地的占用面积大,中转时间长
坐车法 (部分落地中转)	由始发站开出的零担货车,装运有部分要在途中某地卸下,转至另一路线的货物,其余货物则由原车继续运送到目的地。 这种方法部分货物不用卸车,减少了作业量,加快了中转作业速度,节约了装卸劳力和货位,但对留在车上的货物的装载情况和数量不易检查清点
过车法 (直接换装中转)	当几辆零担车同时到站进行中转作业时,将车内部分中转零担货物由一辆车向另一辆车上直接换装,而不到仓库货位上卸货。组织过车时,既可以向空车上过,也可向留有货物的重车上过。 这种方法在完成卸车作业时即完成了装车作业,提高了作业效率,加快了中转速度,但对到发车辆的时间等条件要求较高,容易受意外因素干扰而影响运输计划

7) 到站卸货

班车到站后,仓库人员检查货物情况,如无异常,在交接单上签字并加盖业务章。如有异常情况,则应采取以下相应措施处理。

(1) 有单无货,双方签注情况后,在交接单上注明,将原单返回。

(2) 有货无单,确认货物到站后,由仓库人员签发收货清单,双方盖章,清单寄回起运站。

(3) 货物到站有误,将货物原车运回起运站。

(4) 货物短缺、破损、受潮、污染、腐烂时,应双方共同签字确认,填写事故清单。

8) 货物交付

货物入库后,通知收货人凭提货单提货,或者按指定地点送货上门,并做好交货记录,逾期提取的按有关规定办理。

3.2.2 公路货运运费计算

公路运输运费的计算步骤如图 3.9 所示。

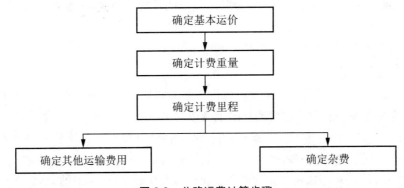

图 3.9 公路运费计算步骤

1. 货物运价价目

1) 基本运价

根据道路货物运输的经营形式不同,道路货物运输分为整批运输、零担运输和集装箱运输,其基本运价各不相同。

(1) 整批货物基本运价:指一吨整批普通货物在等级公路上运输的每吨千米运价。

(2) 零担货物基本运价:指零担普通货物在等级公路上运输的每千克千米运价。

(3) 集装箱基本运价:指各类标准集装箱重箱在等级公路上运输的每箱千米运价。

2) 吨(箱)次费

(1) 吨次费:对整批货物运输在计算运费的同时,按货物重量加收吨次费。

(2) 箱次费:对汽车集装箱运输在计算运费的同时,加收箱次费。箱次费按不同箱型分别确定。

3) 普通货物运价

普通货物实行分等级计价,以一等货物为基础,二等货物加成15%,三等货物加成30%。公路货物分类参考表3-2。

4) 特种货物运价

(1) 长大笨重货物运价如下。

① 一级长大笨重货物在整批货物基本运价的基础上加成 40%～60%。

② 二级长大笨重货物在整批货物基本运价的基础上加成 60%～80%。

(2) 危险货物运价如下。

① 一级危险货物在整批(零担)货物基本运价的基础上加成 60%～80%。

② 二级危险货物在整批(零担)货物基本运价的基础上加成 40%～60%。

(3) 贵重、鲜活货物运价如下。

贵重、鲜活货物在整批(零担)货物基本运价的基础上加成 40%～60%。

5) 特种车辆运价

按车辆的不同用途,在基本运价的基础上加成计算。

特种车辆运价和特种货物运价两个价目不准同时加成使用。

6) 非等级公路货运运价

非等级公路货运运价在整批(零担)货物基本运价的基础上加成 10%～20%。

7) 快速货运运价

快速货运运价按计价类别在相应运价的基础上加成计算。

8) 集装箱运价

(1) 标准集装箱运价。标准集装箱重箱运价按照不同规格的箱型的基本运价执行,标准集装箱空箱运价在标准集装箱重箱运价的基础上减成计算。

(2) 非标准箱运价。非标准箱重箱运价按照不同规格的箱型,在标准集装箱基本运价的基础上加成计算,非标准集装箱空箱运价在非标准集装箱重箱运价的基础上减成计算。

(3) 特种箱运价。特种箱运价在箱型基本运价的基础上按装载不同特种货物的加成幅度加成计算。

9) 出入境汽车货物运价

出入境汽车货物运价按双边或多边出入境汽车运输协定，由两国或多国政府主管机关协商确定。

除以上几种外，汽车运价中还包括包车运价、区域运价以及其他收费标准。

2. 计费重量

1) 计量单位和计费重量

公路货物运输中计费标准因为货物运输方式而不同，其计费单位和计费重量标准见表 3-18。

表 3-18 公路货物运输计费单位、计费重量标准

计费形式	计费单位	整批货物	零担货物
一般货物	毛重	以吨(t)为单位。1t 以下计至 100kg，尾数不足 100 kg 的，四舍五入	以千克(kg)为单位。起码计费重量为 1kg。重量在 1kg 以上，尾数不足 1kg 的，四舍五入
轻泡货物	333kg/m³	整批轻泡货物的高度、长度、宽度，以不超过有关道路交通安全规定为限度，按车辆标记吨位计算重量	以货物包装最长、最宽、最高部位尺寸计算体积，按每立方米折合 333 kg 计算重量
包车运输	—	按车辆的标记吨位计算	—
散装货物	—	按体积由各省、自治区、直辖市统一规定重量换算标准计算重量。如砖、瓦、砂、石、土、矿石、木材等	

特别提示

(1) 在确定货物重量标准中，集装箱运输以箱为单位。
(2) 轻泡货物是指每立方米重量不足 333kg 的货物。
(3) 货物重量一般以起运地过磅为准。起运地不能或不便过磅的货物，由承运双方协商确定计费重量。

2) 计费里程

(1) 里程单位。

货物运输计费里程以千米为单位，尾数不足 1 千米的，进整为 1 千米。

(2) 里程确定。

① 货物运输的营运里程，按交通部和各省、自治区、直辖市交通行政主管部门核定、颁发的"营运里程图"执行。"营运里程图"未核定的里程，由承、托双方共同测定或经协商按车辆实际运行里程计算。

② 出入境汽车货物运输的境内计费里程以交通主管部门核定的里程为准；境外里程按毗邻国(地区)交通主管部门或有权认定部门核定的里程为准。未核定里程的，由承、托双方协商或按车辆实际运行里程计算。

③ 货物运输的计费里程：按装货地点至卸货地点的实际载货的营运里程计算。

④ 因自然灾害造成道路中断，车辆需绕道行驶的，按实际行驶里程计算。

⑤ 城市市区里程按当地交通主管部门确定的市区平均营运里程计算；当地交通主管部门未确定的，由承托双方协商确定。

(3) 计时包车货运计费时间。

计时包车货运计费时间以小时为单位。起码计费时间为 4 小时；使用时间超过 4 小时，按实际包用时间计算。整日包车，每日按 8 小时计算；使用时间超过 8 小时，按实际使用时间计算。时间尾数不足半小时舍去，达到半小时进整为 1 小时。

(4) 运价单位。

① 整批运输：元/吨千米。

② 零担运输：元/千克千米。

③ 集装箱运输：元/箱千米。

④ 包车运输：元/吨位小时。

⑤ 出入境运输，涉及其他货币时，在无法按统一汇率折算的情况下，可使用其他自由货币为运价单位。

3. 货物运输其他收费

1) 调车费

(1) 应托运人要求，车辆调往外省、自治区、直辖市或调离驻地临时外出驻点参加营运，调车往返空驶者，可按全程往返空驶里程、车辆标记吨位和调出省基本运价的 50%计收调车费。在调车过程中，由托运人组织货物的运输收入，应在调车费内扣除。

(2) 经承托双方共同协商，可以核减或核免调车费。

(3) 经铁路、水路调车，按汽车在装卸船、装卸火车前后行驶里程计收调车费；在火车、在船期间包括车辆装卸及待装待卸时，每天按 8 小时、车辆标记吨位和调出省计时包车运价的 40%计收调车延滞费。

2) 延滞费

(1) 发生下列情况，应按计时运价的 40%核收延滞费。

① 因托运人或收货人责任引起的超过装卸时间定额、装卸落空、等装待卸、途中停滞、等待检疫的时间。

② 应托运人要求运输特种货物或专项货物需要对车辆设备改装、拆卸和清理延误的时间；因托运人或收货人造成不能及时装箱、卸箱、掏箱、拆箱、冷藏箱预冷等业务，使车辆在现场或途中停滞的时间。

延误时间从等待或停滞时间开始计算，不足 1 小时，免收延滞费；超过 1 小时及以上，以半小时为单位递进计收，不足半小时进整为半小时。车辆改装、拆卸和清理延误的时间，从车辆进厂(场)起计算，以半小时为单位递进计算，不足半小时进整为半小时。

(2) 由托运人或收、发货人责任造成的车辆在国外停留延滞时间(夜间住宿时间除外)，计收延滞费。延滞时间以小时为单位，不足 1 小时进整为 1 小时。延滞费按计时包车运价的 60%~80%核收。

(3) 执行合同运输时，因承运人责任引起货物运输期限延误，应根据合同规定，按延滞费标准，由承运人向托运人支付违约金。

3) 装货(箱)落空损失费

应托运人要求，车辆开至约定地点装货(箱)落空造成的往返空驶里程，按其运价的 50%计收装货(箱)落空损失费。

4) 道路阻塞停运费

汽车货物运输过程中，如发生自然灾害等不可抗力造成的道路阻滞，无法完成全程运输，需要就近卸存、接运时，卸存、接运费用由托运人负担。已完运程收取运费；未完运程不收运费；托运人要求回运，回程运费减半；应托运人要求绕道行驶或改变到达地点时，运费按实际行驶里程核收。

5) 车辆处置费

应托运人要求，运输特种货物、非标准箱等需要对车辆改装、拆卸和清理所发生的工料费用，均由托运人负担。

6) 车辆通行费

车辆通过收费公路、渡口、桥梁、隧道等发生的收费，均由托运人负担。其费用由承运人按当地有关部门规定的标准代收代付。

7) 运输变更手续费

托运人要求取消或变更货物托运手续，应核收变更手续费。因变更运输，承运人已发生的有关费用，应由托运人负担。

4. 运费计算

1) 整批货物运费计算

整批货物运费=吨次费×计费重量+整批货物运价×计费重量×计费里程+货物运输其他费用

2) 零担货物运费计算

零担货物运费=计费重量×计费里程×零担货物运价+货物运输其他费用

3) 集装箱运费计算

重(空)集装箱运费=重(空)箱运价×计费箱数×计费里程+箱次费×计费箱数+货物运输其他费用

4) 计时包车运费计算

包车运费=包车运价×包用车辆吨位×计费时间+货物运输其他费用

5) 运费单位

运费以元为单位。运费尾数不足 1 元时，四舍五入。

案例

某公路运输公司经营整车和零担货运业务，其中整车业务的吨次费为 6 元/吨，运价率为 0.3 元/吨千米。

在一次受理整车货物托运时，货物总重30吨，运输里程2 800千米，此外，还有道路通行费2 300元，装卸费550元，请计算总的费用。

案例分析：

依据整车货物计费公式，整批货物运费=6元/吨×30吨+0.3元/吨千米×30吨×2 800千米+2 300元+550元=180元+25 200元+2 300元+550元=28 230元

故该次整车货物运费为28 230元。

活动I 公路零担货运流程模拟

在完成星达物流有限公司接受的业务后，可以分析出该项活动是零担货物的运输工作。按照零担货运流程模拟此次货物运输。将班级分组，每组5～6人，按运输业务进行角色分配。

步骤一： 业务受理。

小王根据客户要求以及公司的运输线路，对客户说明运输线路和发货流程(图3.10)，接受客户(商铺)委托，受理托运。

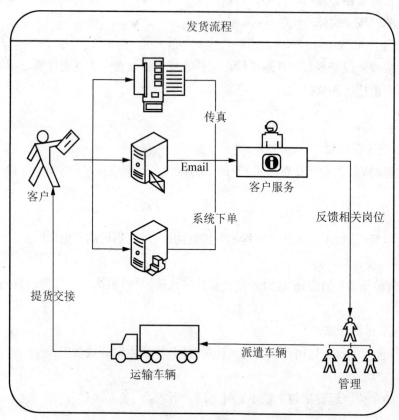

图3.10 星达物流有限公司发货流程图

客户填写托运单，小王作为运输物流员进行审核检查。货物托运单见表3-19。

表3-19 星达物流有限公司公路运输货物托运单

星达物流有限公司托运单

以下由客户填写				托运日期：2012 年 6 月 22 日		目的地代码：	
客户编号	若有请填写			运输类型	□整车	客服专员填写	□零担
托运人	陈××			单位名称	太仓××五金商铺		
联系方式	139××××××××						
地址	江苏太仓人民路24号						
收货人	张明			单位名称	南京×××机械设备公司		
联系方式	158××××××××						
地址	省 市 县(区) 镇(乡) 江苏省南京市湖南路22号						
保价金额(元)				保价方式	□平均保价	□分别保价	
代收货款(元)				交货方式	□客户自提	□送货上门	
付款方式	□托运人付清 □托运人结算 □收货人现付 □收货人结算						
货物名称	小型衣机配件						
其他服务	□签收单 □其他						
以下由星达物流人员填写				服务类型	□普运	□特服(费用 元)	
送货费(元)	50						
单价	□体积(_____元/m³) □重量(_____元/kg) 其他_____						
包装方式	纸箱× 木箱× 编织袋× 木框× 件数 60 包装费 28.5 元						
尺寸(m)	长×宽×高×件 0.4m×0.25m×0.15m×60			体积	0.9	重量	1 440 kg
运费		保险费		其他费用	合计	现付 欠付 提货付款	发票
备注							
托运人签章：陈××						业务员：王××	

步骤二：按照运输业务规定，对托运货物进行称重，贴上相应标签，即过磅起票。公路汽车行李、包裹零担标签如图 3.11 所示。

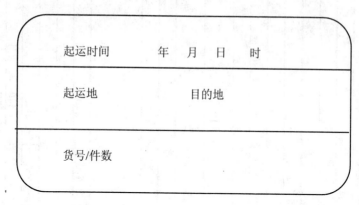

图 3.11　公路汽车行李、包裹零担标签

步骤三：对托运货物进行检验、复检无误后，经验收人签章后入库，即验收入库。
步骤四：根据司磅员和保管人员签字的托运单收费开票。
步骤五：配运装车、货物运输、货物中转。
步骤六：到达目的地后，根据托运单据，办理送达手续，即运达交付作业。

 特别提示——零担货物托运技巧

(1) 办理零担货物运输，由托运人填写"汽车零担货物运输运单"。运单填写必须字迹清楚。托运人对货物自愿投保汽车货物运输险、保价运输的，应在运单中注明。托运人注明的特约事项，经承运人同意后，承托双方签章生效。

(2) 零担货物的包装必须符合国家和交通运输部门的规定和要求。对不符合包装标准和要求的货物，应由托运人改善包装。对不会造成运输设备及其他货物污染和货损的货物，如托运人坚持原包装，托运人应在"特约事项"栏内注明自行承担由此可能造成的货损。

(3) 托运危险物品时，其包装应严格遵守交通部颁发的《公路危险货物运输规则》；按承托双方协议办理运输易污染、易破损、易腐烂和鲜活物品，其包装必须严格遵守双方协议的规定。

(4) 托运普通零担货物中不得夹带危险、禁运、限运和贵重物品。

(5) 托运政府法令禁运、限运以及需要办理公安、卫生检疫或其他准运证明的零担货物，托运人应同时提交有关证明。

(6) 托运时，托运人应在每件货物两端分别拴贴统一规定注有运输号码的货物标签。需要注明装卸、堆码、储存的货物，应在货物明显处加贴储运指示标志，并在运单"特约事项"栏内注明。

活动 2　公路货运运费核算

星达物流有限公司接到小型农机配件托运业务的公路货运运费核算步骤如下。
步骤一：确定基本运价。
在活动 1 中已经判定该批货物为零担货物运输。运输货物为小型农机配件，从表 3-2 中查知该货物属于普通三等货物，所以该货物运价需加成 30%。

步骤二：确定计费重量。

$\dfrac{24\text{kg}}{0.4\text{m}\times 0.25\text{m}\times 0.15\text{m}}=1\,600\text{kg}/\text{m}^3>333\text{kg}/\text{m}^3$，所以该批货物为一般货物，计费重量为 60×24kg=1 440kg。

步骤三：确定计费里程。

计费里程为 289km。

步骤四：运费计算。

其他运输费用中货物装卸费为 12.5 元。

星达物流有限公司公布的运价见表 3-20。

表 3-20　星达物流有限公司公布运价

查询结果						
起运地	目的地	可提货时间	运输方式	起步价/(元/票)	重货/(元/千克)	轻货/(元/立方米)
太仓	南京	1～2 天	普通零担	15	0.55	100

从表 3-21 可知，普通零担货物起步价 15 元/票，重货 0.55 元/千克，轻货 100 元/立方米。故该批货物运费=1 440×0.55 元×130%+12.5 元=1 029.6+12.5=1 042.1 元

特别提示

目前在零担运费计算中，运输企业实际核算运费的时候，运距的因素已经综合考虑到运价率中。

实　训

一、实训目的

1．能够根据实际的运输任务进行业务安排，并能模拟运输流程。

2．能够核算公路货物运输运费。

3．培养学生与人协作、沟通、团队合作的能力。

二、实训内容

太仓红星物流有限公司接到两笔运输业务。

业务一：

某商人托运两箱毛绒玩具，每箱规格为 1.0m×0.8m×0.8m、毛重 185.3kg，该货物运费率为 RMB 0.002 5/kg·km，运输距离 120km，问主要支付多少运费？

业务二：

货物和运输情况见表 3-21，进行运费核算。

运输组织与管理项目式教程

表 3-21 货物和运输情况

货物名称	重量/t	始发地	目的地
化工	20	太仓	浙江台州
食品	1.8	太仓	内蒙古赤峰

三、实训要求

1. 学生分组，每组 5~6 人，小组成员进行角色定位及工作分工。
2. 小组成员按照零担运输的业务流程进行角色模拟。
3. 核算业务中的运费。
4. 各小组交流，教师点评。

四、实训评价

公路零担货运业务流程模拟技能训练评价表见表 3-22。

表 3-22 公路零担货运业务流程模拟技能训练评价表

考评标准	内容	分值	教师评价
	运单填写规范、完整	20	
	业务流程模拟正确，各环节单据交接合理	30	
	运费计算正确	30	
	成员分工合理，积极参与	20	
	合计	100	

备注：① 项目得分由组内自评、组间互评和教师评价 3 部分构成。

② 组间互评得分均不能相同，原则上优秀率为 20%(90 以上)；良好率为 60%(分 85、80 两档)；中等及以下为 20%(75 以下)。

③ 项目得分=组内自评×20%+互评×30%+教师评价×50%。

项目 4　铁路货物运输

任务 4.1　铁路货运业务认知

(1) 掌握铁路货物运输的概念及其类型。
(2) 了解铁路货物运输的技术装备与设施。

一列满载山西特产的专列，从位于省城太榆路的榆北物流园区出发，驶向广州。当日下午，记者对这趟专列进行了探访。

在榆北物流园内，记者看到二十多个码得整整齐齐的集装箱，准备装车运输。相关负责人介绍，里面所装的物品有半成品奶粉、老陈醋、太钢的不锈钢板制品等。

该趟专列由山西盟佳物流公司负责组织，目前为试运行，预计下月会形成整列、定点的运行状态。届时，专列会定时发车，日运输总量可达 1 280 吨，每年直接节约运费 2 000 多万元。相关负责人介绍，以前山西省 80%的铁路运力都分配给煤炭等物资，需外运的多数物资只能选汽车。当前油价居高不下，汽车运输成本比铁路高 50%，山西省产品的竞争力大大降低。现在有了专列，太原与广州的物流运输将得到前所未有的便利。"拿这趟专列来说，这些产品如果走汽车运输，不但运输成本每吨要多出 0.15 元，而且路上要耗费 10 天左右时间，现在 4 天就可运到广州。"该负责人说。此外，物流成本大幅降低，还可推动山西物流业的发展，广州的货物也将源源不断地运来山西，因运输成本降低，百姓可得到更多实惠。

那么究竟什么是铁路货物运输？铁路货运发展状况如何？本任务将解决这些问题。

本任务需要掌握铁路货运发展状况，理解铁路货物运输业务常用的专业名词，并且区分铁路货物运输的车辆类型以及运输业务类型。本任务可通过以下活动来完成。

活动　调查铁路货运发展现状

知识准备

4.1.1 铁路货物运输概述

1. 铁路运输的沿革

铁路的出现要比火车早得多。早在 16 世纪欧洲的矿山中,已出现用木轨平车运煤。18 世纪时,英国人就在木轨表面贴上一层铁皮,以提高效率。1789 年,英国人杰索普最先使用铁轨铺路,但那时的铁轨路不是供火车使用而是供畜拉的平车使用的。

火车依靠装有动力机械的机车(俗称火车头)牵引一节节车厢,在铁路上运行。火车是现代运输的重要组成部分,除了运送旅客外,火车还是长途运送货物的主要交通工具,具有负荷大、运输成本低等优点。此外,大型的煤矿、工厂也利用火车完成内部的运输任务。

目前,世界上的火车主要由内燃机或电力机车牵引,运行速度大大提高。最先进的磁悬浮列车利用磁力使列车悬浮在铁轨上,速度最高能达到每小时 500 多千米,而且还将继续提高。尽管今天汽车和航空运输已获得了巨大发展,火车仍占有不可忽视的地位。

2. 铁路运输的重要功能

铁路运输重要功能——长距离、大批量的客货运输。

3. 铁路运输的货运站、运输工具及运输线路

1) 货运站

火车货运站功能主要是从事货运业务,包括货物承运、装卸作业和货物列车的到发作业。根据需要设置若干到发线、编组线和货物库场、库房等设施。

2) 运输工具

铁路目前主要的通用货车有平车、敞车、棚车、冷藏车(分为加冰冷藏车和机械冷藏车),如图 4.1~图 4.4 所示。其主要技术参数见表 4-1。

图 4.1 平车

图 4.2 敞车

图 4.3 棚车

图 4.4 机械冷藏车

表 4-1　铁路通用货车的主要技术参数

名称	车型	自重/t	载重/t	车内容积	车内尺寸/t			计费重量	特点
					长	宽	高		
平车	N17	20	60	—	13	2.9	—	60	装运大件货物
敞车	C62	20.6	60	68.8	12.5	2.8	2	60	装运散装货物
棚车	P62	24	60	120	12.5	2.8	2.7	60	装运贵重货物
加冰冷藏车	B6	34	45	86	16.4	2.5	2.1	38	
机械冷藏车	B23	38	46	105	18	2.6	2.4	48	4 辆一组
机械冷藏车	B10	38.2	43.5	105	18	2.6	2.35	48	单节

另外，铁路还有很多特种车和专用车，如罐车(G)、矿石车(K)、长大货车(I)、集装箱车(XN)、散装水泥车(U)等，型号各异，种类繁多。

3) 运输线路

中国铁路在改革开放后取得了令人瞩目的发展，全国铁路运营里程已经突破 7 万千米，位居亚洲第一，世界第三。为了适应国民经济发展的需要，在今后的若干年间，中国铁路要实行跨越式发展的战略，尽快建立起"八纵八横"大通道，充分发挥铁路的网络优势。所谓铁路大通道是连接区域中心或大城市间的能力强大的铁路线路，是由一条或多条功能相近的主要铁路干线构成的有机集合，是铁路运输网乃至整个综合运输网的主骨架。其基本特征：一是运输强度大，二是里程较长，三是汇集和辐射范围广。

"八纵"铁路通道为京哈通道、沿海通道、京沪通道、京九通道、京广通道、大湛通道、包柳通道、兰昆通道。

"八横"铁路通道为京兰通道、煤运北通道、煤运南通道、陆桥通道、宁西通道、沿江通道、沪昆(成)通道、西南出海通道。

4.1.2　铁路货物运输要求与种类

1. 开展铁路货物运输的要求

铁路货物运输总的要求是安全、迅速、准时、经济、便利地运输货物。铁路货运组织，应遵循这些基本要求。

1) 安全

安全是货物运输组织的最基本要求。所有运输的货物发生的不安全情况，都将造成经济上的损失。货物运输安全与许多因素有关，主要有货物的质量和包装方法，货物运输设备，货物运输条件和运输过程中的作业方法等。

为了保证货物运输安全，必须加强对运输人员的职业道德教育，采用科学的运输组织、管理措施和作业方法。同时，还应注意改进运输设备、装载技术和包装方法。但是，货物在运输过程中，由于本身的性质产生的自然减量，或者由于技术的原因产生一定的损耗，则是不可避免的。铁路应当根据货物特性、运输设备条件和包装方法等因素，合理制定允许货物损耗的标准,以便正确划分货物运输安全与否的界限。

2) 迅速

迅速是一个相对的概念。铁路货物运输的迅速与否,一方面,应以铁路运到期限作为衡量标准;另一方面,也要与其他运输方式的送达速度相比较,在一定运程范围内具备送达速度的优势。通过采用新的技术设备和运输组织方法,缩短货物的装卸作业时间,提高货物列车的运行速度,减少货物车辆的在站中转和停留时间,都会收到提高货物送达速度的效果。

3) 准时

准时是货物运输满足用户关于货物送达期限和送达时间的要求,尤其是高附加值货物的运输需求,能对用户的送达时间要求作出明确的承诺。在市场经济高度发展的西方国家,货物运输是社会商品交易过程的一个组成部分,按时交货成为运输质量和运输服务水平的重要标志。保证货物准时送达,应当在货物装卸和挂运的各个环节体现运输的时效性,对非始发直达的车流组织方式,应保证固定的车流接续和严格地按图行车。

4) 方便

方便是铁路用户的共同要求,一般包括办理运输手续和费用结算的简便,提供不受时间或数量限制的运输服务和延伸服务。同时,方便性也是相对于使用其他运输方式或者是与过去情况相比较而评价的。因此,尽可能地方便用户,提高服务质量和水平,是改善铁路货物运输组织工作,提高铁路竞争力的一个重要方面。此外,方便也是相对的。例如,铁路封闭一些作业量小的货运站,可能给个别用户带来不便,但从铁路集约化经营的全局来说,却是必要的。

5) 经济

经济,对用户而言是支付较低的运输费用,对铁路企业而言则是指耗费较低的运输成本。这两方面的要求有时是一致的,有时则是矛盾的。例如,因为铁路运费比公路低,一些用户的短途物资也愿意交铁路,但从铁路来说增加了每吨千米的运输成本,则是不经济的。又如,为了减少货物装载费用和车辆洗刷费用,一些生产企业希望使用专用车辆运送某些货物,但从铁路来说,专用车辆将增加空车走行率,影响铁路运输成本。

铁路货物运输对上述基本要求的达成程度,是铁路货物运输质量和运输服务水平的重要标志,也是铁路在运输市场竞争能力的重要标志。

2. 运输的种类

目前铁路运输主要分为整车运输、零担运输和集装箱运输,另外还包括快运、整列行包快运,但现在开展的范围不大。铁路货物运输的种类是根据托运人托运货物的数量、性质、状态等特点加以选择的。在签订货物运输合同时,托运人与承运人要按《铁路货物运输规程》的规定和所运货物的特点,实事求是地确定运输的种类。

1) 整车运输

一批货物的重量、体积或形状需要以一辆以上货车运输的,应按整车托运,其中还包括以下特殊情况。

(1) 托运人向铁路托运一批货物的重量、体积或形状需要以一辆及其以上货车运输的货物，应按整车运输的方式向铁路(承运人)办理托运手续。

(2) 需要冷藏、保温或加温运输的货物。

(3) 规定限按整车办理的危险货物。

(4) 易于污染其他货物的污秽品(如未经消毒处理或未使用密封不漏包装的牲骨、湿毛皮、粪便、炭黑等)。

(5) 不易计算件数的货物。

(6) 蜜蜂。

(7) 未装容器的活动物(铁路局规定的按零担运输的办法者除外)。

(8) 一批重量超过 2 吨、体积超过 3 立方米或长度超过 9 米的货物(经发站确认不致影响中转站和到站装卸车作业的货物除外)。

2) 零担货物运输

不够整车运输条件的，按零担托运。按零担托运的货物，一件体积最小不能小于 0.02 立方米(一件重量在 10 千克以上的除外)，每批不得超过 300 件。允许和其他货物配装的货物，可以按零担办理。

3) 集装箱运输

集装箱运输是一种现代化的先进运输方式。由于集装箱运输使货物流通过程中各个环节发生重大改变，因此被称为 20 世纪的"运输革命"。集装箱运输可促使运输生产走向机械化、自动化。

集装箱是运输货物的一种大容器，是一种综合性的运输工具，根据国家标准化组织的建议，凡具有下列条件的货物运输容器，都可称为集装箱：能长期反复使用，具有足够的强度；各种运输方式联运或中途中转时，中途不需进行倒装；可以进行机械装卸，并可从一种运输形式比较方便地直接换装到另一种运输方式上(如从铁路运输转为公路或海运、河运)；便于货物的装卸作业和充分利用容积；内部几何容积在 1 立方米以上。表 4-2 为铁路集装箱型号和技术参数。

适箱货物可用集装箱运输，下列货物严禁办理。

(1) 污染和腐蚀箱体货物，如水泥、炭黑、化肥、盐、油脂、生毛皮、牲骨、没有衬垫的油漆等。

(2) 易于损坏箱体的货物，如生铁块、废钢铁、无包装的铸件和生铁块等。

(3) 鲜活货物、危险货物另有规定。

表 4-2 铁路集装箱型号和技术参数

	箱型	外部尺寸/mm 长×宽×高	内部尺寸/mm 长×宽×高	容积/m^3	自重/kg	载重/kg
小	1 吨 TJ1	900×1 300×1 300	830×1 264×1 150	1.21	175	825
中	5 吨 TJ5B	1 968×2 438×2 591	1 825×2 352×2 335	10.02	940	4 160
	10 吨 TBJ10	3 070×2 500×2 650	2 921×2 402×2 396	16.81	1 618	8 382
大	20 英尺(6m)	6 058×2 438×2 591	5 867×2 330×2 350	32.1	2 032	18 288
	40 英尺(12m)	12 192×2 438×2 591	12 062×2 350×2 380	6 706	2 900	27 490

 任务实施

活动　调查铁路货运发展现状

在我国，铁路是国家重要的经济设施、国民经济的大动脉。通过对铁路部门相关信息的调查，目前铁路货运现状如下。

(1) 货物运输市场竞争激烈，铁路面临生存的挑战。随着改革开放的深化以及经济产业结构的调整，交通运输企业焕发出前所未有的活力，各种运输方式发展迅猛。铁路货物运输虽然运量逐年增长，但市场份额却逐年下降。零散货物大量流向公路，相当一部分由铁路运输的大宗物资改走公路和水运，铁路货物运输原有的垄断地位已不复存在，铁路面临着越来越严峻的挑战。

(2) 货物运输市场需求发生了重大变化。随着我国多种经济的发展和经济结构、产业结构、产品结构的调整，货物运输市场需求发生了很大的变化。一是运输服务对象发生了很大变化。社会主义市场多种经济形式的共同发展，带来了铁路运输服务对象的变化。二是货物运输品类结构发生了很大变化。随着高新技术产业的发展，多品类、小批量、高附加值的货物运量迅速增长。三是由于多种运输方式的激烈竞争，货主对运输方式的选择余地越来越大，对运输服务质量的要求越来越高。

面对上述情况，铁路货运向现代物流发展是铁路走出困境的必由之路。原因如下。

(1) 铁路货运向现代物流拓展的紧迫性。由于铁路在我国特定国情中有着其他运输方式不可替代的作用，我国物流业 2/3 运输任务由铁路承担，物流业务将成为铁路运输业的新的经济增长点。铁路运输业尽早融入现代物流不仅关系到铁路自身的长远发展，而且关系到中国物流业的发展。

(2) 铁路货运向现代物流拓展的必要性。近年来，随着改革开放的深入发展，各种新的经营理念、管理观念、消费意识的不断涌入，对提高服务质量的要求不断提高，对服务内容的需求日益多样化，社会各个层面对货物运输的要求也越来越高，越来越繁杂细致。铁路运输业及其车站应走向市场、了解市场，大力开展货运营销工作。

实　　　训

一、实训目的

1. 掌握铁路运输的发展和沿革。
2. 区分铁路货物运输的车辆类型以及运输业务类别。
3. 培养学生与人协作、沟通和团队合作的能力。

二、实训内容

调查了解铁路运输在我国运输领域中的地位和未来市场的发展趋势；理解铁路货运业务常用的专业名词；区分铁路货物运输的车辆类型以及运输业务类别。

三、实训要求

1. 学生分组,每组 5~6 人。
2. 小组成员充分利用各种工具和手段收集相关资料。
3. 查阅与整理资料,列出铁路货运发展的阶段和特点,整车、零担和集装箱的区别,铁路货物运输各车型及运输的货物,铁路货物运输各形式的特点。
4. 以 PPT 的形式向教师和同学汇报。
5. 教师点评。

四、实训评价

铁路货运业务认知技能实训评价表见表 4-3。

表 4-3 铁路货运业务认知技能实训评价表

	内容	分值	教师评价
考评标准	清晰铁路货运发展现状	30	
	清楚铁路货运业务专用名词	30	
	清晰铁路货物运输的车辆类型以及运输业务类别	20	
	成员分工合理,积极参与	20	
	合计	100	

备注:① 项目得分由组内自评、组间互评和教师评价 3 部分构成。

② 组间互评得分均不能相同,原则上优秀率为 20%(90 以上);良好率为 60%(分 85、80 两档);中等及以下为 20%(75 以下)。

③ 项目得分=组内自评×20%+互评×30%+教师评价×50%。

任务 4.2 铁路货运业务组织

学习目标

(1) 熟悉铁路货物运输的基本业务流程。
(2) 会办理铁路货物托运业务,能够正确填制货运单证。
(3) 会计算铁路运到期限。
(4) 会办理到达站货物交付作业。

任务描述

哈尔滨锅炉厂现有货物一件,重 35 000 千克,价值 30 万元,准备通过哈尔滨铁路局运往中国国电集团公司天津第一热电厂。如何办理这批货物的运输?

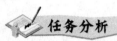

任务分析

哈尔滨锅炉厂要托运货物，必须先向车站填制货物运单，作为货物托运的书面申请，再通过铁路来完成运输业务。要完成这批货物的运输需要了解铁路运输业务的作业流程(图 4.5)。本任务需要通过以下几个活动来完成。

活动 1　货运合同的签订
活动 2　货物的托运和承运
活动 3　货物装车作业
活动 4　货物途中作业
活动 5　货物的到达领取

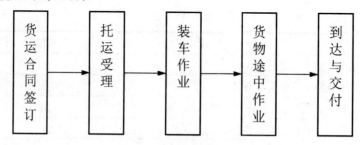

图 4.5　铁路货运业务作业流程

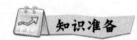

4.2.1　货运合同的签订

货运合同是承运人将货物从发站运输至指定地点，托运人或收货人支付运输费用的合同。货运合同的当事人是承运人、托运人与收货人。根据《中华人民共和国合同法》、《铁路货物运输合同实施细则》的规定，承、托双方必须签订货运合同。铁路货运合同有预约合同和承运合同，都属于书面形式的合同。

1. 预约合同

预约合同以"铁路货物运输服务订单"(表 4-4)作为合同书，预约合同签订过程就是订单的提报与批准过程。

1) 订单提报

(1) 托运人应于每月 19 日前向铁路提报次月集中审定的订单，其他订单可以随时提报。

(2) 托运人办理整车货物(包括以整车形式运输的集装箱)运输应提出订单一式两份；与铁路联网的托运人，可通过网络向铁路提报。

(3) 订单内容应正确填写，字迹清楚，不得涂改。

2) 订单审定

订单审定方式有集中审定、随时审定、立即审定等。集中审定是指为编制次月月编计划，对每月19日前提报的次月订单进行定期审定;随时审定是指对未列入月编计划的订单进行随时受理随时审定;立即审定是指对抢险救灾等必须迅速运输的物资审定的方式。

表4-4　铁路货物运输服务订单(整车)

　　　　　　　　　　　年　　　　月　　　　日

提表时间:　年　月　日　　要求运输时间:　年　月　日　　受　理　号　码:			发站单位盖章	省/部名称_____　代号_____ 发站单位名称_____　代号_____ 地址_____　电话_____									
顺序	到局: 到站	代号 到站电报略号	专用线名称	收货单位			货物			车种代号	车数	特征代号	换装港	终到港	报价 (元/吨) (元/车)	备注
				省/部		名称	代号	品名		吨数							
				名称	代号			名称	代码								
1																
2																
3																
4																
5																
6																
7																
8																
9																
供托运人自愿选择的服务项目(由托运人填写) 1. 发送人综合服务　5. 清运、消纳垃圾 2. 实施货物运输　　6. 代购、代加工、加装加固材料 3. 仓储保管　　　　7. 代对货物进行包装 4. 篷布服务　　　　8. 代办一关三检手续							说明或其他要求事项 保价运输			承运人签章 　　　年　月　日						

2. 承运合同

承运合同以"货物运单"(简称为"运单",如图4.6和图4.7)作为合同书。托运人按要求填写运单提交给承运人,经承运人审核同意并承运后承运合同成立。运单是托运人与承运人之间为运输货物而签订的一种货运合同或货运合同的组成部分。因此,运单既是确定托运人、承运人、收货人之间在运输过程中的权利、义务和责任的原始依据,又是托运人向承运人托运货物的申请书、承运人承运货物和核收运费、填制货票以及编制记录和理赔的依据。

零担货物和以零担形式运输的集装箱货物使用运单作为货运合同。整车货物与以整车形式运输的集装箱货物的货运合同包括经审定的订单和运单。

承运人/托运人装车	货物指定于　月　日搬入
承运人/托运人施封	货　　位：

××铁 路 局

货 物 运 单

计划号码或运输号码　：

运到期限：　　　　日　　　　托运人 发站 → 到站 → 收货人　　货票第　　　号

托运人填写					承运人填写				
发站		到站（局）			车种车号				货车标重
到站所属省（市）自治区					施封号码				
托运人	名称		托运人 邮政编码		经由	铁路货车棚车号码			
	住址		电话		运价里程	集装箱号码			
收货人	名称		收货人 邮政编码						
	住址		电话						
货物名称	件数	包装	货物价格	托运人 确定重量	承运人 确定重量	计费重量	运价号	运价率	运费
合计									
托运人 记载事项	保险				承运人记载事项				
注：本单不作为收款凭。托运人签约须知见背面			托运人盖章或签字 年　月　日		到站交付日期		发站承运日期		

领货凭证

车种及车号		
货票第　　　号		
运到期限　　　日		
发站		
到站		
托运人		
收货人		
货物名称		
托运人盖章或签字		
发站承运日期		
注：收货人领货须知见背面		

图 4.6　铁路货运单正面

项目4 铁路货物运输

收货人领货须知：
1. 收货人接到托运人寄交的领货凭证后，应及时向到站联系领取货物。
2. 收货人领取货物已超过免费暂存期限时，应按规定支付货物暂存费。
3. 收货人在到站领取货物，如遇货物未到时，应要求到站在本证背面加盖车站戳证明货物未到。
托运人须知：
1. 托运人持本货物运单向铁路托运货物，证明并确认愿意遵守铁路货物运输的有关规定。
2. 货物运单所记载的货物名称、质量与货物的实际完全相符，托运人对其真实性负责。
3. 货物的内容、品质和价值是托运人提供的，承运人在接收和承运货物时并未全部核对。
4. 托运人应及时将领货凭证寄交收货人，凭以联系到站领取货物。

图 4.7 铁路货运单(背面)

 特别提示

签订铁路货物运输合同要注意以下几点：订立货物运输合同，应贯彻优先运输国家指令性计划产品，兼顾指导性计划产品和其他物资的原则，如大宗货物的铁路运输，如有条件可按年度、半年或季度签订货物运输合同，也可以签订更长期限的运输合同；其他整车货物运输，应按月签订运输合同；零星货物运输，以货物运单作为运输合同。国家有统一的运输合同文本的，应使用统一的合同文本签订。注意事项如下。

(1) 按年度、半年度、季度或月份签订的货物运输合同，应写明下列主要条款。

托运人和收货人的名称或者姓名及住所；发货站与到货站的详细名称；货物的名称(运输标的名称)；货物的性质(是否属易碎、易燃、易爆物品等)；货物的重量；货物的数量(如车种、车数、件数等)；运输形式(零担、速递、联运等)；收货地点；违约责任；费用的承担；包装要求；合同纠纷解决方式；双方约定的其他事项等。

(2) 以货的运单形式签订的合同应载明下列内容。

托运人、收货人的名称或姓名及其详细住所或地址；发货站、到货站及主管铁路局；货物的名称；货物的包装、标志、件数和数量；承运日期；运到期限；运输费用；货车的类型或车号；双方商定的其他事项。

(3) 订立了货物运输合同之后，托运人应做到以下几点。

① 按规定的时间和地点提供托运的货物，给付运费和其他杂费。

② 货物必须按照国家主管机关规定和合同约定的标准包培育，没有统一规定包装标准的，应根据保证货物运输安全的原则进行包装，否则承运方有权拒绝承运。

③ 托运人确需变更或解除合同时，应按有关运输法规的规定提前向承运人递交申请书、证明文件和货运单，双方协商一致后才能生效。

④ 收货人接到承运人发出的提货通知单，应按时验收和提取货物。

(4) 订立了货物运输合同后，承运人应做到以下两点。

① 按合同规定的时间和要求及时发运，并将货物安全、准时地运到目的地，通知收货人验收并提取货物。

② 把托运人委托传递的有关货物运输的文件、单据等安全传递给收货人。

4.2.2 货物的托运和承运

1. 填制货物运单

1) 运单的概念

货物运单是托运人与承运人之间，为运输货物而签订的一种运输合同或运输合同的组成部分。它是确定托运人、承运人、收货人之间在铁路运输中的权利、义务和责任的原始依据。货物运单既是托运人向承运人托运货物的申请书,也是承运人承运货物和核收运费、填制货票以及编制记录和备查的依据。

2) 运单分类

货物运单格式由两部分组成,即货物运单和领货凭证。运单种类有现付运单、到付运单、快运货物运单和剧毒品专用运单。其印刷颜色不同,区别见表4-5。常用的铁路货物运单式样如图4.6和图4.7所示。

表4-5 铁路运单分类

序号	类别	印刷颜色
1	现付运单	黑色印刷
2	到付(后付)运单	红色印刷
3	快运货物运单	黑色印刷,将票据名称的"货物运单"改印为"快运货物运单"字样
4	剧毒品专用运单	样式与现付运单一样,用黄色印刷,所以又称"黄色运单",并有剧毒品的标志图形(骷髅图案)

3) 运到期限的计算

货物运到期限是对承运人的要求和约束,是对托运人、收货人合法权益的保护,有利于托运人和收货人据以安排经济活动。

货物运到期限从承运人承运货物的次日起,按下列规定计算。

货物运到期限,起码天数为3天,即计算出的运到期限不足3天时,按3天计算。运到期限由 T 发、T 运和 T 特3部分组成,运到期限用 T 表示,则 $T=T$ 发$+T$ 运$+T$ 特。其内容及含义见表4-6。

表4-6 运到期限计算内容及含义

类别	含义	具体内容	具体期限
T 发	货物发送期间	车站完成货物发送作业的时间	1天
T 运	货物运输期间	货物在途中的运输天数	①每250运价千米或其未满为1天; ②按快运办理的整车货物每500运价千米或其未满为1天
T 特	特殊作业时间	某些货物在运输途中进行作业所规定的时间	①需要中途加冰的货物,每加冰一次,另加1天; ②运价里程超过250运价千米的零担货物和1吨、5吨型集装箱货物另加2天,超过1 000千米加3天; ③一件货物重量超过2吨,体积超过3立方米或长度超过9米的零担货物及零担危险货物另加2天; ④整车分卸货物,每增加一个分卸站,另加1天; ⑤准、米轨间直通运输的货物,另加1天

备注:在对特殊作业时间进行核算时,5项特殊作业时间应分别计算,当一批货物同时具备几项时,应累计相加计算。

应用案例

案例 1：
甲站按整车运输一批货物到乙站，甲、乙站(都在准轨铁路上)间运价里程为 189 千米。试计算其运到期限。

分析：
如该货物无其他特殊情况，则货物发送期间为 1 天；货物运输期间为 1 天(未满 250 运价千米)；无特殊作业时间。共计两天，计运到期限天数为 3 天(即计算出的运到期限不足 3 天时，按 3 天计算)。

案例 2：
广安门站承运到石家庄站零担货物一件，重 2 300 千克，计算运到期限。已知运价里程为 274 千米。

分析：
T 发=1 天；
274/250=1.096，取整为 T 运=2(天)；
运价里程超过 250 千米的零担货物另加 2 天，一件货物重量超过 2 吨的零担货物另加 2 天，T 特 =2+2=4(天)。
所以这批货物的运到期限为：
$T=T$ 发+T 运+T 特=1+2+4=7(天)

若货物运到逾期，不论收货人是否因此受到损害，铁路均应向收货人支付违约金。违约金的支付是根据逾期天数按承运人所收运费的百分比进行违约金支付的。

货物在运输过程中，由于不可抗力(如风灾、水灾、雹灾、地震等)、托运人的责任致使货物在途中发生换装、整理、托运人或收货人要求运输变更、运输的活动物在途中加水以及其他非承运人的责任之一造成的滞留时间，应从实际运到天数中扣除。

4) 货物运单的传递过程

铁路货物运单一般由托运人填写并确认无误后交给发运车站，发运车站受理后进行装运发货，将运单转交到到站车站，最后由到站车站将其交给收货人，即托运人——发站——到站——收货人。

领货凭证由托运人填写并确认无误后交给发运车站，发运车站确认无误后交给托运人，然后由托运人将其转交给收货人，最后作为收货人领取相关货物的凭证。即托运人——发站——托运人——收货人——到站。

2. 货物的托运与受理

1) 托运

托运人向承运人提出货物运单和运输要求，称为货物的托运。所托运的货物应符合一批的要求，不得将不能按一批托运的货物作为一批托运。

托运人向承运人交运货物，应向车站按批提出货物运单一份。托运人向车站提出货物运单，即说明其向铁路详细而正确地提出了书面申请，并愿意遵守铁路货物运输的有关规定，履行义务，且货物已准备就绪，随时可以移交承运人。

2) 受理

车站对托运人提出的货物运单，经审查符合运输要求，在货物运单上签上货物搬入或装车日期后，即为受理。

3. 进货与验货

1) 进货

托运人凭车站签证后的货物运单,按指定日期将货物搬入货场指定的货位即为进货。托运人进货时,应根据货物运单核对签证上的搬入日期、品名与现货是否相符。经检验无误后,即为受理。

2) 验货

验货是为了保证货物运输安全、完整以及划清承运人与托运人之间的责任的必备步骤。如果检查疏忽,则可能会使不符合运输要求的货物进入运输过程,造成扩大货物的损失。检查的内容主要有以下几项。

(1) 货物的名称、件数是否与货物运单的记载相符。

(2) 货物的状态是否良好。

(3) 货物的运输包装和标记及加固材料是否符合规定。托运人托运货物,应根据货物的性质、重量、运输种类、运输距离、气候以及货车装载等条件,使用符合运输要求,便于装卸和保证货物安全的运输包装。

(4) 货物的标记(货签)是否齐全、正确。

(5) 货物上的旧标记是否撤换或抹消。

(6) 装载整车货物所需要的货车装备物品或加固材料是否齐备。

3) 确认货物的件数与重量

在铁路运输过程中,保证货物的件数和重量的完整是承运人必须履行的义务。因此,铁路明确规定了确定货物件数和重量的范围。按整车运输的货物,原则上按件数和重量承运,但有些非成件货物或一批货物件数过多而且规格不同,在承运、装卸、交接和交付时,点件费时、费力,只能按重量承运,不再计算件数。只按重量承运,不计算件数的货物:①散堆装货物;②以整车运输的规格相同(规格在3种以内视为规格相同)的货物件数超过2 000件;③规格不同一批数量超过1 600件的成件货物。

托运人组织装车,到站由收货人组织卸车的货物,按托运人在货物运单上填写的件数承运。

整车货物与集装箱货物,由托运人确定重量;零担货物除标准重量、标记重量或有过秤清单及一件重量超过车站衡器最大称量的货物外,由承运人确定重量,并核收过秤费。

货物的重量包括货物的包装重量,是承运人与收货人之间交接货物和铁路计算运费的依据,而且与货车载重量的利用和列车运行的安全都有很大的关系,同时也影响铁路运营指标。因此,货物重量的确定必须准确。对于托运人确定重量的整车货物、集装箱货物和零担货物,承运人应进行抽查,重量不符时应进行处理并向托运人核收过秤费。

4) 填制货票

整车货物装车后(零担货物过秤完了,集装箱货物装箱后),货运员将签收的运单移交货运室填制货票,核收运杂费。

货票是铁路运输货物的凭证,也是一种具有财务性质的票据,可以作为承运货物的依据和交接运输的凭证。货票一式四联。甲联为发站存查联;乙联为报告联,由发站报发局;丙联由发站给托运人报销用；丁联为运输凭证，由发站随货物递交到站，到站由收货人签章交付，作为完成运输合同的唯一依据。

货票各联根据货物运单记载的内容填写(栏目填制参照前述铁路货物运单)，金额不得涂改，填写错误时作废处理。

5) 标打标志、标记

在储运过程中有特殊要求的货物，应在包装上标打包装储运图示标志。对于危险货物，应在包装上按规定标打危险货物包装标志。对于零担货物，还应在包装上标打货物标签，标签上填写的内容必须与运单相应内容一致。

6) 货物待运保管

托运人将货物搬入车站，经验收完毕后，一般不能立即装车，需在货场内存放，这就产生了承运前保管的问题。对于整车货物，车站实行承运前保管的，从收货完毕、填发收货单证起，即负责承运前保管责任。对于零担货物和集装箱运输的货物，车站从收货完毕时即负保管责任。

4.2.3 货物的装车作业

1. 装卸车责任的划分

1) 承运人装卸的范围

货物装车或卸车的组织工作，在车站公共装卸场所以内由承运人负责。有些货物虽在车站公共场所内进行装卸作业，由于在装卸作业中需要特殊的技术、设备、工具，仍由托运人或收货人负责组织。

2) 托运人、收货人装卸的范围

除车站公共装卸场所外进行的装卸作业，装车由托运人、卸车由收货人负责。此外，前述由于货物性质特殊，在车站公共场所装卸也由托运人、收货人负责。其负责的情况有以下几种。

(1) 罐车运输的货物。

(2) 冻结的易腐货物。

(3) 未装容器的活动物、蜜蜂、鱼苗等。

(4) 一件重量超过 1 吨的放射性同位素。

(5) 由人力装卸带有动力的机械和车辆。

其他货物由于性质特殊，经托运人或收货人要求，并经承运人同意，也可由托运人或收货人组织装车或卸车。

由托运人或收货人组织装车或卸车的货车，车站应在货车调到前，将调到时间通知托运人或收货人。托运人或收货人在装卸车作业完毕，应将装车完毕或卸车完毕时间通知车站。托运人或收货人负责组织装卸的货车，超过规定的装卸车时间标准或规定的停留时间标准，承运人应向托运人或收货人核收规定的货车延期使用费。

2. 货物装车

1) 货物装车的基本要求

(1) 货物重量应均匀分布在车地板上,不得超重或偏重和集重。

(2) 装载应认真做到轻拿轻放、大不压小、重不压轻,堆码稳妥、紧密、捆绑牢固,在运输中不发生移动、滚动、倒塌或坠落等情况。

(3) 使用敞车装载怕湿货物时应堆码成屋脊形,苫盖好篷布,并将绳索捆绑牢固。

(4) 使用棚车装载货物时,装在车门口的货物,应与车门保持适当距离,以防挤住车门或湿损货物。

(5) 使用罐车及敞车、平车装运货物时,应各按其规定办理。所装货物需进行加固时,按《铁路货物装载加固规则》的规定办理。

2) 装车前的检查

为保证装车工作质量,装车工作顺利进行,装车前应做好"三检"工作。具体内容见表4-7。

表4-7 装车前"三检"工作的内容

序号	检查对象	检查内容
1	运单	填记内容是否符合运输要求,有无漏填和错填
2	待装货物	根据运单所填记的内容核对待装货物品名、件数、包装,检查标志、标签和货物状态是否符合要求。集装箱还需检查箱体、箱号和封印
3	货车	发车的技术状态和卫生状态,具体如下。 ① 是否符合使用条件。 ② 货车状态是否良好,主要检查车体(包括透光检查)、车门、车窗、盖、阀是否完整良好,车内是否干净,是否被毒物污染。装载食品、药品、活动物和有押运人乘坐时,还应检查车内有无恶臭异味。 ③ 货车"定检"是否过期,有无扣修通知、货车洗刷回送标签或通行限制

3) 监装(卸)工作

装卸作业前货运员应向装卸工组详细说明货物的品名、性质,布置装卸作业安全注意事项和需要准备的消防器材及安全防护用品,装卸剧毒品应通知公安到场监护。装卸作业时要做到轻拿轻放,堆码整齐牢固,防止倒塌。要严格按规定的安全作业事项操作,严禁货物侧放、卧装(钢瓶器除外)。包装破损的货物不宜装车。装完后应关闭好车门、车窗、盖、阀,整理好货车装备物品和加固材料。

4) 装车后检查

为保证正确运送货物和行车安全,装车后需要检查的内容见表4-8。

表4-8 装车后检查的内容

序号	检查对象	检查内容
1	车辆装载	有无超重、超限现象; 装载是否稳妥,捆绑是否牢固; 施封是否符合要求,表示牌插挂是否正确; 对装载货物的敞车,要检查车门插销、底开门搭扣和篷布苫盖、捆绑情况

续表

序号	检查对象	检查内容
2	待装运单	有无漏填和错填，车种、车号和运单所载是否相符
3	货位	有无误装或漏装的情况

4.2.4 货物途中作业

1. 货运合同的变更和解除

1) 货运合同变更

货运合同变更有变更到站和变更收货人两种情况。变更到站是指货物已经装车挂运，托运人或收货人可按批向货物所在的中途站或到站提出变更到站。变更收货人是指货物已经装车挂运，托运人或收货人可按批向货物所在的中途站或到站提出变更收货人。

托运人或收货人要求变更时，应提出领货凭证和货物运输变更要求书。如果不能提出领货凭证，应提出其他有效证明文件，并在货物运输变更要求书内注明。提出领货凭证是为了防止托运人要求铁路办理变更，而原收货人又持领货凭证向铁路要求交付货物的矛盾。

2) 货运合同的解除

整车货物和大型集装箱在承运后挂运前，零担和其他型集装箱货物在承运后装车前，托运人可向发站提出取消托运，经承运人同意，货运合同即告解除。

解除合同，发站退还全部运费与押运人乘车费。但特种车使用费和冷藏车回送费不退。此外，还应按规定支付变更手续费、保管费等费用。

2. 运输阻碍的处理

因不可抗力的原因致使行车中断，货物运输发生阻碍时，铁路局对已承运的货物可指示绕路运输，或者在必要时先将货物卸下妥善保管，待恢复运输时再装车继续运输。

4.2.5 货物的到达领取

1. 货物的暂存

对到达的货物，收货人有义务及时将货物搬出，铁路也有义务提供一定的免费保管期限，以便收货人安排搬运车辆，办理仓储手续。免费保管期限规定为：由承运人组织卸车的货物，收货人应于承运人发出催领通知的次日(不能实行催领通知或会同收货人卸车的货物为卸车的次日)起算，2 天(铁路局规定 1 天的为 1 天)内将货物搬出，超过此期限未将货物搬出，其超过的时间核收货物暂存费。

货物运抵到站，收货人应及时领取。拒绝领取时，应出具书面说明，自拒领之日起，3 日内到站应及时通知托运人和发站，征求处理意见。托运人自接到通知之日起，30 日内提出处理意见答复到站。

从承运人发出催领通知次日起(不能实行催领通知时，从卸车完毕的次日起)，经过查找，满 30 日(搬家货物满 60 天)仍无人领取的货物或收货人拒领,托运人又未按规定期限提出处理意见的货物,承运人可按无法交付货物处理。

无法交付货物的范围、保管期限、上报和移交手续、价款处理,应按照国家经济委员会颁发的《关于港口、车站无法交付货物的处理办法》规定办理。

对性质不宜长期保管的货物,承运人根据具体情况,可缩短通知和处理期限。

2. 票据交付

收货人持领货凭证和规定的证件到货运室办理货物领取手续,在支付费用和在货票丁联盖章(或签字)后,留下领货凭证,在运单和货票上加盖到站交付日期戳,然后将运单交给收货人,凭此领取货物。如收货人在办理货物领取手续时领货凭证未到或丢失时,机关、企业、团体应提出本单位的证明文件;个人应提出本人居民身份证、工作证(或户口簿)或服务所在单位(或居住单位)出具的证明文件。

货物在运输途中发生的费用(如包装整修费、托运人责任的整理或换装费、货物变更手续费等)和到站发生的杂费,在到站应由收货人支付。

3. 现货交付

现货交付即承运人向收货人点交货物。收货人持货运室交回的运单到货物存放地点领取货物,货运员向收货人点交货物完毕后,在运单上加盖"货物交讫"戳记,并记明交付完毕的时间,然后将运单交还给收货人,凭此将货物搬出货场。

在实行整车货物交付前保管的车站,货物交付完毕后,如收货人不能在当日将货物全批撤出车站时,对其剩余部分,按件数和重量承运的货物,可按件数点交车站负责保管,只按重量承运的货物,可向车站声明。

收货人持加盖"货物交讫"的运单将货物搬出货场,门卫对搬出的货物应认真检查品名、件数、交付日期与运单记载是否相符,经确认无误后放行。

活动 1　签订货运合同

根据任务内容,哈尔滨锅炉厂与铁路运输部门签订货运合同。

活动 2　货物托运和承运

哈尔滨锅炉厂至哈尔滨铁路局填制货物运单(图 4.8),提出运输要求,铁路局对哈尔滨锅炉厂填制的货物运单进行审核,在货物运单上签上货物搬入和装车日期,之后,锅炉厂按指定日期将货物搬入货场指定的货位,并接受铁路局的检查。

铁路规定了确定货物件数和重量的范围。该批货物按整车运输,原则上按件数和重量承运。

项目4 铁路货物运输

图 4.8 运单填制

小贴士

在运单填制过程中,要注意各栏目的填写。此处特别说明发站栏和到站(局)栏的填写。

本栏的填写应分别按"铁路货物运价里程表"规定的站名完整填记,不得填写简称。到达站(局)栏,填写到达站主管铁路局名(表4-9)的第一个字,如(哈)、(上)、(广)等,但到达北京铁路局的,则填写(京)字。到站所属省(市)、自治区栏,填写到站所在地的省(市)、自治区名称。托运人填写的到站、到达局和到站所属省(市)、自治区名称,三者必须相符。

表4-9 全国铁路局一览表

铁路局名称	简称	铁路局名称	简称	铁路局名称	简称
哈尔滨铁路局	哈	上海铁路局	上	兰州铁路局	兰
沈阳铁路局	沈	西安铁路局	西	昆明铁路局	昆
北京铁路局	京	太原铁路局	太	武汉铁路局	武
呼和浩特铁路局	呼	南昌铁路局	南	乌鲁木齐铁路局	乌
郑州铁路局	郑	南宁铁路局	宁	广州铁路(集团)公司	广
济南铁路局	济	成都铁路局	成	青藏铁路(集团)公司	青

活动3 货物装车

铁路局为哈尔滨锅炉厂整车货物装车作业的内容如下。
(1) 向货调报告装车车号、货物品名、到站及开始装车作业时间。
(2) 按装载加固方案装车,边装车、边检查,多车同时作业时,巡回监装。
(3) 重点货物按规定会同有关人员监装。
(4) 作业中发现问题及时处理。
(5) 掌握作业进度,向货调报告实际装完时间。
(6) 按规定加固、施封或苫盖货车篷布,插放货车表示牌。

铁路整车货物装车作业的质量标准如下。
(1) 报告及时准确。
(2) 装载加固方案落实;防磨、防火、防湿措施及加固施封有效。
(3) 充分利用货车载重能力,无偏载、超载、集重、超限。
(4) 车内货物堆码及加固符合"装载方案";票货相符,无错装;破件不上车。
(5) 敞车端侧板以上部分装载袋装货物包口朝向车内,棚车装货物不挤压车门。
(6) 施封有效,加固良好,货车表示牌内容齐全。

活动4 货物途中作业

在货物运输途中进行的各项作业,主要包括货物的交接检查、零担货物的中转、货物运输变更以及货物的换装和整理等业务活动。

项目4 铁路货物运输

为了保证货物运输的安全和质量,划清运输责任,运输中的货物(车)应由车站人员和列车乘务员之间或列车乘务员相互之间,在铁路局或分局指定的地点、时间办理货物的交接检查。

活动 5　货物到达领取

哈尔滨锅炉厂的货物到达天津站后,进行重车和货运票据的交接、货物的卸车、保管和交付,以及运输费用的最后结算等业务活动。天津站向收货人办完货物或重车交付手续后,即完成该批货物的全部运输过程,至此,铁路与货主的货物运输合同亦告终止。

实　　训

一、实训目的

1．熟悉铁路货物运输的基本业务流程。
2．会办理铁路货物托运业务,能够正确填制货运单证。
3．培养学生与人协作、沟通和团队合作的能力。

二、实训内容

新疆天山种子站 2012 年 3 月 18 日和乌鲁木齐车站签署了一份运输合同,将 120 吨玉米种子交给乌鲁木齐火车站运往郑州北站,收货人为河南省沈丘县种子公司。乌鲁木齐车站 2012 年 3 月 18 日承运,调拨车号为 P3041493,重量是 60 吨、编织袋包装计 1 200 件、每件 50 千克。装车后发站施封二枚,封号为 00977、00978,天山种子站立即支付全体运杂费用。现要求一组同学分别模拟上述各公司的相关职员,完成此次铁路货物运输的全过程。

三、实训要求

1．学生分组,每组 5～6 人。
2．分角色办理以下业务。
(1) 以托运人的身份填写运单。
(2) 货票填写训练。
(3) 模拟演示运单与货票的流转过程。
3．小组选派代表演示。
4．教师点评。

四、实训评价

铁路货运业务组织技能训练评价表见表 4-10。

表 4-10　铁路货运业务组织技能训练评价表

考评标准	内容	分值	教师评价
	清晰铁路货物运输的基本业务流程	30	

续表

内容	分值	教师评价
考评标准		
能办理铁路货物托运业务	30	
能正确填写货运单证	20	
成员分工合理,积极参与	20	
合计	100	

备注:① 项目得分由组内自评、组间互评和教师评价 3 部分构成。

② 组间互评得分均不能相同,原则上优秀率为 20%(90 以上);良好率为 60%(分 85、80 两档);中等及以下为 20%(75 以下)。

③ 项目得分=组内自评×20%+互评×30%+教师评价×50%。

任务 4.3 铁路货运运费计算

(1) 会使用铁路货物运价表。
(2) 能够正确地计算铁路货物运费。

托运人宋某与济南铁路局于 2005 年 8 月 31 日签订运输合同一份。货物是苹果 1 500 箱,纸箱包装,承运人运输期限 6 天,到达站为南京西站,收货人为宋某本人。济南铁路局配给宋某棚车一辆,货车标记载重量 45t。宋某自行装车,货物表明"鲜活易腐",2005 年 9 月 1 日 18 时挂有该棚车的 111 次列车从济南车站出发。计算这批货物的运费。

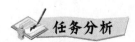

运费的计算,首先要掌握铁路运输货物运价种类,并确定运价里程,明确运费的计算程序,最终核算出运费。本任务可通过以下两个活动来完成。

活动 1   区分铁路货运运价种类
活动 2   计算铁路货物运费

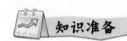

4.3.1 铁路货物运价种类

铁路货运运费(即铁路货物运输费用)是对铁路运输企业所提供的各项生产服务消耗的补偿,包括车站费用、运行费用、服务费用和额外占用铁路设备的费用等。铁路货物运价按货物运输种类分为整车货物运价、零担货物运价和集装箱货物运价 3 种。具体种类见表 4-11。

表 4-11 铁路货物运价种类

类别	组成内容	适用对象
整车货物运价	由货物种别的每吨的发到基价和每吨·千米的运行基价组成	铁路对整车运输的货物所规定的运价。其中保温车货物运价是整车货物运价的组成部分,是为按保温车运输的货物所规定的运价
零担货物运价	由货物种别的每10千克的发到基价和每10千克·千米的运行基价组成	铁路对按零担运输的货物所规定的运价
集装箱货物运价	由每箱的发到基价和每箱·千米的运行基价组成	铁路对按集装箱运输的货物所规定的运价

我国现行铁路货物运价是将运价设立为若干个运价号,即实行分号运价制。整车货物运价为 7 个号(1 至 7 号);零担货物运价分为 2 个号(21 至 22 号);集装箱货物按箱型不同进行确定。

4.3.2 铁路运费的计算程序

铁路货物运费核算流程如图 4.9 所示。

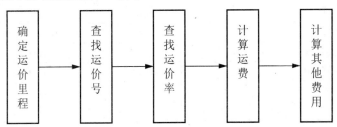

图 4.9 铁路运费核算流程图

铁路工作人员具体操作步骤如下。

(1) 根据运单上填写的发站和到站按"货物运价里程表"算出发站至到站的运价里程。

(2) 整车、零担货物根据运单上填写的货物名称和运输种别查找"铁路货物运输品名分类与代码表"(表 4-12)和"铁路货物运输品名检查表",确定出适用的运价号。

表 4-12 铁路货物运输品名分类与代码表

代码	货物品类	代码	货物品类
1	煤	14	盐
2	石油	15	化工品
3	焦炭	16	金属制品
4	金属矿石	17	工业机械
5	钢铁及有色金属	18	电子、电气机械
6	非金属矿石	19	农业机具
7	磷矿石	20	鲜活货物
8	矿物性建筑材料	21	农副产品
9	水泥	22	饮食品及烟草制品
10	木材	23	纺织品和皮毛及其制品
11	粮食	24	纸及文教用品
12	棉花	25	医药品
13	化肥及农药	99	其他货物

(3) 整车、零担货物按货物适用的运价号，集装箱货物根据箱型，冷藏车货物根据车种分别在"铁路货物运价率表"(表 4-13)中查出适用的发到基价(基价 1)和运行基价(基价 2)。运费计算公式见表 4-14。

表 4-13 铁路货物运价率表

办理类别	运价号	基价 1		基价 2	
		单位	标准	单位	标准
整车	1	元/吨	7.10	元/吨千米	0.041 8
	2	元/吨	7.80	元/吨千米	0.050 2
	3	元/吨	9.80	元/吨千米	0.056 2
	4	元/吨	12.20	元/吨千米	0.062 9
	5	元/吨	13.40	元/吨千米	0.072 2
	6	元/吨	19.60	元/吨千米	0.098 9
	7			元/轴千米	0.327 5
	机械冷藏车	元/吨	14.70	元/吨千米	0.099 6
零担	21	元/10 千克	0.150	元/10 千克千米	0.000 71
	22	元/10 千克	0.210	元/10 千克千米	0.001 03
集装箱整车	20 英尺箱	元/箱	337.50	元/箱千米	1.400 0
	40 英尺箱	元/箱	459.00	元/箱千米	1.904 0
	1	元/吨	7.10	元/吨千米	0.041 8
	2	元/吨	7.80	元/吨千米	0.050 2

备注：表中数据为铁运电[2012]36 号文件公布的自 2012 年 5 月 20 日起适用的铁路货运价格。

表 4-14 铁路运费计算方法

序号	类别	计算方法
1	整车货物	整车货物每吨运价=基价 1+基价 2×运价千米
2	零担货物	零担货物每 10 千克运价=基价 1+基价 2×运价千米
3	集装箱货物	集装箱货物每箱运价=基价 1+基价 2×运价千米

(4) 根据运输种别、货物名称、货物重量与体积确定计费重量。

(5) 货物适用的发到基价加上运行基价与货物的运价里程相乘之后，再与按《铁路货物运价规则》确定的计费重量(集装箱为箱数)相乘计算运费，其公式如下。

整车货物运费=(发到基价+运行基价×运价里程)×计费重量
零担货物运费=(发到基价+运行基价×运价里程)×计费重量/10
集装箱货物运费=(发到基价+运行基价×运价里程)×箱数

(6) 计算其他费用。部分其他费用见表 4-15。

表 4-15 铁路费用中的部分其他费用类别

序号	类别	适用条件
1	货物装车费	整车货物
2	货物过秤费	一般为零担、集装箱货物

项目 4　铁路货物运输

续表

序号	类别	适用条件
3	铁路建设基金费	—
4	印花税	—
5	施封、施封材料费	有施封作业时
6	电力附加费	经电力区段时
7	押运人乘车费	有押运人时
8	铁路码头使用费	有在铁路码头作业时
9	其他费用	根据作业需要核收,如去送车费、篷布使用费、货车回送费、机械冷藏车冷却费、分卸作业费等

应用案例

兰州站发银川站农业机具一台重 24t,用 50t 货车一辆装运,计算其运费。

分析:

50t 货车一辆装运,说明是整车货物运输。从兰州站至银川站运价里程为 468km。货物检查表,农业机具的运价号为 2 号。再查运价率表,运价号为 2 号,发到基价为 7.80 元/t,运行基价为 0.050 2 元/t·km。

整车货物运费=(发到基价+运行基价×运价里程)×计费重量
　　　　　=(7.80+0.050 2×468)×50
　　　　　=1 564.68(元)≈1 564.70(元)

因此,这台机具运输的运费是 1 564.70 元。

活动 1　区分铁路货运运价种类

济南铁路局配给宋某棚车一辆,货车标记载重量 45t。采用一辆货车装运,表明是整车货物运输。

活动 2　计算铁路货物运费

计算货物运输费用的程序如下。

(1) 按"货物运价里程表"计算出发站(济南)至到站(南京)的运价里程为 663km。

(2) 根据货物运单上填写的货物名称查找"铁路货物运输品名分类与代码表""铁路货物运输品名检查表",确定适用的运价号,苹果的运价号为 6 号。

(3) 由于用一辆 45t 的货车装运,说明是整车货物运输。整车货物按货物适用的运价号在"铁路货物运价率表"中查出适用的运价率(即发到基价为 19.60 元/吨和运行基价为 0.098 9 元(t·km))。

(4) 货物适用的发到基价加上运行基价与货物的运价里程相乘之后,再与按本规则确定的计费重量(集装箱为箱数)相乘,计算出运费。

整车货物运费=(发到基价+运行基价×运价里程)×计费重量
　　　　　=(19.60+0.098 9×663)×45=3 832.681 5(元)
　　　　　≈3 832.70(元)

费用核算中,每项运费、杂费的尾数不足1角时要四舍五入处理。各项杂费凡不满一个计算单位,均按一个计算单位计算(另定者除外)。

实 训

一、实训目的

1．掌握铁路运费的计算程序。
2．掌握整车货物的运费计算。
3．掌握零担货物的运费计算。
4．掌握集装箱货物的运费计算。

二、实训内容

铁路运输项目部现接到以下几批业务,为各业务计算运费。

1．南京西发长沙钢材一批,重48t,使用60t敞车装运。
2．合肥发广州冻肉一车,重28t,使用B7型加冰冷藏车装运。
3．长沙北站发太原站一批教学仪器,使用两个6t集装箱装运。

三、实训要求

1．学生分组,每组5～6人。
2．教师下达任务。
3．小组讨论和完成运费计算。
4．小组成果展示。
5．教师点评。

四、实训评价

铁路货运运费计算技能训练评价表见表4-16。

表4-16 铁路货物运费核算技能训练评价表

	内容	分值	教师评价
考评标准	正确查阅各表	30	
	正确计算运价	30	
	正确计算运费	20	
	成员分工合理,积极参与	20	
	合计	100	

备注：① 项目得分由组内自评、组间互评和教师评价3部分构成。
② 组间互评得分均不能相同,原则上优秀率为20%(90以上);良好率为60%(分85、80两档);中等及以下为20%(75以下)。
③ 项目得分=组内自评×20%+互评×30%+教师评价×50%。

项目 5　水路货物运输

任务 5.1　水路货运业务认知

 学习目标

(1) 掌握水路货物运输的特点。
(2) 认知水路运输的设施与设备。
(3) 能够区分班轮运输和租船运输。

 任务描述

港口是一个国家对外开放最前沿的窗口，是综合运输大通道的节点，是沟通国内与国际经济往来的重要枢纽。从建国之初，中国便开始恢复港口建设，1978 年改革开放之后，更是进入了高速发展时期，新世纪伊始，全国掀起了新一轮港口建设和发展热潮。如今 10 多年过去了，港口的建设数量、规模、吞吐能力以惊人的速度增长，中国港口格局初步形成，并跻身世界港口大国行列。

进入 21 世纪，沿海港口建设数量大幅上升的同时，发展模式也开始从数量型向质量型转变，大型泊位建设成效显著，港口服务水平提升，并拓展了现代物流功能。"十五"、"十一五"期间，随着国民经济快速增长和沿海地区良好的发展态势，沿海港口行业紧紧抓住不断扩大内需和外贸的有利时机，乘势而上，获得了快速发展。

2003 年是中国港口具有重要意义的一年。港口集装箱吞吐量遥遥领先于世界增长速度，总量达到 4 800 万 TEU(Twenty Equivalent Unit，表示船舶装载集装箱的能力)，超过美国，跃居世界第一。同年，港口完成货物吞吐量 26 亿吨，同时跃居世界第一。

2005 年上海港货物吞吐量达 4.43 亿吨，同比增长 16.7%，首次超过新加坡港，成为世界第一大港。

2010 年年末又传来喜讯：上海港全年货物吞吐量达到 6.5 亿吨，连续 4 年蝉联世界第一；集装箱吞吐量破 2 900 万 TEU，也首次超越新加坡港，荣膺世界首位。

港口的发展是市场的需求，是水运发展的需求。

 **任务分析**

港口的发展，是水路货运发展必不可少的条件，目前，水路运输业发展状况如何？水路货运又有哪些经营方式？要了解上述问题，本任务可以通过以下活动来达到。

活动　水路运输业的发展状况调查

知识准备

5.1.1 水路货物运输概述

1. 水路运输的概念及其类型

水路运输是指利用船舶、排筏和其他浮运工具，在江、河、湖泊、人工水道以及海洋上运送旅客和货物的一种运输方式。

水路运输按其航行的区域，大体上可划分为沿海运输、近海运输、远洋运输和内河运输4种类型。其区别见表5-1。

表5-1 水路运输分类

序号	类别	特点
1	沿海运输	大陆附近沿海航道运送客货的一种方式，一般使用中、小型船舶
2	近海运输	使用船舶通过大陆临近国家海上航道运送客货的一种运输形式，视航程可使用中型或小型船舶
3	远洋运输	使用船舶跨大洋的长途运输形式，主要依靠运量大的大型船舶
4	内河运输	在陆地内江河湖川等水道进行运输的一种方式，使用中、小型船舶

2. 水路运输的技术装备和设施

水路运输的技术装备和设施主要包括船舶和港口。

1) 船舶

船舶是水路运输的载运工具，图5.1是几种主要船型。

集装箱船　　　　　　　　散货船　　　　　　　　油船

双体船　　　　　　　　水翼船　　　　　　　　气垫船

图5.1 水路运输主要船型

船舶按货物功能分类的主要类型及适用范围见表5-2。

表 5-2 按货物功能分类的船舶类型及适用范围

序号	类型	适用范围
1	杂货船	是装载一般包装、袋装、箱装和桶装的普通货物船。普通货船在运输船中占有较大比重
2	散货船	装运煤、矿砂、盐、谷物等散装货物的船舶,与杂货船不同的是它运输的货物品种单一,货源充足,装载量大
3	集装箱船	专门装运规格统一的标准货箱的船舶
4	冷藏船	是使鱼、肉、水果、蔬菜等易腐食品处于冻结状态或某种低温条件下进行载运的专用运输船舶
5	滚装船	船的一侧或船的尾部可以打开并有伸缩跳板,装卸时,货物由拖车拖带(或自行开车)驶进驶出船舱,其装载速度较快
6	载驳船	又称子母船,每条母船可载子船 70~100 条不等,每条子船载重 300~600 吨不等。在港口设备不齐全,或港口拥挤、或港口至内地之间无合适的运输工具而又需要依靠江河运输的情况下,就可利用这种船,子船可以吊上吊下或驶进驶出
7	多用途船	这类货轮根据营运上的需要,可以改变它的运载功能
8	油轮	又叫油槽船,其船体分隔成若干个油舱,均为一层,并有纵向舱壁,以防未满载时,液体随船倾倒造成翻船

2) 港口

港口是水上运输的另一重要设施,是指具有一定面积的水域和陆域,供船舶出入和停泊、货物及旅客集散的场所。港口主要由水域和陆域两部分构成,具体如图 5.2 所示。

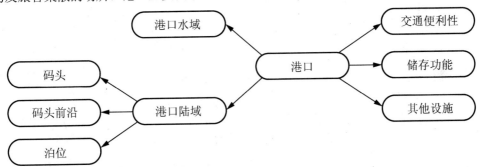

图 5.2 港口的构成及功能

3. 水路运输服务的特点

1) 水路运输的优点

(1) 可以利用天然水道,线路投资少,且节省土地资源。

(2) 船舶沿水道浮动运行,可实现大吨位运输,降低运输成本。对于非液体商品的运输而言,水运一般是运输成本最低的方式。

(3) 江、河、湖、海相互贯通,沿水道可以实现长距离运输。

2) 水路运输的缺点

(1) 船舶平均航速较低。

(2) 船舶航行受气候条件影响较大,如在冬季常存在断航之虞。断航将使水运用户的存货成本上升,这决定了水运主要承运低值商品。

(3) 可达性较差。
(4) 同其他运输方式相比，水运对货运的载运和搬运有更高的要求。

4. 水路运输的功能

根据水上运输的上述特点，在综合运输体系中，水上运输的功能主要如下。
(1) 承担大批量货物，特别是散装货物运输。
(2) 承担原料、半成品等低价货物运输，如建材、石油、煤炭、矿石、粮食等。
(3) 承担国际贸易运输，是国际商品贸易的主要运输工具之一。

5.1.2 水路货物运输的经营方式

水路的经营方式主要有班轮运输和租船运输两种。

1. 班轮运输

班轮运输又称定期船运输，通常是指具有固定航线，沿途停靠若干个固定港口，按照规定的船期表和运价航行的运输方式。这种运输方式对于停靠的港口，无论货物数量多少，一般都接受托运。

1) 班轮运输的特点

(1) 具有"四固定"的特点，即固定航线、固定港口、固定船期和相对固定的费率，这是班轮运输的最基本特征。
(2) 班轮运价内包括装卸费用。货物由承运人负责配载、装卸，承运人和托运人双方不计算滞期费和速遣费。
(3) 承运双方的权利义务和责任豁免以签发的提单为依据，并受统一的国际公约制约。

2) 班轮运输的作用

(1) 有利于一般杂货和不足整船的小额贸易货物的运输。班轮只要有舱位，不论数量大小、挂港多少、直运或转运都可接受承运。
(2) 由于"四固定"的特点，时间有保证，运价固定，为贸易双方洽谈价格和装运条件提供了方便，有利于开展国际贸易。
(3) 班轮运输长期在固定航线上航行，有固定设备和人员，能够提供专门的、优质的服务。
(4) 由于事先公布船期、运价费率，有利于贸易双方达成交易，减少磋商内容。
(5) 手续简单，货主方便。由于承运人负责装卸和理舱，托运人只要把货物交给承运人即可，省心省力。

2. 租船运输

租船运输又称不定期船运输。它与班轮运输不同，船舶没有预定的船期表、航线和港口。船期、航线及港口均按租船人和船东双方签订的租船合同规定的条款行事。也就是说，根据租船合同，船东将船舶出租给租船人使用，以完成特定的货运任务，并按商定运价收取运费。

1) 租船运输的特点

(1) 租船运输没有固定的航线、固定的装卸港口和固定的船期。它根据租船人的需要和船东的可能，由双方洽商租船运输条件，并以租船合同形式加以肯定，作为双方权利与义务的依据。

(2) 没有固定的运价。租船运价受租船市场供求关系的制约,船多货少时运价低,反之则高。

(3) 租船运输一般是整船洽租并以装运货值较低、成交数量较多的大宗货物为主。

2) 租船运输的作用

(1) 租船一般是通过租船市场,由船租双方根据自己的需要选择适当的船舶,满足不同的需要,为开展国际贸易提供便利。

(2) 国际间的大宗货物主要是以租船运输,由于运量大,单位运输成本较低。

(3) 租船运价是竞争价格,所以租船运价一般比班轮运价低,有利于低值大宗货物的运输。

(4) 只要是船舶能安全出入的港口,租船都可以进行直达运输。

(5) 一旦贸易增加、船位不足,而造船、买船又难以应急时,租船运输可起到弥补需要的作用。另一方面,如一时舱位有余,为避免停船损失,可籍租船揽货或转租。

3) 租船运输的方式

租船运输包括定程租船、定期租船和光船租船。其分类及特点见表5-3。

表5-3 租船运输的方式

租船方式	含义	特点
定程租船 (航次租船)	以航程为基础的租船方式。船方必须按租船合同规定的航程完成货物运输任务,并负责船舶的经营管理以及船舶在航行中的一切费用开支,租船人按约定支付运费	① 船舶的经营管理由船方负责; ② 规定一定的航线和装运的货物种类、名称、数量以及装卸港口; ③ 船方除对船舶航行、驾驶、管理负责外,还应对货物运输负责; ④ 在多数情况下,运费按所运货物数量计算,规定一定的装卸期限或装卸率,并计算滞期费、速遣费; ⑤ 船租双方的责任、义务,以定程租船合同为准
定期租船 (期租船)	由船舶出租人将船舶租给租船人使用一定期限,并在规定的期限内由租船人自行调度和经营管理。租金按月(或30天)、按每载重吨(DWT)若干金额计算	① 租赁期间,船舶的经营管理由租船人负责; ② 不规定船舶航线和装卸港口,只规定船舶航行区域; ③ 除特别规定外,可以装运各种合法货物; ④ 船方负责船舶的维护、修理和机器的正常运转; ⑤ 不规定装卸期限或装卸率,不计算滞期费、速遣费,租金按租期每月每吨若干金额计算; ⑥ 船租双方的权利与义务,以期租船合同为准
光船租船	也是期租船的一种。但是船东不负责提供船员,只是将船交给租方使用,由租方自行配备船员,负责船舶的经营管理和航行各项事宜	由于雇佣和管理船员工作繁重复杂,租船人对这种方式也缺乏兴趣。因此该方式在租船市场上较少采用

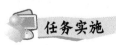

活动 调查水路运输发展现状

查阅相关资料,列出水路运输的发展现状,参观开展水路货物运输的港口、码头,观察所见的各种水路货物运输工具,记录各种工具的特点及特征,写出参观报告。

实 训

一、实训目的

1. 明确水路运输在我国运输领域中的地位及其现状、未来的发展趋势。
2. 清楚水路货物运输的基本工具。
3. 了解水路运输的营运方式。

二、实训内容

调查分析我国海洋货物运输业的发展状况。

三、实训要求

1. 学生分组,每组5~6人。
2. 教师下达任务。
3. 小组通过网络或图书查阅相关资料。
4. 学生汇报水路货物运输业的发展状况。
5. 教师点评。

四、实训评价

水路货运业务认知技能训练评价表见表5-4。

表5-4　水路货运业务认知技能训练评价表

	内容	分值	教师评价
考评标准	查阅资料认真细致	30	
	报告撰写完整、思路清晰	30	
	汇报详尽	20	
	成员分工合理,积极参与	20	
	合计	100	

备注:① 项目得分由组内自评、组间互评和教师评价3部分构成。

② 组间互评得分均不能相同,原则上优秀率为20%(90以上);良好率为60%(分85、80两档);中等及以下为20%(75以下)。

③ 项目得分=组内自评×20%+互评×30%+教师评价×50%。

任务5.2　班轮运输业务组织

(1) 掌握班轮货运业务流程。
(2) 能够正确填制班轮货运各单证。

项目 5　水路货物运输

江苏远东物流有限公司是一家专门从事水路运输项目的大型第三方物流企业，公司于 2012 年 3 月 12 日接到一单运输业务：将南京粮食集团的 200t 玉米在 3 月 16 日启程运往汉口，"远东号"拟于 3 月 14 日抵港受载，装港 3 天，到港收货单位为汉口沪嘉贸易有限公司。作为水路运输物流员(货代员)完成这批货物的运输任务。

水路运输物流员要完成该批货物的运输任务，首先要熟悉班轮运输业务程序，然后组织货物运输。本任务需要通过以下几个活动来完成。

活动 1　安排货物运输
活动 2　组织货物装船运输
活动 3　货物卸船交付

从事班轮运输的船舶是按照预先公布的船期来营运的，通常能够及时将货物从起运港发送，迅速到达目的港，班轮运输的运价相对固定，有利于货主在贸易谈判时掌握运输成本。班轮运输的程序如图 5.3 所示。

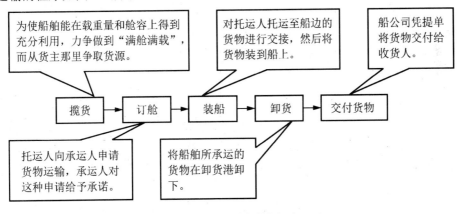

图 5.3　班轮运输作业程序

5.2.1　货运安排

货物安排包括揽货和订舱两个步骤。

1. 揽货

揽货是指从事班轮运输运营的船公司为使自己所经营的班轮运输船舶能在载重量和舱容上得到充分利用，力争做到"满舱满载"，以期获得最好的经营效益而从货主那里争取货源的行为。揽货的实际成绩如何，直接影响到班轮船公司的经营效益并关系着班轮经营的成败。为了揽货，班轮公司首先要为自己所经营的班轮航线，船舶挂靠的港口及其到、发时间制定

101

船期表并分送给已经建立起业务关系的原有客户，并在有关的航运期刊上刊载，使客户了解公司经营的班轮运输航线及船期情况，以便联系安排货运，争得货源。

揽货的特征有如下两个方面。

(1) 揽货需要与客户直接接触。

揽货人员通过与客户联系、接触洽谈，可以及时了解客户对水运服务的要求，及时调整营销策略，尽量满足客户的要求。因此，揽货的方式一般都比较灵活。

(2) 揽货需要与客户建立长期业务关系。

揽货是水运生产活动的重要环节，揽货人员能否及时揽到充足的货物，直接影响到水运生产活动的顺利进行，甚至关系到水运企业经营的成败。因此，与广大客户建立长期业务关系，力求稳定货源，保持货运量和市场份额，是每一个水运企业的共同目标。

2. 订舱

订舱是货物托运人或其代理人根据其具体需要，选定适当的船舶向承运人(即班轮公司或它的营业机构)以口头或订舱函电进行预约洽订舱位装货、申请运输，承运人对这种申请给予承诺的行为。

5.2.2 接货装船

1. 装船换单

在班轮运输中，为了提高装船效率，减少船舶在港停泊时间，不致延误船期，通常都采用集中装船的方式。

托运人填制托运联单，包括托运单(B/N)、装货单(S/O)、收货单(M/R)等后，向承运人的代理人办理托运，代理人接受承运后，将承运的船名填入联单内，留存托运单，其他联退还托运人，托运人凭以到海关办理出口报关手续；海关同意放行后，即在装货单上盖放行章，托运人凭以向港口仓库发货或直接装船；然后将装、收货单送交理货公司，船舶抵港后，凭此理货装船，每票货物都装上船后，大副留存装货单，签署收货单；理货公司将收货单退还托运人，托运人凭收货单向代理人换取提单，托运人凭提单等到银行办理结汇，并将提单寄交收货人。

承运人的代理人依据托运单填制装货清单和载货清单，根据承运人的要求，依据装货清单编制货物积载图，船舶抵港后，送大副审核签字后，船方留存一份，提供给代理人若干份，转寄承运人的卸货港代理人；编制分舱单；代理人根据装船实际情况，修编载货清单，经大副签字后，向海关办理船舶离境手续；依据载货清单填制运费清单，寄往承运人的卸货港代理人和船公司。

1) 装船前的准备工作

装船前，承运人应将船舱清扫干净，检查管系，准备好垫隔物料，港口经营人应准备好保障安全质量的防护措施。承运人与港口经营人在船边进行货物交接。对于按件承运的货物，港口经营人应为承运人创造计数的条件，工班作业结束后，承运人和港口经营人应办清当班交接手续。除承运人和港口经营人双方另有协议外，装船时应做到大票分隔，小票集中，每一大票货物应按单装船，一票一清，同一收货人的几票货物应集中在一起装船，每一大票货物或每一收货人的货物，装船开始及终了时，承运人应指导港口作业工人做好垫隔工作。

2) 装船作业

装船作业时，承运人应派人看舱，指导港口作业人员按计划积载图(表)的装货顺序、部位装舱，堆码整齐。整船散装货物应按有关规定检验测定装前、装后水尺，并记录在货物交接

项目 5　水路货物运输

清单上。如发现货物残损、包装不合标准要求或破裂，标志不清等情况，应编制货运记录。具体工作任务如下。

(1) 港口经营人应在每一票货物装完时，检查库场、舱口、作业线路有无漏装、掉件，发现漏装及时补装，发现掉件及时拣归原批。港口经营人对装船中洒漏的地脚货物，属于散装货物要随时收集进舱归原批；属于袋装货物应扫集整理、灌包，并通知承运人安排舱位，分别堆簇；同时在货物交接清单内注明灌包地脚货物的件数。

(2) 装船作业时，港口经营人要严格遵守操作规程和货运质量标准，合理使用装卸工具，轻搬轻放。做到：不倒关、破包不装船、重不压轻、木箱不压纸箱、箭头向上、堆码整齐。散装货物应按承运人要求平舱。

(3) 计划配装的货物，如因故必须退装时，按下列规定办理。

① 必须按运单、货名、件数退装，不得将几张运单的货物，不分货名，合并笼统退装若干件数。

② 一张运单的货物全部退装，应将运单抽出，并在货物交接清单内划去。

③ 一张运单的货物退装一部分时，应将退装的件数、吨数，按运单、货名编制货运记录，并在货物交接清单内注明实装件数、吨数。退装货物另行装船，由造成退装的责任方会同托运人进行处理。

(4) 货物装船时，如发生实装数量与运单记载不符时，承运人与港口经营人编制货运记录。港口经营人事后发现货物漏装，应另行办理托运手续，费用由责任方承担，并在运单特约事项中注明原承运船舶的船名、航次、原运单号码、原发货件数、重量等。

(5) 装船完毕，通过港口库场装船的货物，由承运人和港口经营人在货物交接清单上签章；船边直接装船的货物，由承运人和托运人在货物交接清单上签章。未办妥交接手续，船舶不得开航。

2. 运输

在班轮运输作业中，运输指的是船舶按固定的航线和预先公布的船期表在固定港口间运送货物。

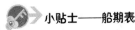小贴士——船期表

图 5.4 为中海集装箱运输上海有限公司公布的部分船期表。从图中可知班轮运输中涉及的船名、航次等信息。

中海集装箱运输上海有限公司
CHINA SHIPPING CONTAINER LINES CO., LTD (SHANGHAI)

2011年3月欧洲航线班轮船期表　SHANGHAI / EUROPE SERVICES　　Mar.ISSUE

SHANGHAI / EUROPE SERVICES　上海/欧洲航线

AEX1 航线

VESSEL		VOYAGE	SHANGHAI	FELIXSTOWE	HAMBURG	ROTTERDAM	SAILNG SHA/PORT
船	名	航次	上海	费利克斯托	汉堡	鹿特丹	班期/挂靠码头
EVER CONQUEST	长捷	0607-032W	5-Mar	29-Mar	1-Apr	3-Apr	周六(Sat) 祥山3号码头(SGICT)
XIN HONG KONG	新香港	0049W	12-Mar	5-Apr	8-Apr	10-Apr	
ZIM ROTTERDAM	以星鹿特丹	0609-005W	19-Mar	12-Apr	15-Apr	17-Apr	
CSCL ZEEBRUGGE	中海泽布勒特	0049W	26-Mar	19-Apr	22-Apr	24-Apr	

图 5.4　中海集装箱运输上海有限公司公布的部分船期表

5.2.3 卸船交货

1. 到港卸货

船公司在卸货港的代理人根据船舶发来的到港电报，一方面编制有关单证联系安排泊位和准备办理船舶进口手续，约定装卸公司，等待船舶进港后卸货；另一方面还要把船舶预定到港的时间通知收货人，以便收货人及时做好接收货物的准备工作。在班轮运输中，为了使分属于众多收货人的各种不同的货物能在船舶有限的停泊时间内迅速卸完，通常都采用集中卸货的办法，即由船公司所指定的装卸公司作为卸货代理人总揽卸货以及向收货人交付货物的工作。

卸货时，船方和装卸公司应根据载货清单和其他有关单证认真卸货，避免发生差错。然而，由于众多原因难免发生溢卸和短卸，统称为误卸。关于因误卸而引起的货物延迟损失或货物的损坏转让问题，一般在提单条款中都有规定，通常规定因误卸发生的补送、退运的费用由船公司负担，但对因此而造成的延迟交付或货物的损坏，船公司不负赔偿责任。如果误卸是因为标志不清、不全或错误，以及因货主的过失造成的，则所有补送、退运、卸货和保管的费用都由货主负担，船公司不负任何责任。

2. 交付货物

收货人收到提单后，将提单交给船公司在卸货港的代理人，经代理人审核无误后，签发提货单交给收货人，然后收货人再凭提货单前往码头仓库提取货物并与卸货代理人办理交接手续。交付货物的方式有仓库交付货物、船边交付货物、货主选择卸货港交付货物、变更卸货港交付货物、凭保函交付货物等。

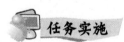

活动 I　安排货物运输

根据任务内容，要完成班轮运输业务，需要江苏远东物流有限公司业务员熟悉班轮运输作业程序，具备独立接待客户的能力。揽货时要真诚、热情，多为客户着想，以满足客户的订舱需求，以下为电话交流内容。

2012 年 3 月 12 日，远东公司业务部电话铃声响起。

远东：您好，远东为您服务。

客户：您好，我们是南京粮油集团。

远东：我们很高兴能与贵公司建立生意往来。

客户：可以给我一些贵公司最近的价格目录表或者一些相关说明资料吗？

远东：当然可以。可以告诉我您的传真机号码吗？

客户：(0086-25) 52201906。十分感谢！

远东：这是我们应该做的。

客户：我们想把 200t 玉米从南京运到武汉。

远东：数量如此多的大宗物资，我们建议走水路，通常水运价格比较便宜。

客户：我们的愿望是一致的，我们也愿意用水运。

远东：我们保证通力合作！

双方在电话中达成合作意向后，共同签订运输合同。

水路运输合同

甲方：_____
乙方：_____
双方经充分协商，达成如下协议。
第一条 运输货物：_____。
第二条 运输方法：乙方调派_____吨位船舶一艘(船舶_____吊货设备)，应甲方要求由____港运至_____港，按现行包船运输规定办理。
第三条 货物集中：甲方应按乙方指定时间，将_____货物于_____天内集中于_____港，货物集齐后，乙方应在_____天内派船装运。
第四条 装船时间：甲方联系到达港同意安排卸货后，经乙方落实并准备接收集货 (开集日期由乙方指定)。装船作业时间，自船舶抵港已靠好码头时起于_____小时内装完货物。
第五条 运到期限：船舶自装货完毕办好手续时起于_____小时内将货物运到目的港。
第六条 起航联系：乙方在船舶装货完毕起航后，即发报通知甲方做好卸货准备，如需领航时亦通知甲方按时派引航员领航，费用由_____方负担。
第七条 卸船时间：甲方保证乙方船舶抵达_____港锚地，自下锚时起于_____小时内将货卸完。否则甲方按超过时间向乙方交付滞延金每吨时_____元。
第八条 运输质量：乙方装船时，甲方应派员监装，指导工人按章操作，装完船封好舱，甲方可派押运员(免费一人)随船押运。乙方保证原装原运，除因船舶安全条件所发生的损失外，对于运送货物的数量和质量均由甲方自行负责。
第九条 双方权利义务：_____。
第十条 运输费用：按_____运价率以船舶载重吨位计货物运费_____元，空驶费按运费的_____%计_____元，全船运费为_____元，一次收清。港口装船费，按_____港口收费规则有关费率计收。卸船等费用，由甲方直接与到达港办理。
第十一条 费用结算：本合同经双方签章后，甲方应先付给乙方预付运费_____元。乙方在船舶卸完后，以运输费用凭据与甲方一次结算，多退少补。
第十二条 甲方违约责任
1．甲方未按时集中货物，造成乙方船舶不能按时起航，每延误一小时应向乙方偿付违约金_____元。
2．甲方未能按时装货和卸货，每延迟一小时应向乙方偿付违约金_____元。
3．甲方未按时付清运输费用，每逾期一天，应向乙方偿付未付部分运输费用_____%的违约金。
4．甲方如不履行合同或擅自变更合同，应偿付乙方_____元违约金。
第十三条 乙方违约责任
1．乙方未按期将货物运达目的港码头，每逾期一天，应偿付甲方违约金_____元。
2．乙方船舶起航后未电报通知甲方准备卸船时间，所造成损失由乙方负责。
3．乙方不履行合同或擅自变更合同，应偿付甲方_____元违约金，并退还甲方的预付款。
第十四条 不可抗力
1．在装、卸货物过程中，因气候影响装、卸作业时间，经甲乙双方签证，可按实际时间扣除。
2．因_____级以上风暴影响，不能按期履行合同，双方均不负违约责任。
第十五条 本合同执行中如发生争议，先由双方协商解决，协商不能解决，双方可按下列第_____项解决：
1．申请仲裁机关裁决。
2．向人民法院起诉。
第十六条 附则：本合同甲乙双方各执正本一份，副本_____份。
甲方(盖章)：_____　　　　　　乙方(盖章)：_____
法定代表人(签字)：_____　　　法定代表人(签字)：_____
开户银行：_____　　　　　　　开户银行：_____
账号：_____　　　　　　　　　账号：_____
_____年___月___日　　　　　　_____年___月___日

当事人可以根据需要订立单航次运输合同和长期运输合同。

之后，南京粮油集团按照江苏远东物流有限公司的要求填写水路货物托运单，见表5-5。

表 5-5　水路货物托运单

船名航次				起运港			到达港			到达日期承运人章		收货人(章)		
托运人	全称			收货人		全称								
	地址、电话					地址、电话								
	银行、账号					银行、账号								
发货符号	货号	件数	包装	价值	托运人确定		计费重量		等级	费率	金额	应收费用		
					重量(吨)	体积(长、宽、高)(m³)	重量(吨)	体积(m³)				项目	费率	金额
												运费		
												装船费		
合计														
运到期限(或约定)							托运人(公章)　月　日					总计		
												核算员		
特约事项							承运日期起运港承运人章					复核员		

水路运单是运输合同的证明，是承运人已经接收货物的收据。远东物流有限公司在接受水路运单后，应进行认真审核，检查各项内容是否正确，如确认无误，则在水路运单上签章，表示接受托运。

活动 2　组织货物装船运输

托运受理后，远东物流有限公司通知南京粮油集团按期把玉米运至港口，3月14日"远东号"抵达港口，抵港后，远东物流公司做好装船前准备工作，装船过程中，远东公司指导港口作业人员严格遵照操作规程和货运质量标准进行装船，装船完毕，由承运人和港口经营人在货物交接清单上签章。之后，船舶带着200t玉米起航至汉口。

活动 3　货物卸船交付

"远东号"抵达汉口后，远东物流公司及时向港口经营人提供卸船资料，并派人指导卸货。货物卸进港区仓库，由远东物流公司向收货人发出到货通知书，通知收货人收取货物。

实　　训

一、实训目的

1. 巩固班轮运输业务流程及各个环节的作业内容。

2．学会填制班轮运输业务主要单证。

3．正确描述各单证的流转程序。

二、实训内容

沈阳 A 公司(沈阳市太原街)与日本 D 公司成交大米一批，沈阳 A 公司委托 B 货代公司大连分公司 C 公司(大连市中山区人民路)代为办理该货物的出口全套业务，发货人地处苏州，货物存于苏州 D 仓库。结合货运代理知识描述此票货物的全部出口业务流程。

三、实训要求

1．学生分组。

2．分角色办理以下业务。

(1) 以托运人的身份填写运单。

(2) 货票填写训练。

(3) 模拟演示运单与货票的流转过程。

3．小组选派代表演示。

4．教师点评。

四、实训评价

班轮运输业务组织技能训练评价表见表 5-6。

表 5-6　班轮运输业务组织技能训练评价表

考评标准	内容	分值	教师评价
	班轮运输业务流程清晰	30	
	班轮运输业务单证填制正确	30	
	成员分工合理，积极参与	40	
	合计	100	

备注：① 项目得分由组内自评、组间互评和教师评价 3 部分构成。

② 组间互评得分均不能相同，原则上优秀率为 20%(90 以上)；良好率为 60%(分 85、80 两档)；中等及以下为 20%(75 以下)。

③ 项目得分=组内自评×20%+互评×30%+教师评价×50%。

任务 5.3　租船运输业务组织

(1) 理解租船运输方式的分类。

(2) 掌握询盘、报盘、还盘、接受和签订租船合同等租船相关业务流程。

(3) 会拟定租船运输合同。

2012年5月15日前,韩国G公司要从中国进口一批5 000吨散装棉籽粕(棉籽粕的积载系数为1.8立方米/公吨),装货港为中国扬州,卸货港为韩国仁川。发货人为中国中粮进出口有限公司。G公司要求中粮公司代表其寻找一条合适的船舶,并同船舶所有人(船东)签订一份租船合同。根据市场行情,G公司要求运费控制在每吨货物10元以内,佣金在4%以内。

租船合同的签订主要涉及租船确认书的形成和正式合同的签订。在整个租船合同签订过程中,有两个环节是必不可少的,一是在租船市场上寻找合适的船东和船舶,二是和船东或其经纪人进行谈判,最终签订租船合同。要完成上述业务,都是建立在业务员对如何在租船市场上寻找合适的船舶,如何签订一份可行的合同这两个问题的把握上面。这项工作的前提就是业务员熟悉租船运输作业组织流程和租船合同签订的有关知识,并应用到业务实践中去。本任务需要通过以下几个活动来完成。

活动1　租船询盘
活动2　租船洽商
活动3　签署租船合同

知识准备

租船是在租船市场进行的。在租船市场上,船舶所有人是船舶的供给方,而承租人则是船舶的需求方。在当今通信技术十分发达的时代,双方当事人从事的租船业务,绝大多数是通过租船代理,利用电话、电传、电报或传真等现代通信手段洽谈的。一项租船业务从发出询盘到缔结租船的全过程称为租船程序。

在国际租船市场上,租船交易通常都不是由船舶所有人和承租人亲自到场直接洽谈,而是通过租船经纪人代为办理并签约的。

所谓租船经纪人是指在租船业务中代表船舶所有人和承租人进行磋商租船业务的人。他既可以是接受船舶所有人的委托,代表船舶所有人,站在船舶所有人的立场上进行交易的船舶所有人的经纪人;也可能是接受承租人的委托,代表承租人,站在承租人的立场上进行交易的船舶承租人的经纪人。

国际上,通过租船经纪人洽谈租船业务的主要方式有两种:一种是由船舶所有人和承租人分别指定的租船经纪人进行洽谈;另一种是船舶所有人和承租人共同指定同一租船经纪人进行洽谈。一个完整的租船合同从洽谈到签订,一般需要经过询盘、洽商和签署合同几个阶段,如图5.5所示。

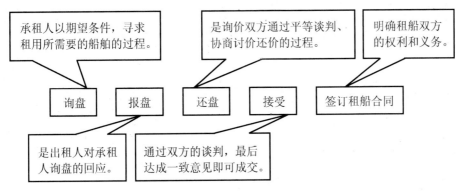

图 5.5 租船运输作业的程序

5.3.1 询盘

询盘,即询价。通常是指承租人根据自己对货物运输的需要或对船舶的特殊要求,通过租船经纪人在租船市场上要求租用船舶。询价主要以电报或电传等书面形式提出。承租人所期望条件的内容一般应包括:需要承运的货物种类、数量、装货港和卸货港、装运期限、租船方式或期限、期望的运价(租金)水平以及所需用船舶的详细说明等。询价也可以由船舶所有人为承揽货载而首先通过租船经纪人向租船市场发出。由船舶所有人发出的询价内容应包括出租船舶的船名、国籍、船型、船舶的散装和包装容积、可供租用的时间、希望承揽的货物种类等。

5.3.2 洽商

洽商主要包括报价、还价、报实盘、接受订租等几个环节。

1. 报盘

发盘又称报价。当船舶所有人从船舶经纪人那里得到承租人的询价后,经过成本估算或者比较其他的询价条件,通过租船经纪人向承租人提出自己所能提供的船舶情况和运费率或租金率。报价的主要内容,除对询价的内容作出答复和提出要求外,最主要的是关于租金(运价)的水平和选定的租船合同范本及对范本条款的修改、补充条款。

2. 还盘

还盘又称还价。在条件报价的情况下,承租人与船舶所有人之间对报价条件中不能接受的条件提出修改或增删的内容,或提出自己的条件称为还价。还价意味着询价人对报价人报价的拒绝和新的报价开始。因此,船东对租船人的还价可能全部接受,也可能接受部分还价,对不同意部分提出再还价或新报价。这种对还价条件作出答复或再次作出新的报价称为反还价(Recount Offer)或称反还盘。

3. 报实盘

在一笔租船交易中,经过多次还价与反还价,如果双方对租船合同条款的意见一致,一方可以以报实盘的方式要求对方作出是否成交的决定。报实盘时,要列举租船合同中的必要条款,将双方已经同意的条款和尚未最后确定的条件在实盘中加以确定。同时还要在实盘中规定有效期限,要求对方答复是否接受实盘,并在规定的有效期限内作出答复。若在有效期限内未作出答复，所报实盘即告失效。同样，在有效期内，报实盘的一方对报出的实盘是不能撤销或修改的，也不能同时向其他第三方报实盘(Firm Offer)。

4. 接受订租

接受订租又称受盘，指方当事人对实盘所列条件在有效期内明确表示承诺。至此，租船合同即告成立。原则上，接受订租是租船程序的最后阶段。接受订租后，一项租船洽商即告结束。

5.3.3 签署合同

1. 订租确认书

订租确认书是租船程序的最后阶段，一项租船业务即告成交。通常的做法是，当事人之间还要签署一份"订租确认书(Fixture Note)"。"订租确认书"无统一格式，但其内容应详细列出船舶所有人和承租人在洽租过程中双方承诺的主要条款。订租确认书经当事人双方签署后，各保存一份备查。

订租确认书一般包括以下主要内容。

(1) 订租确认书签订日期。
(2) 船名，或可替代船舶。
(3) 签约双方的名称和地址。
(4) 货物的名称和数量。
(5) 装卸港名称及受载期。
(6) 装卸费用负担责任。
(7) 运费或租金率、支付方法。
(8) 有关费用的分担。
(9) 所采用标准租船合同的名称。
(10) 其他约定特殊事项。
(11) 双方当事人或其代表的签字。

2. 签署合同

正式的租船合同实际是合同已经成立后才开始编制的。双方签认的订租确认书实质就是一份供双方履行的简式的租船合同。签认订租确认书后，船东按照已达成协议的内容编制正式的租船合同，通过租船经纪人送交承租人审核。如果租船人对编制的合同没有异议，就可签字。

船公司在经营不定期船时，每一笔交易均需和租方单独订立合同。为了各自的利益，在订立合同时，必然要对租船合同的条款逐项推敲。这样势必造成旷日持久的谈判，不利于迅速成交。为了简化签订租船合同的手续，加快签约的进程和节省为签订租船合同而发生的费用，也为了能通过在合同中列入一些对自己有利的条款，以维护自己一方的利益，在国际航运市场上，一些航运垄断集团、大的船公司或货主垄断组织，先后编制了供租船双方选用，作为洽商合同条款基础的租船合同范本。租船合同范本中罗列了事先拟就的主要条款。为了便于商定租船合同的双方通过函电对范本中所列条款进行删减、修改和补充，每一租船合同范本都为范本的名称规定了代码，为每一条款编了代号，并在每一行文字前(或后)编了行次的顺号。这样在洽定租船合同的过程中，只需在函电中列明所选用的范本的代码、指明对第×款第×行的内容增、删、改的意见，就能较快地拟就双方所同意的条款。虽然采用租船合同范本可以极大地方便租船合同条款的拟订，但是由于这些范本多数是由船舶所有人一方或代表船舶所有人一方利益的某些航运垄断集团单方面制定的，许多条款都不会对承租人一方有利，这是在选用租船合同范本时必须考虑的问题。租船合同范本的种类很多，标准航次租船合同代表范本有"金康"(GENCON)，定期租船合同代表范本有"纽约土产"(NYPE)，光船租船合同代表范本有"光租"(BARECON)。

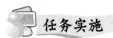

活动1 租船询盘

根据任务内容，要完成租船运输业务，首先需要中粮公司确定租船经纪人，确定的租船经纪人必须非常熟悉租船市场行情，精通租船业务，并且有丰富的租船知识和经验。之后，租船经纪人根据中粮公司的运输需求，以中间人身份用电报或电传的方式，向宁波市鄞州港坚船运有限公司询价，准备在市场上为中粮公司寻找合适的运输船舶。

活动2 租船洽商

宁波市鄞州港坚船运有限公司接到询盘后，经过成本估算或者比较其他的询价条件，通过租船经纪人向中粮公司提出自己所能提供的船舶情况和运费率或租金率。租船经纪人就中粮公司提出的条件与船舶所有人进行还价，经过多次还价与反还价，如果双方对租船合同条款的意见一致，一方就以报实盘的方式要求对方作出是否成交的决定。双方接受订租后，租船洽商即告结束。

活动3 签署租船合同

经过洽商，租船经纪人与宁波市鄞州港坚船运有限公司签署一份订租确认书。订租确认书如下所示。

Fixture Note 订租确认书

It is on this date that mutually agreed between the undersigned parties on the terms and conditions asf:
经友好协商双方于本日达成如下条款：

1) Performing Vessel:Mv xxx or subpan flag, blt 1982, loa/bm 106/17m, dwt/dft 6 644mt, on 7.745m grt/nrt 3 905/2 905, g/b capa 8 778/8 205cbm, 2ha/2ho, sid, derriks 12mtx4

1) 执行船舶：Mv xxx or sub 巴拿马旗，1982年造，船长/型宽：106/17m，载重吨/吃水 6 644mt on 7.745m，总吨/净吨 3 905/2 905mt，散装舱容/包装舱容 8 778/8 205cbm，2 船舱/2 舱口，单甲板，吊杆 12mtx4

2) Cg5 000mt cotton seed meal in bulk, 5%moloo, s.f 1.8

2) 货物：5 000mt 散装棉籽粕，5%增减由船东选择，积载因素 1.8

3) L/P:1sbp Yangzhou, China

3) 装港：中国扬州 1 个安全港口 1 个安全泊位

4) D/P:1sbp Inchon, Korea

4) 卸港：韩国仁川 1 个安全港口 1 个安全泊位

5) Lycn:8th—18th/Oct.2005

5) 受载期：8th—18th/Oct.2005

6) L/d Rate:CQD bends

6) 装卸效率：按港口习惯速度尽快装卸

7) Detention charges at the rate of USD2 500 per day or pro-rata, if time lost in waiting for cargo and/or documents at both ends. Detention charges incurred at loading port, if any, to be settled together with freight payment and which incurred at discharging port, to be settled before commence of discharging.

7) 滞留损失：如果船舶在双边港口因货物和/或单证未备妥而遭受船期损失，租船人应每日支付 USD2 500，不足一天按比例计算。滞留损失费在装港发生的话，连同运费一起支付，若在卸港发生，则在卸货开始前支付。

8) Freight:USD8.5/mt,fiost，basis 1/1

8) 运费：USD8.5/mt,fiost(船东不管装、卸、理舱、平舱)，一装一卸

9) Full freight wb paid to owrs nominated bank acct w/i 2 bankdays acol n s/r bs/l which marked 'frt prepaid'. Full freight to be deemed as earned with discountless and non-returnable on cargo shipped on board whether ship and/or cargo lost or not lost.

9) 所有运费在装完货并签发预付运费提单后两个银行工作日内付至船东指定账号。所有运费在装完货后即视为已赚取，不得扣减，无须返还，无论船舶和/或货物灭失与否。

10) Owrs agent bends.

10) 两边港口由船东指定代理。

11) L/s/d if any chtr's acct

11) 捆扎/加固/垫舱费如有发生，由租船人承担。

12) Lighterage/lightering if any chtrs acct

12) 驳船费/过驳费如发生由租船人承担。

13) Shipside /dockside tally tbf owrs/chtrs acct

13) 船边理货/岸边理货分别由船东/租船人承担。

14) Taxes/dues on cgo/frt tbf chtrs/owrs acct

14) 关于货物/运费的税费分别由租船人/船东承担。

15) Fumigation: Fumigation if any to be for chtr's acct. Owr allow 24hrs for fumigation, chtr should compensate owr USD1 500 for crews hotel/traffic/ accomodation charges.

15) 熏舱：如果需要熏舱的话，由租船人承担熏蒸费用。船东允许熏舱 24 小时，租船人需补偿船东 USD1 500，作为船员食宿交通费用。

16) Dispute to be settled by arbitration in HK and English law to be applied.

16) 如有争议，在香港仲裁并适用英国法。

17) Comm:3.75%

17) 佣金：3.75%

18) Others as per gencon c/p 94.

18) 其余细节条款参照 1994 年金康合同。

End.

FOR AND ON BEHALF OF　　　　　　　　OWR FOR AND ON BEHALF OF CHTR
(OWNERS)　　　　　　　　　　　　　　　　(CHARTERERS)

　　双方签订的订租确认书实质就是一份供双方履行的简式的租船合同。签订订租确认书后，宁波市鄞州港坚船运有限公司按照已达成协议的内容编制正式的租船合同，通过租船经纪人送交中粮公司审核。如果中粮公司对编制的合同没有什么异议，就可签字。

项目5　水路货物运输

实　　训

一、实训目的

1. 掌握租船运输的基本业务流程，包括"询盘""报盘""还盘""受盘"和"签订租船合同"等环节。

2. 了解租船合同的相应条款，会签订租船合同。

3. 培养学生与人协作、沟通、团队合作的能力。

二、实训内容

2012年8月20号前，中国中粮公司向英国出口一批黄豆，共5 000吨(黄豆的积载系数为1.7立方米/公吨)，装货港为中国大连，卸货港为英国利物浦港。发货人为中国中粮进出口有限公司。中粮公司需要租用一艘合适的船舶，要求运费控制在每吨货物20元以内。佣金在5%以内。

三、实训要求

1. 学生分组，3个人为一小组，分别扮演船舶所有人、承租人和租船经纪人的角色。

2. 模拟租船运输的基本业务流程，重点是"询盘""报盘""还盘""受盘"和"签订租船合同"5个环节。

3. 根据最后达成的意见填制租船合同。

4. 教师点评。

四、实训评价

租船运输业务技能训练评价表见表5-7。

表5-7　租船运输业务技能训练评价表

	内容	分值	教师评价
考评标准	租船环节掌握清晰	30	
	订租确认书填写正确	30	
	租船合同填写正确	20	
	成员分工合理，积极参与	20	
	合计	100	

备注：① 项目得分由组内自评、组间互评和教师评价3部分构成。

② 组间互评得分均不能相同，原则上优秀率为20%(90以上)；良好率为60%(分85、80两档)；中等及以下为20%(75以下)。

③ 项目得分=组内自评×20%+互评×30%+教师评价×50%。

任务5.4　水路货运运费计算

(1) 能够查找班轮运价表。

(2) 能够正确地计算班轮运费。
(3) 掌握不定期船运费或租金的计算方法。

任务描述

上海运往肯尼亚蒙巴萨港口门锁一批计100箱，每箱体积为20厘米×30厘米×40厘米，毛重25千克。当时燃油附加费为30%，蒙巴萨港口拥挤附加费为10%。门锁属于小五金类，计收标准是W/M，等级为10级，基本运费为每运费吨443.00港元，试计算应付多少运费？

某船于6月5日星期二16点抵达装货港，并于16点40分递交NOR，6月6日8点开始装货，直至6月12日12点装货完毕，其中6月7日零点至4点因下雨停工。该船于6月24日星期四16点抵达卸货港，并于16点40分递交NOR，6月25日星期五8点开始卸货，至6月26日星期六20点卸货完毕。合同规定："可用装货时间和卸货时间分别为3WWDSHEXEIU，滞期费费率每天3 000美元，速遣费费率为1 500美元。下午递交NOR，次日8点起算装卸时间"。请按装卸时间平均计算方法统算滞期费或速遣费。

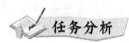任务分析

水运方式包括班轮运输和不定期船运输两种组织方式，不同组织方式的费用计算过程和方法是不同的，具有各自的特点，因此，班轮运费的计算和租船运费的租金计算方式各不相同。本任务需要通过以下两个活动来完成。

活动1　计算班轮运费
活动2　计算装卸时间、滞期费和速遣费

知识准备

5.4.1 班轮运费的计算

1. 杂货班轮运费的计算

1) 构成

班轮公司运输货物所收取的运输费用，是按照班轮运价表的规定计收的。班轮运价表一般包括说明及有关规定、货物分级表、航线费率表、附加费率表、冷藏货及活牲畜费率表等。目前，我国海洋班轮运输公司使用的"等级运价表"，即将承运的货物分成若干等级，每个等级的货物有一个基本费率，称为"等级费率表"。班轮运费构成见表5-8。

表5-8　班轮运费构成

运费构成	包含内容
基本运费	货物从装运港到卸货港所应收取的基本运费，它是构成全程运费的主要部分
附加费	对一些需要特殊处理货物，或者突然事件的发生或客观情况变化等原因而需另外加收的费用

特别提示

基本运费和附加费的收取一般按照港口类型来收取,即基本港与非基本港。基本港是指港口设备较好,货运量大,班轮公司按期挂靠的港口。运往基本港的货物,均按基本费率收取运费。非基本港指班轮公司不常挂靠的港口,去该港货物要加收附加费。

2) 基本运费计收标准

在班轮运价表中,根据不同的商品,班轮运费的计算标准见表5-9。

表5-9 班轮运费计费标准

类别	运价表中的表示方法	计费标准	运费计算
按货物的毛重计收 (重量吨计收)	W	一般以每一公吨为计算单位,吨以下取二位小数,也有按长吨或短吨来计算的	基本运费=计重货物的运费吨×运费率
按货物的体积计收 (尺码吨计收)	M	一般以一立方米为计算单位,也有按40立方英尺为一尺码吨计算	基本运费=容积货物的运费吨×运费率
按货物的毛重或体积计收	W/M	以收费较高者计收运费	基本运费=运费吨×运费率
按货物的价格计收运费 (从价运费)	A·V	一般按商品FOB货价的百分之几计算运费	基本运费等于货物的离岸价格(FOB)乘以从价费率,一般为1%~5%。
按货物重量或体积或价值三者中选最高的一种计收	W/M OR Ad Val	—	—
按货物重量或尺码最高者,再加上从价运费计收	W/M plus Ad Val	—	—
按货物的件数计收		活牲畜按"每头"(Per Head),车辆按"每辆"(Per Unit)收费	—
临时议定价格	Open	由货主和船公司临时协商议定此类货物通常是低价的货物或特大型的机器等	—

备注:(1) "W"即英文Weight,M即英文Measurement的缩写。

(2) 重量吨和尺码吨统称为运费吨,又称计费吨,按照国际惯例,容积货物是指每公吨的体积大于 1.132 8m^3(40ft^3)的货物;而我国的远洋运输运价表中则将每公吨的体积大于 1 立方米的货物定为容积货物。

(3) 起码费率(Minimum Rate)是指按每一提单上所列的重量或体积所计算出的运费,尚未达到运价表中规定的最低运费额时,则按最低运费计收。

3) 附加费

附加费是指在基本运费的基础上,加收一定百分比或者是按每运费吨加收一个绝对值计算。

在班轮运输中,常见的附加费见表 5-10。附加费的计算一般有两种规定:一是以基本运费率的百分比表示;二是用绝对数字表示,以每运费吨增收若干元。

表5-10 班轮运费中附加费的类别

序号	类别	含义
1	超重附加费 (Heavy Lift Additional)	货物单件重量超过一定限度而加收的费用

续表

序号	类别	含义
2	超长附加费 (Long Lenth Additional)	单件货物长度超过规定长度而加收的费用
3	选卸附加费 (Optional Surcharge)	指装货时尚不能确定卸货港，要求在预先提出的两个或两个以上港口中选择一港卸货，船方因此而加收的附加费。所选港口限定为该航次规定的挂港，并按所选港中收费最高者计算各种附加费
4	转船附加费 (Transshipment Surcharge)	凡运往非基本港的货物，需转船运往目的港，船舶所收取的附加费，其中包括转船费(包括换装费、仓储费)和二程运费
5	直航附加费 (Direct Additional)	非运往非基本港的货物达到一定的数量，船公司可安排直航该港而不转船时所加收的附加费
6	港口附加费 (Port Additional Or Port Surcharge)	指船舶需要进入港口条件较差、装卸效率较低或港口船舶费用较高的港口及其他原因而向货方增收的附加费
7	港口拥挤附加费 (Port Congestion Surcharge)	有些港口由于拥挤，致使船舶停泊时间增加而加收的附加费。该项附加费随港口条件改善或恶化而变化
8	燃油附加费 (Bunker Surcharge Or Bunker Adjustment Factor，B.A.F)	指因燃油价格上涨而加收一绝对数或按基本运价的一定百分数加收的附加费
9	货币贬值附加费 (Devaluation Surcharge Or Currency Adjustment Factor，C.A.F)	在货币贬值时，船方为保持其实际收入不致减少，按基本运价的一定百分数加收的附加费
10	绕航附加费 (Deviation Surcharge)	指因战争、运河关闭、航道阻塞等原因造成正常航道受阻，必须临时绕航才能将货物送达目的港需增加的附加费

备注：(1) 各班轮对超重或超长货物的规定不一。我国中远公司规定每件货物达到 5 吨或 9 米以上时，加收超重或超长附加费。超重货一般以吨计收，超长货按运费吨计收。无论是超重、超长或超大件，托运时都须注明。如船舶需转船，每转船一次，加收一次附加费。

(2) 除表中所列的各种附加费外，还有一些附加费需船货双方议定。如洗舱费、熏舱费、破冰费、加温费等，各种附加费是对基本运价的调节和补充，可灵活地对各种外界不测因素的变化作出反应，是班轮运价的重要组成部分。

特别提示

根据一般费率表规定：不同的商品如混装在一个包装内(集装箱除外)，则全部货物按其中收费高的商品计收运费。同一种货物因包装不同而计费标准不同，但托运时如未申明具体包装形式时，全部货物均要按运价高的包装计收运费。同一提单内有两种以上不同计价标准的货物，托运时如未分列货名和数量时，计价标准和运价全部要按高者计算。这是在包装和托运时应该注意的。

4) 班轮运费的计算公式
(1) 班轮运费的具体计算步骤。
步骤一：查找货物计算等级及标准。
根据货物的英文名称，从货物分级表中，查出有关货物的计算等级及其计算标准。
步骤二：查找货物基本运费率。
从航线费率表中查出有关货物的基本费率。
步骤三：查找附加费率。
在附加费部分查找各项需支付的附加费率。

步骤四：运费计算。

货物基本运费率和各项附加费率的总和就是货物的单位运费(每重量吨或每尺码吨的运费)，再乘以计费重量吨或尺码吨，即得该批货物的运费总额。如果是从价运费，则按规定的百分率乘 FOB 货值即可。

(2) 计算公式。

$$F=Fb+\Sigma S$$

式中，F——运费总额；

Fb——基本运费；

S——某一项附加费。

基本运费是所运货物的数量(重量或体积)与规定的基本费率的乘积。即

$$Fb=f\times Q$$

式中，f——基本费率；

Q——货运量(运费吨)。

附加费是指各项附加费的总和。在多数情况下，附加费按基本运费的一定百分比计算，其公式为

$$\Sigma S=(S_1+S_2+\cdots+S_n)\times Fb=(S_1+S_2+\cdots+S_n)\times f\times Q$$

其中 S_1、S_2、S_3、S_n 为各项附加费，用 Fb 的百分数表示。

案例分析

案例 1：

某公司拟向日本出口冻驴肉，共需装 1 500 箱，每箱毛重 0.025 吨，每箱体积为 20cm×30cm×40cm。问应如何计算该批货物的运费？

分析：

(1) 先按冻驴肉的英文(Frozen Donkey-meat)字母顺序从运价表中查找其属几级货，按什么标准计算。

经查该商品属 8 级货，计收标准为 W/M。然后再查出日本航线每运费吨 144 美元，无其他任何附加费。

(2) 确定计费质量：分清该商品是重货还是轻货，也就是计算该商品的积载因数是大于 1，还是小于 1。如大于 1 为轻货，小于 1 为重货。

计算的办法是：0.2×0.3×0.4/0025=0.96 小于 1，可见该商品应按重货作为计费质量。

(3) 将以上已知的数据代入公式即得总运费：

$$F=144\times 0.025\times 1\ 500=5\ 400(美元)$$

案例 2：

由天津新港运往莫桑比克首都马普托锁 500 箱，每箱体积为 0.025m³，毛重为 30kg。问该批门锁的运费为多少？(加收燃油附加费 20%，港口附加费 10%)

分析：

(1) 先从运价表中查得门锁属 10 级货，计收标准为 W/M，去东非航线马普托每运费吨为 450 港元，另收燃油附加费 20%，港口附加费 10%。

(2) 确定计费质量：

算出该商品的积载因数为：0.025÷0.03=0.833 小于 1，从而得知为重货，该批门锁的总毛重为(30×500)/1 000=15(公吨)。

(3) 将上述已知数据代入公式:

$$F=450\times 15\times(1+20\%+10\%)$$
$$=450\times 15\times 1.3$$
$$=8\,775(港元)$$

即该批门锁的运费为 8 775 港元。

案例 3:

设某出口公司向马来西亚出口大型机床 1 台,重为 7.5 公吨,体积为 6.2 立方米,目的港为巴生港或槟城。运送机床去新马航线的基本费率每运费吨为 1 500 港元,另加收超重附加费每运费吨为 28 港元,选港费为 20 港元。问该机床的运费为多少?

分析:

(1) 先从运价表中查得机床属 10 级货,计收标准为 W/M,去新马航线基本费率每运费吨为 1 500 港元,另收超重附加费每运费吨为 28 港元,选港费为 20 港元。

(2) 确定计费质量:

算出该商品的积载因数为:6.2÷7.5=0.826 小于 1,从而得知为重货,计费总重量为 7.5 公吨。

(3) 将上述已知数据代入公式:

$$F=1\,500\times 7.5+(28+20)\times 7.5$$
$$=11\,610(港元)$$

即该机床的运费为 11 610 港元。

2. 集装箱班轮运费的计算

集装箱班轮运费的计算基本上分为两个大类,一类是沿用件杂货运费计算方法,即以每运费吨为单位(俗称散货价),另一类是以每个集装箱为计费单位(俗称包厢价)。

1) 件杂货基本费率加附加费

(1) 基本费率。参照传统件杂货运价,以运费吨为计算单位,多数航线上采用等级费率。

(2) 附加费。除传统杂货所收的常规附加费外,还要加收一些与集装箱货物运输有关的附加费。

2) 包箱费率

包箱费率:以每个集装箱为计费单位,据中国远洋运输公司使用的交通部《中国远洋货运运价本》有以下 3 种包箱费率,见表 5-11。

表 5-11 包箱费率的类别

序号	类别	计费标准
1	FAK 包箱费率	对每一集装箱不分货类统一收取的费率
2	FCS 包箱费率	按不同货物等级制定的包箱费率。货物等级也是 1~20 级,但级差较小。一般低价货费率高于传统运输费率,高价货则低于传统费率;同一等级货物,重货运价高于体积货运价
3	FCB 包箱费率	既按不同货物等级或货类,又按计算标准制定的费率。同一级费率因计算标准不同,费率也不同。如 8~10 级,CY/CY 交接方式,20 英尺集装箱货物如按重量计费为 1 500 美元,如按尺码计费则为 1 450 美元

5.4.2 不定期船运费和租金的计算

1. 不定期船运费计算方法

凡供需双方签订合同的不定期船,不论是包舱运输航次租船、整船运输的程租船或期租船，通常是按照船舶的全部或一部分舱位及运费率收取一笔包租运费，亦称为整笔运费。即航次租船运费等于船舶（或某舱）的承载能力乘以合同所定的运费率。船舶承载能力是指航次最大载货量，应结合航次及所运货载确定。当货物的积载因数（每吨货物所占的体积）小于舱容系数（每一净载重量所占的舱容）时，即货物属轻泡货，最大载货量等于货舱总容积除以货物平均积载因数（此时满舱不满载）。按船舶装载能力计算运费的方法，即使实际装船的数量少于承载能力，即所谓出现亏舱时，托运人仍须悉数支付全部运费，不会退还因短装所造成的"亏舱费"。但是，有些情况下"亏舱费"亦可以按协商或规定托运人负担其中的一部分。

另外，还有一种不指明特定船舶的不定期船运输，则按合同所定的货吨乘以合同所定的运费率计算运费。

2. 不定期船租金计算方法

凡供需双方签订租船合同的期租船，不论租船的长短，租金等于每载重吨每日租金率乘以船舶夏季总载重量再乘以合同租期。由于租船是由承租人自己经营的，所以期租船的租金与船舶的实际载货量的多少无关。

在不定期船运费构成中，除了上述的基本运费或租金以外，在合同中还应明确地写明有关装卸费由谁承担的条款和有关佣金计算及支付办法的条款，有些合同中还写明有关回扣的条款。

3. 程租船运输费用

程租船费用主要包括程租船运费和装卸费。此外，还有速遣费、滞期费等。

1) 程租船运费

程租船运费是指货物从装运港至目的港的海上运费。程租船运费的计算方式与支付时间，需由租船人与船东在所签订的程租船合同中明确规定。其计算方式主要有两种：一种是按运费率（Rate of Freight），即规定每单位重量或单位体积的运费额，同时还要规定是按装船时的货物重量（Intaken Quantity）还是按卸船时的货物重量（Delivered Quantity）来计算总运费的方法；另一种是整船包价（Lump-sum Freight），即规定一笔整船运费，船东保证船舶能提供的载货重量和容积，不管租方实际装货多少，一律照整船包价付。

程租船运费率的高低取决于诸多因素：租船市场运费水平、承运的货物价值、装卸货物所需设备和劳动力、运费的支付时间、装卸费的负担方法、港口费用高低及船舶经纪人的佣金高低等。

程租船运费有预付或到付之分。预付有全部预付的，也有部分预付的，到付有船到目的港开始卸货前付的、边卸边付的，也有货物卸完后支付的。

2) 程租船的装卸费

程租船运输情况下，有关货物的装卸费用由租船人和船东协商确定后在程租船合同中作出具体规定。

3) 装卸时间、滞期费和速遣费

程租船运输情况下，装卸货时间的长短影响到船舶的使用周期和在港费用，直接关系到船方利益。因而，在程租船合同中，除需规定装卸货时间外，还需规定一种奖励处罚措施，以督促租船人快装快卸。

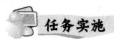

任务实施

活动1 计算班轮运费

班轮运费计算方法如下。

(1) 查阅货物分级表。门锁属于小五金类，其计收标准为 W/M，等级为 10 级。

(2) 计算货物的体积和重量。

100 箱的体积为：(20 厘米×30 厘米×40 厘米)×100 箱=2.4(立方米)。

100 箱的重量为：25 千克×100 箱=2.5(公吨)。

由于 2.4 立方米小于 2.5 公吨，因此计收标准为重量。

(3) 查阅"中国—东非航线等级费率表"，10 级费率为 443 港元，则基本运费为：443×2.5=1 107.5(港元)。

(4) 附加运费为：

$$1\ 107.5×(40\%+10\%)=553.75(港元)$$

(5) 上海运往肯尼亚蒙巴萨港 100 箱门锁，其应付运费为：

$$1\ 107.50+553.75=1\ 661.25(港元)$$

活动2 计算装卸时间、滞期费和速遣费

按照装卸时间平均计算，由于滞期时间连续计算，速遣时间按节省全部时间计算，可以得出装货港共滞期 3 天，而卸货港则速遣 1.5 天。用卸货港节省的时间抵冲装货港产生的滞期时间，总的滞期时间便为 1.5 天。滞期费费率每天 3 000 美元，因此，承租人仅需支付 1.5 天的滞期费为 1.5×3 000=USD 4 500。

实 训

一、实训目的

1. 学会水路货物运费计算方法。
2. 学会计算装卸时间、滞期费和速遣费。
3. 培养学生与人协作、沟通、团队合作的能力。

二、实训内容

某公司出口到澳大利亚悉尼港某商品 100 箱，每箱毛重 30 千克，体积 0.035 立方米，运费计算标准为 W/M 10 级。查 10 级货直运悉尼港基本运费为 200 元人民币，加货币附加费 35.8%，再加燃油附加费 28%，港口拥挤费 25%。求运费。

三、实训要求

1. 学生分组。
2. 分别计算运费。

3．代表展示。
4．教师点评。

四、实训评价

水路货运运费计算技能训练评价表见表 5-12。

表 5-12　水路货运运费计算技能训练评价表

	内容	分值	教师评价
考评标准	运费计算正确	30	
	思路清晰	30	
	成员分工合理，积极参与	40	
	合计	100	

备注：① 项目得分由组内自评、组间互评和教师评价 3 部分构成。

② 组间互评得分均不能相同，原则上优秀率为 20%(90 以上)；良好率为 60%(分 85、80 两档)；中等及以下为 20%(75 以下)。

③ 项目得分=组内自评×20%+互评×30%+教师评价×50%。

项目 6　航空货物运输

任务 6.1　模拟航空货物运输流程

学习目标

(1) 熟悉航空货运组织方式。
(2) 掌握航空货物运输的基本流程和操作步骤。
(3) 能够根据运输任务确定航空运输方式。
(4) 能够应用进出口货物运输流程完成航空货物运输业务。

任务描述

上海天地航空物流有限公司,是经上海民航总局及上海市政府批准成立的股份制公司,主要从事第三方物流服务。公司为航空运输一类代理企业,与上海东方航空公司、中国国际航空公司、上海航空公司等多家航空公司有长期的销售合作协议。

2011 年 11 月 5 日,公司接到上海机电公司(Shanghai Mechanical and Electrical Co., Ltd)李明先生的委托通知书,通知书称其在 2011 年 11 月 9 日有两单精密仪器需从上海空运至日本东京。重量分别为 28.4kg 和 35.6kg,通知人和收货人都是哈格机械设备(东京)有限公司(Haeger (Tokyo)Co., Ltd)黄征先生。作为航空运输物流员,如何完成这批货物的运输任务?

任务分析

作为航空物流有限公司的运输物流员,在受理这项业务的时候,需要告知客户李明应该准备哪些材料,如何提供货物的信息,需要办理哪些货物的托运手续,如何收取费用等。作为运输物流员,如何去为客户提供这些信息,需要掌握如何根据具体的货物信息确定运输方式,如何填制相关单据等知识。本任务需要通过以下两个活动来完成:

活动 1　确定航空运输组织方式
活动 2　模拟航空货物发运交接操作

项目 6　航空货物运输

6.1.1　航空货物运输方式

航空货物运输是指采用商用飞机运输货物的商业活动，是目前国际和国内货物运输中一种安全快捷的运输方式。

1. 航空货物运输的特点

航空货运虽然起步较晚，但发展异常迅速，目前已是受到现代化企业管理者的青睐，成为国际间货物运输的主要方式之一。原因之一就在于它具有许多其他运输方式所不能比拟的优越性，其主要表现见表 6-1。

表 6-1　航空货物运输的特点

优缺点	特征	特征描述	适宜对象
优点	运送速度快	常见的喷气式飞机的经济巡航速度大都在每小时 850～900 千米	(1) 高附加值产品。如精密仪器、电子元器件、电脑设备及其他进口设备等； (2) 时效性物品； (3) 紧急物资及能承受一定运价的货物
	安全、准确	与其他运输方式比航空运输的安全性较高；航空公司的运输管理制度比较完善，货物的破损率较低	
	节约包装、保险、利息等费用	货物在途时间短，周转速度快，对企业而言有利资金的回收，减少利息支出；航空货物运输安全、准确，货损、货差少，保险费用较低	
缺点	运输费用较高	航空货运的运输费用较其他运输方式更高，不适合低价值货物	
	对大批量货物运输有限制	飞机的舱容有限，对大件货物或大批量货物的运输有一定的限制	

2. 航空货物运输当事人

在航空货物运输业务中，涉及的有关当事人主要有发货人、承运人、代理人、地面运输公司和收货人等。承运人一般指航空公司，代理人一般指航空货运公司，其特点及业务内容见表 6-2。

表 6-2　航空货物运输当事人的业务内容

航空货物运输当事人	特点	业务内容
航空公司	航空公司自身拥有飞机从事航空运输活动	一般只负责空中运输，即从一个机场运至另一机场的运输
航空货运公司	又称空运代理，是随航空运输的发展及航空公司运输业务的集中化而发展起来的服务性行业	出口货物在始发站机场交给航空公司之间的揽货、接货、订舱、制单、报关和交运等；进口货物在目的站机场从航空公司接货接单、制单、报关，送货或转运等

特别提示

航空货运公司作为代理人的身份是根据具体情况确定的。它可以是承运人的身份，也可以是托运人的身份，同时还可以作为收货人、托运人的代理人和承运人的代理人。

当货运代理人以自己的名义从不同客户手中接受零散货物，并将这些零散货物集中起来以自己的名义与航空公司签订运输合同时，相对于其客户而言，他是承运人，相对于运输合同当事人而言，他是托运人，航空公司是承运人。

当货物到达目的地点，货运代理人可以以自己的名义接受货物，此时是收货人的身份。

3. 航空货物运输的主要方式

航空货物运输包括班机运输、包机运输两种方式。

1) 班机运输

班机运输是指在固定航线上定期航行的航班。班机运输一般有固定的始发站、到达站和经停站。班机运输按业务对象不同可分为客运航班和货运航班。

2) 包机运输

当班机运输无法满足需要或发货人有特殊需要时，可选择包机运输。包机人为一定的目的包用航空公司的飞机运载货物的形式称为包机运输。包机运输按租用舱位的大小分为整机包机和部分包机两类。

班机运输和包机运输的特点见表 6-3。

表 6-3 航空货物运输的主要方式

主要方式	分类	定义	特点
班机运输	客运航班	一般使用客货混合型飞机，一方面搭载旅客，同时运送少量货物	① 迅速准确； ② 方便货主：收、发货人可确切掌握货物起运和到达的时间； ③ 舱位有限：不能使大批量的货物及时出运
	货运航班	只承揽货物运输，使用全货机，由一些规模较大的航空运输公司在货源充足的航线上开辟	
包机运输	部分包机	由几家航空货运公司或发货人联合包租一架飞机或者由航空公司把一架飞机的舱位分别卖给几家航空货运公司装载货物	① 解决班机舱位不足的矛盾； ② 货物全部由包机运出，节省时间和多次发货的手续； ③ 弥补没有直达航班的不足，且不用中转； ④ 减少货损、货差的现象； ⑤ 在空运旺季缓解航班紧张状况； ⑥ 解决海鲜、活动物的运输问题
	整架包机	航空公司按照与租机人事先约定的条件及费用，将整架飞机租给包机人，从一个或几个航空港装运货物至目的地	

4. 航空货运的组织方法

在办理航空货物运输的过程中，航空公司和航空货运公司根据货物要求及收发货人的要求可以通过集中托运和航空快递两种方式来办理业务。

1) 集中托运

集中托运(Consolidation)是指航空货运代理人(也称集中托运人)将若干批单独发往同一方

向的货物,组成一票货物交付给承运人,填写一份主运单,发到同一目的站,并由集中托运人在目的站的指定代理人(也称分拨代理人)收货、报关,再根据集中托运人签发的航空分运单将货物分拨给各实际收货的航空货运组织方法。集中托运的组织流程如图 6.1 所示。

2) 航空快递

航空快递(Air Express)又称快件、快运或速递,是指具有独立法人资格的企业将进出境的货物或物品,从发件人所在地通过自身或代理的网络运达收件人的一种快速运输方式。这种运输方式特别适用于急需的药品和医疗器械、贵重物品、图样资料、货样、单证和书报杂志等小件物品。这是目前航空货物运输中最快捷的运输方式。

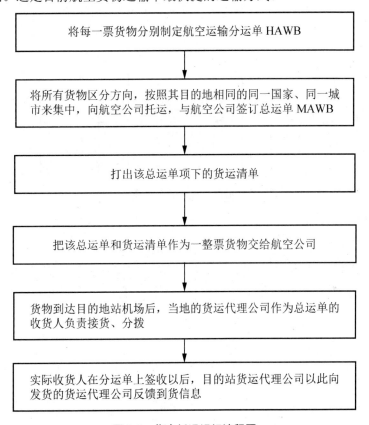

图 6.1 集中托运组织流程图

小贴士

集中托运是航空货运公司最主要的航空货物运输业务,是航空货物运输中开展最为普遍的一种运输方式。作为航空货运代理人,航空货运公司的代理类型可以分为一类代理公司和二类代理公司。其中一类代理公司经营国际及中国香港、澳门、台湾航线的代理业务;二类代理公司经营除中国香港、澳门、台湾航线外的国内航线的代理业务。

在业务实践中,非一类航空运输代理公司承揽业务后通常再将货物转托给一类的航空运输代理公司签发航空分运单出运,从中赚取一定的佣金。因此,非一类航空运输代理公司与发货人之间是委托合同法律关系,而不是运输合同关系。在业务操作中,因非一类航空运输代理公司无法从航空公司拿到航空主运单,所以通常将其承揽的空运业务委托给一类的航空运输代理公司,这种委托一般不经过发货人的同意而自行安排。

6.1.2 航空货物运输业务流程

空运业务流程根据货物起讫点可分为国内航空货物运输代理和国际航空货物运输代理。其中,国际航空货物运输流程可分为进口货物运输流程和出口货物运输流程;国内航空运输代理业务主要分为国内空运出港业务和国内空运进港业务。本模块主要介绍进出口货物运输流程。

1. 出口货物运输流程

航空货物出口程序是指航空货运公司从发货人手中接货到将货物交给航空公司承运这一过程所需通过的环节、所需办理的手续以及必备的单证,它的起点是从发货人手中接货,终点是将货交给航空公司。出口货物运输基本作业流程如图 6.2 所示。

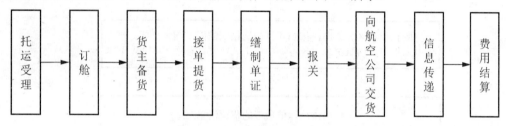

图 6.2 出口货物运输作业流程

各运输作业流程内涵见表 6-4。

表 6-4 出口货物运输业务流程图各部分的基本内涵

空运业务流程	承担业务内容			备注
	托运人 (发货人)	航空货运公司 (货运代理人)	航空公司 (承运人)	
托运受理	①在货物出口地寻找航空货运公司,为其代理订舱、报关、托运业务; ②填制航空货物托运书	①根据业务范围,服务项目等接受托运人委托; ②要求托运人填制航空货物托运书		托运人应对托运书上所填内容及所提供与运输有关运输文件的正确性和完备性负责
订舱		根据托运人的要求及货物本身的特点填写民航部门要求的订舱单	航空公司根据实际情况安排航班和舱位	一般来说,非紧急的一般货物可以不预先订舱
货主备货	按照要求备货	根据航空公司订舱情况,通知发货人备单、备货		发货人如要求代理人代理报关,发货人需提供相关报关单证
接单提货	准备货物; 准备相关单证(主要报关单证,如报关单、合同副本、商检证明等)	去发货人处提货,同时要求发货人提供相关单证		提货注意:①检查货物品质、运送目的地、体积、海关手续;②检查托运书上相关各栏的填写;③称重和量尺寸;④计算运费
缮制单证		①缮制报关单,报海关初审; ②缮制航空货运单		按照航空运单填制要求详细填制(填写要求参考任务 6.2)

续表

空运业务流程	承担业务内容			备注
	托运人（发货人）	航空货运公司（货运代理人）	航空公司（承运人）	
报关		持缮制完的航空运单、报关单、装箱单、发票等相关单证到海关报关放行		海关在报关单、运单正本、出口收汇核销单上盖放行章，并在出口产品退税的单据上盖验讫章
向航空公司交货		将盖有海关放行章的航空运单与货物一起交给航空公司	安排航空运输，验收单、货无误后，在交接单上签字	交接时附航空运单正本、发票、装箱单、产地证明、品质鉴定书等
信息传递		确认货物出运后，及时将信息反馈货主或代理收货		通知内容包括航班号、运单号、品名、收货人等资料
费用结算	支付运费	① 向发货人收取航空运费、地面运费及各种手续费、服务费；② 向承运人支付航空运费并向其收取佣金	支付佣金	航空货运公司可按协议与国外代理结算到付运费及利润分成

特别提示

在航空运输业务流程中的订舱环节，能够向航空公司直接订舱的，都是有资格直接向航空公司领取主单的一级代理。

一般客户需要订舱，必须通过代理，有可能是一级代理，也可能是从一级代理手中订舱的其他代理。

订货机还是客机并不取决于个人，是由订舱代理根据情况安排。一般来说，由于客货机上面有客人，航班时间会比较准，但是由于机舱先满足客人行李，所以舱位有时会有问题，货机舱位一般不会有问题，但是有晚点和取消的可能。

航空公司对于在自己公司配货较多的代理，对于舱位和价格都有一定的优惠和照顾，特别是在旺季舱位紧张的时候，会首先保证这些代理的货物。

2. 进口货物运输流程

航空货物进口程序是指航空货物从入境到提取或转运和整个过程中所需通过的环节、所需办理的手续以及必备的单证。航空货物入境后，要经过各个环节才能提出海关监管场所，而每经过一道环节都要办理一定的手续，同时，出具相关的单证。在入境地海关清关的进口货物，其运输流程如图6.3所示。

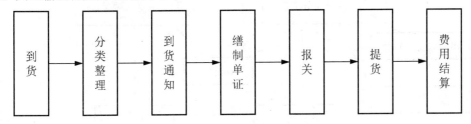

图6.3 进口货物运输作业流程

1) 到货

航空货物入境后，即处于海关监管之下，相应地，货物存在海关监管仓库内。同时，航空公司根据运单上的发货人发出到货通知。

若运单上的第一收货人是航空货运公司，则航空公司会把有关货物运输单据交给航空货运公司。

2) 分类整理

航空货运公司在取得航空运单后，根据自己的习惯进行分类整理，其中，集中托运货物和单票货物、运费预付和运费到付货物应区分开来。

集中托运货物需对总运单项下的货物进行分拨，按每一分运单的货物分别处理。分类整理后，航空货运公司可对每票货编上公司内部的编号，以便于用户查询和内部统计。

3) 到货通知

航空货运公司根据收货人资料寄发到货通知，告知其货物已到港，催促其速办报关、提货手续。

4) 缮制单证

根据运单、发票及证明货物合法进口有关批文缮制报关单，并在报关单的右下角加盖报关单位的报关专用章。

5) 报关

将制作好的报关单连同正本的货物装箱单、发票、运单等递交海关，向海关提出办理进口货物报关手续。海关经过初审、审单、征税等环节后，放行货物。只有经过海关放行后的货物，才能提出海关监管场所。

6) 提货

凭借盖有海关放行章的正本运单到海关监管场所提取货物，并送货给收货人，收货人也可自行提货。

7) 费用结算

货主或委托人在收货时应结清各种费用，如国际段到付运费、报关费、仓储费、劳务费等。

3. 航空进出口业务主要单证

在航空货物运输过程中，为了方便货物的交接，需要用到许多单证。主要单证如图6.4所示。

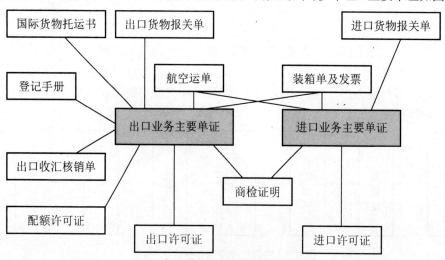

图6.4　航空进出口业务主要单证

1) 进/出口货物报关单

出口货物报关单一般由发货人自己填写。一般出口货物填写报关单一式两份，转口输出货物需要一式三份，需要由海关核销的货物增加一份，并使用专用报关单。出口货物报关单一般应注明出口收汇核销单的编号。

进口货物报关单与出口货物报关单格式大体相同。报关单是货物办理报关手续时的必备条件。

2) 国际货物托运书

国际货物托运书由发货人填写并由其签字盖章，该托运书需要用英文缮制出两份交给航空货运公司。

3) 航空运单

航空货物运单是由承运人或其代理人签发的重要货物运输单据。它是航空运输合同签订的初步证据，是承运人接收货物的初步证据，是运费账单和记账的凭证，是必备的报关单证之一，也是收货人核收货物的依据及承运人处理内部业务的依据，如果托运人要求承运人代办保险时，它还可以作为保险证书。

航空运单的有关知识参见本书6.2.1中的"航空运单"的有关内容。

4) 装箱单及发票

进、出口业务的装箱单、发票的性质相同。

装箱单上应注明货物的唛头、体积、质量、数量及品名等。

发票上应注明收货人和发货人的名称、地址，货物的品名、单价、总价、原产国家等。装箱单和发票都必须由发货人签字盖章。

5) 商检证明

出口货物的商检分为法定商检和合同商检。法定商检是国家为维护出口商品质量，而规定某些商品必须经过商检机构检验并出具检验证书。合同商检是指进口商为保证商品质量而要求出口方出具的商检证书。

凡进口属于法定商检的商品，均需向海关交验国家商检机构及有关检验部门出具的检验证书。

6) 进/出口许可证

凡出口国家限制出口的商品均应向出境地海关交验出口许可证。我国实行出口许可证管理的商品主要有：珍贵稀有野生动植物及其制品、文物、金银制品、精神药物、音像制品等。

凡进口国家限制进口的商品，均需申领进口许可证。我国属于进口许可证管理的商品很多，可参阅中国海关总署公布的《实行进口许可证商品目录》。

7) 出口收汇核销单

我国《出口收汇核销管理办法》于2003年10月1日起实施。出口收汇核销单由国家外汇管理局统一管理，各分支局核发，是出口单位凭以向海关办理出口报关、向银行办理出口收汇、向外汇管理机关办理出口收汇核销、向税务机关办理出口退税申报、有统一编号的重要凭证。

8) 配额许可证

我国自1979年以来，先后与美国、加拿大、挪威、瑞典、芬兰、奥地利以及欧盟签订了双边纺织品贸易协定，这些国家对从我国进出的纺织品的数量和品种进行限制。因此，凡向上述国家出口纺织品，必须向有关部门申领纺织品配额许可证。

9) 登记手册

凡以来料加工、进料加工和补偿贸易等方式出口的货物均需向海关交验"登记手册"。

10) 其他单证

对于其他特殊货物或特殊情况应依海关规定提交不同的文件、证明、单证,如无线电管委会证明、减免税证明、保证函、赠送函、接收函等。

月饼的邮寄,不是想寄就能寄

2011年中秋节(9月12日)之前,在多个大的物流、快递公司市民都发现不能寄送月饼。据了解,禁止邮寄月饼的18个国家分别是:德国、西班牙、印度尼西亚、法国、巴西、卡塔尔、匈牙利、比利时、俄罗斯、刚果、沙特阿拉伯、乌拉圭、捷克、菲律宾、爱沙尼亚、瑞士、缅甸、墨西哥。除了18个国家完全禁运外,部分国家对邮寄的月饼有一些五花八门的特殊要求,消费者在邮寄前需要询问清楚。

2011年9月9日网易新闻报道了"34个国家禁止进口中国月饼"的新闻。新闻中指出美国、加拿大、西班牙、澳大利亚、新西兰等国家规定进口月饼馅料中不能含有蛋黄,澳大利亚还规定月饼馅料也不得含有肉类;欧盟对含有干果类的月饼中"毒黄曲霉素B1"的要求远高于中国标准;日本对甜味剂、漂白剂、防腐剂等的要求也比我国高;法国、德国、泰国、瑞典、哥伦比亚、赤道几内亚、尼日利亚等国家干脆明确规定禁止收寄中国月饼。

禁止月饼进口的国家已经增至34个,另有30多个国家对进口月饼有着相当严格的规定。

因此,在邮寄月饼之前最好先了解目的国的相关规定,以避免不必要的麻烦。

另外,大部分国家还需要寄件人提供入口相关申报文件。"尽管少量国家仍允许收件人以'私人赠与礼物'的方式收取月饼,无须提供出入口证明书。但更多目的国海关根据本国卫生标准、禽流感及其他检疫情况,对进出口快件作出管制,要求收、寄件人提供卫生证明书及出入口证明书等申报文件。"

据人民网报道,邮政速递有关负责人提醒,寄件人必须将月饼申报为干货,包装保存完好的食品;如果超出规定数量,还需要提供原产地证;发票上大多需要月饼馅料成分说明;月饼外包装必须完好,不易腐坏,且月饼盒上要注明有效期不得超过一个月,还须注明生产商资料;寄件人还必须事先通知收件人,以便收件人有足够时间准备入口有关卫生证明文件。

另外,中国海关、检验检疫等部门将月饼列入限制出口的产品;如批量寄送月饼,须提供由检验检疫部门签发的原产地证明文件和食品卫生注册证书。

中国主要月饼邮寄国家对月饼的进口要求。

(1) 美国:确定寄件人已做好FDA食品注册且预报给TNT,并且把FDA预报通知确认号标注在快递运单及商业发票上。收件人要提供卫生证明书并须接受卫生检查且馅料不能有蛋黄成分,违者将会处以250~1 000美元的罚金。

(2) 泰国:收件人需提供声明书,说明月饼为私人进食用途。

(3) 澳大利亚:收寄件人必须是私人,要注明为节日礼物,且馅料不能有蛋黄成分。所有食品在放行前都必须作检疫检查。

(4) 新西兰:收寄件人为私人,要注明为节日礼物,且馅料不能有蜜糖或蛋黄成分。须接受新西兰农林业和卫生部门作检疫检查。

(5) 马来西亚:收寄件人为私人,要注明为节日礼物,馅料不能有猪肉或蛋黄成分,且须得到当局卫生部门的许可。

(6) 越南:重量在0.5千克以下,收寄件人为私人的,要注明为节日礼物,收件人需提供声明书,说明月饼为私人进食用途。

(7) 加拿大:馅料不可含有肉类或蛋黄成分。

(8) 日本：只可通过环球空运形式寄运。5千克以下不需检疫证明及原产地证，但在月饼盒上要注明成分及有效日期；5千克以上需收件人提供动植物检疫证明书，以及随货有寄件人原产地证明书。如馅内含肉类成分，需提供原产地卫生机构证明。

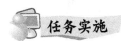

活动1　确定航空运输组织方式

上海天地航空物流有限公司是一类代理企业，作为公司的业务人员在接到上海机电的李明委托运输的时候，向客户及时介绍本公司的业务范围、服务项目以及服务优势，并明确表示公司可以承揽该项业务，如与客户达成本批货物(两单精密仪器)的运输意向后，向李明先生提供上海天地航空物流有限公司的"国际货物托运书"(参见活动2中表6-5所示)。作为业务员，同时也可以进一步了解客户的出口货物信息，与客户建立长期的货物出口代理协议。

根据货物信息，作为航空运输物流员，可以确定本批货物采用班机运输的方式，并告知客户需要提供的材料。具体操作流程可参考活动2。

活动2　模拟航空货物发运交接操作

在活动1中已经与客户达成运输意向，以下操作来模拟航空货物的出口发运交接操作流程。

将学生分组，4~6人一组，设定角色，1~3人为上海天地航空物流有限公司航空运输物流员，1人为客户(上海机电李明)，2人为航空公司业务人员。熟悉航空货物运输的业务流程，同时准备各种主要单证。具体完成步骤如下。

1. 托运受理

(1) 客户向上海天地航空物流有限公司提出货物出口申请。运输物流员介绍公司业务并与客户达成运输意向，同时向客户提供公司所代理的航空公司的"国际货物托运书"，如图6.5所示。

(2) 客户填写托运书，并加盖公章，作为货主委托代理承办航空货运出口货物的依据。上海天地航空物流有限公司(航空货运代理公司)根据托运书要求办理出口手续，并据以结算费用。托运书填写说明见表6-5。

表6-5　国际货物托运书填写说明

序号	名称	英文名称	具体内容
1	托运人名称和地址	Shipper's Name and Address	填列托运人的全称、街名、城市名称、国家名称及便于联系的电话、电传或传真号码
2	收货人名称和地址	Consignee's Name and Address	详细填写收货人全名，地址应详细填明国家、城市、门牌号码及电话号码。此栏不得出现"To Order"或"To Order of The Shipper"等字样
3	始发站机场	Airport of Departure	填始发站机场的全称，可填城市名称
4	目的地机场	Airport of Destination	填目的地机场(机场名称不明确时，可填城市名称)，如果一城市名称用于一个以上国家时，应加上国名

续表

序号	名称	英文名称	具体内容
5	要求的路线/申请订舱	Requested Routing/Requested Booking	本栏用于航空公司安排运输路线时使用，但如果托运人有特别要求时，也可填入本栏
6	供运输用的声明价值	Declared Value for Carriage	填写供运输用的声明价值金额，该价值即为承运人赔偿责任的限额。但如果所交运的货物毛重每千克不超过20美元(或等值货币)，无须填写声明价值金额，可在本栏内填入"NVD"(No Value Declared)(未声明价值)，如本栏空着未填写时，承运人或其代理人可视为货物未声明价值
7	供海关用的声明价值	Declared Value for Customs	国际货物通常要受到目的站海关的检查，海关根据此栏所填数额征税
8	保险金额	Insurance Amount Requested	中国民航各空运企业暂未开展国际航空运输代保险业务，本栏可空着不填
9	处理事项	Handling Information	填写附加的处理要求。例如，另请通知(Also Notify)，除填收货人之外，如托运人还希望在货物到达的同时通知他人，请另填写通知人的全名和地址；外包装上的标记；操作要求，如易碎、向上等
10	运单所附文件	Documentation to Accompany Air Way Bill	填写附在货运单上运往目的地的文件，应填上所附文件的名称
11	件数和包装方式	Number and Kind of Packages	填写该批货物的总件数，并注明其包装方法。例如，包裹(Package)、纸板盒(Carton)、盒(Case)、板条箱(Crate)、袋(Bag)、卷(Roll)等。如货物没有包装时，就注明为散装(Loose)
12	实际毛重	Actual Gross Weight	本栏内的重量应由承运人或其代理人称重后填入。如托运人已填上重量，承运人或其代理人必须进行复核
13	运价类别	Rate Class	所适用的运价、协议价、杂费、服务费
14	计费重量(千克)	Chargeable Weight(kgs)	本栏内的计费重量应由承运人或其代理人在量过货物的尺寸(以厘米为单位)后，由承运人或其代理人算出计费重量后填入，如托运人已经填上，承运人或其代理人必须进行复核
15	费率	Rate/Charge	本栏可空着不填
16	货物品名及数量(包括体积及尺寸)	Nature and Quantity of Goods(Incl. Dimensions or Volume)	填写货物的具体名称及数量(包括尺寸或体积)
17	托运人签字	Signature of Shipper	托运人必须在本栏内签字
18	日期	Date	填托运人或其代理人交货的日期

(3) 上海天地航空物流有限公司指定人员对托运书进行审核。审核主要内容包括价格、航班日期。

项目 6　航空货物运输

中　国　民　用　航　空　局
THE CIVIL AVIATION ADMINISTRATION OF CHINA
国　际　货　物　托　运　书
SHIPPER'S LETTER OF INSTRUCTION

托运人姓名及地址 SHIPPER'S NAME AND ADDRESS 1. SHANGHAI IMP. AND EXP. CO. LTD. 　127, SIPING ROAD 　SHANGHAI, CHINA	托运人账号 SHIPPER'S ACCOUNT NUMBER	供承运人用 FOR CARRIAGE USE ONLY	
		班期/日期 FLIGHT/DAY	航班/日期 FLIGHT/DAY
		6. CA921/16 SEP2005	
收货人姓名及地址 CONSIGNEE'S NAME AND ADDRESS 2. ABC CO.,LTD. 　3790 FORDYCE AVE. 　CARSON. NK 2638	收货人账号 CONSIGNEE'S ACCOUNT NUMBER	已预留吨位 BOOKED	
		运费　　　　CHARGES	
代理人的名称和城市 ISSUING CARRIERS AGENT NAME AND CITY 3. AMR CORP.		ALSO NOTIFY	
始发站　AIRPORT OF DEPARTURE 4. SHANGHAI PUDONG INTERNATIONAL AIRPORT			
到达站　AIRPORT OF DESTINATION 5. NEWARK AIRPORT (EWR)			
托运人声明价值 SHIPPERS DECLARED VALUE	保险金额 AMOUNT OF INSURANCE	所附文件 DOCUMENT TO ACCOMPANY AIRWAY BILL 7. COMMERICAL INVOICE	
运输费用 FOR CARRIAGE NVD	供海关用 FOR CUSTOMS NCV		
处理情况（包括包装方式、货物标志及号码） HANDLING INFORMATION (INCL.METHOD OF PACKING IDENTIFING AND NUMBERS) 11.　L/C NO. HAN300089			

件数 NO. OF PACKAGES	实际毛重 ACTUAL G.W.(kg)	运价种类 RATE CLASS	收费重量 CHARGEABLE WEIGHT	费率 RATE CHARGE	货物品名及数量（包括体积或尺寸） NATURE AND QUANTITY OF GOODS (INCL. DIMENSION OF VOLUME)
8. 40 CTNS	9. 960 kgs				10. 100% COTTON T-SHIRT 72cm×45cm×22cm/CTN×40

图 6.5　国际货物托运书示例

 小贴士

　　每家航空公司、每条航线、每个航班甚至每个目的港均有优惠运价，这种运价会因货源、淡旺季经常调整，而且各航空公司之间的优惠价也不尽相同。所以有时候更换航班，运价也随之更换。货运单上显示的运价虽然与托运书上的运价有联系，但有很大区别。货运单上显示的是 TACT 上公布的适用运价和费率，托运书上显示的是航空公司优惠价加上杂费和服务费或使用协议价格。托运书的价格审核就是判断其价格是否能被接受，预定航班是否可行。审核人员必须在托运书上签名和注明日期以示确认。

2. 订舱

1) 运输物流员审核单证

单证包括发票、装箱单、托运书、报关单、外汇核销单、许可证、商检证等。其中发票上一定要加盖公司公章(业务科室、部门章无效);托运书一定要注明目的港名称或目的港所在城市名,明确运费预付或运费到付、货物毛重、收发货人、电话号码。托运人签字处一定要有托运人签名。

2) 运输物流员预配舱

作为货运代理人汇总所接受的委托和客户的预报,制定预配舱方案,并对每票货配上运单号。

3) 预定舱

运输物流员根据所指定的预配舱方案,按航班、日期打印出总运单号、件数、重量、体积,向航空公司预定舱。

这一环节称为预定舱,是因为此时货物可能还没有入仓库,预报和实际的件数、重量、体积等都会有差别,这些留待配舱时再做调整。

3. 备货、提货

(1) 运输物流员根据机舱安排通知客户备货。

(2) 航空公司业务员接受托运人(客户,即上海机电李明)或其代理人(即上海天地航空物流有限公司)送交的已经审核确认的托运书及报关单证和收货凭证。制作操作交接单,给每份交接单配一份总运单或分运单。将制作好的交接单、配好的总运单或分运单、报关单证移交制单。

(3) 运输物流员把即将发运的货物从客户(即发货人)手中接过来并运送到自己的仓库。

4. 缮制单证

运输物流员根据发货人提供的国际货物托运书填制航空运单。运单的填写参考任务6.2。

5. 报关

托运人或航空货运公司物流员(即代理人)在货物发运前,向出境地海关办理货物出口手续。

6. 交接发运

(1) 运输物流员根据订舱计划向航空公司申领板、箱并办理相应手续,并将货物装箱装板。

(2) 运输物流员在航空运单盖好海关放行章后需到航空公司签单。

(3) 航空公司业务员审核运单,主要审核运价适用是否正确。只有签单确认后才允许将单、货交给航空公司。

(4) 运输物流员向航空公司交单交货,由航空公司安排航空运输。

7. 信息传递

运输物流员及时通知货主收货。在这个过程中,航空货运公司作为代理人(即上海天地航空物流有限公司)应该在多方面做好信息传递。将订舱信息、审单及报关信息、货物称重信息、单证信息等及时传递给客户。

8. 费用结算

费用结算涉及发货人、承运人和国外代理人三方面的结算。

1) 发货人结算费用

在运费预付情况下，航空货运公司向其收取以下费用：航空运费、地面运输费、各种服务费和手续费。

2) 承运人结算费用

航空货运公司向航空公司支付航空运费及代理费，同时收取代理佣金。

3) 国外代理结算主要涉及到付运费和利润分成

在各组模拟发运交接操作过程中，教师根据操作环节进行指导。

实　　训

一、实训目的

1. 掌握航空货物出口和进口运输代理的业务程序。
2. 培养学生根据具体业务组织航空运输的能力。
3. 培养学生与人协作、沟通、团队合作的能力。

二、实训内容

上海永利环球运输公司为航空运输一类代理企业，2011年11月20日接到上海一出口公司的运输任务，该出口公司准备从上海运往德国汉堡一批机器设备。作为永利环球运输公司的物流员如何操作这单货物？

三、实训要求

1. 学生分组，每组5～6人，小组成员进行角色定位及工作分工，教师准备各种表单(国际航空货物托运书、航空运单等)。
2. 模拟托运方，填制国际航空货物托运书。
3. 模拟航空公司，审核托运书，确定运输方式。
4. 模拟航空公司，查询相应的航班班次向航空公司进行订舱，同时把订舱信息反馈给托运人。
5. 按照航空出口货物流程模拟该批货物出口流程。
6. 各组互评。
7. 教师点评。

四、实训评价

航空货物运输流程模拟技能训练评价表见表6-6。

表 6-6　航空货物运输流程模拟技能训练评价表

	内容	分值	教师评价
考评标准	国际航空货物托运书内容填写完整、准确	30	
	作业环节内容描述清晰	20	
	货物交接操作程序正确	30	
	成员分工合理，积极参与	20	
	合计	100	

备注：① 项目得分由组内自评、组间互评和教师评价 3 部分构成。
② 组间互评得分均不能相同，原则上优秀率为 20%(90 以上)；良好率为 60%(分 85、80 两档)；中等及以下为 20%(75 以下)。
③ 项目得分=组内自评×20%+互评×30%+教师评价×50%。

任务 6.2　填制航空主运单

(1) 了解航空运单的知识与制作要点。
(2) 掌握航空运费的计算方法。
(3) 能根据运输任务填制航空运单，准确计算空运费用。

2010 年 11 月 5 日，上海天地航空物流有限公司接到上海机电公司(Shanghai Mechanical and Electrical Co., Ltd)李明先生的委托通知书，通知书称其在 2011 年 11 月 9 日有两单精密仪器需从上海空运至日本东京。重量分别为 28.4kg 和 35.6kg，通知人和收货人都是哈格机械设备(东京)有限公司(Haeger (Tokyo)Co., Ltd)黄征先生。

货物信息：
① 货物名称：Instrument；　② 件数：2 CTN(2 件，箱装)
③ 毛重：28.4kg 和 35.6kg；　④ 体积：82cm×48cm×32cm 和 101.3cm×43.6cm×25cm
⑤ 始发站：浦东国际机场；　⑥ 目的地机场：东京成田国际机场
⑦ 货运单号码：31915365；　⑧ 航班：MU501
⑨ IATA 公布运价见表 6-7。

表 6-7　IATA 公布运价

SHANGHAI		CN	SHA	
Y.RENMINGBI		CNY	KGS	
TOKYO	JP	M	200.00	
		N	38.67	
		45	29.04	

作为航空运输物流员，需要完成这批货物的运单填制工作。

项目6　航空货物运输

作为航空物流有限公司的运输物流员,要明确这项任务中的托运人、收货人和承运人,能够读懂货物的信息和运价表的信息。根据货物的信息(两单精密仪器)、货物的重量(28.4kg 和 35.6kg)和货物的体积(82cm×48cm×32cm 和 101.3cm×43.6cm×25cm)来完成航空运单的填写。

本任务需要通过以下两个活动来完成。

活动1　填制航空运单
活动2　核算航空运费

6.2.1　航空运单概述

航空运单是一种运输合同,是进行航空货物运输必不可少的单据,是航空运输的运输凭证和托运协议。航空运单是由承运人或其代理出具的,是航空货运中最重要的单据。

航空运单与海运提单的主要区别就是,它不可转让,它不是被托运货物的物权凭证。运单正本在很多情况下并不是提货的必要条件。

1. 航空运单的种类

航空运单分为航空主运单和分运单两种。

1) 航空主运单(Master Air Way Bill,MAWB)

凡是航空公司签发的航空运单,就称为主运单。它是航空公司据以办理货物运输和交付的依据,是航空公司和托运人订立的运输合同。每一批货物都有其对应的主运单。

2) 航空分运单(House Air Way Bill,HAWB)

集中托运人在办理集中托运业务时,航空货运代理公司为每批货物的收货人出具的该公司的运单,称为分运单。这就是说,在集中托运的情况下,既存在主运单,又有分运单。

分运单作为集中托运人与托运人之间的货物运输合同,而主运单作为航空运输公司与集中托运人之间的运输合同,即货主与航空运输公司没有直接的契约关系。

航空主运单一式12份,其中3份正本(具有运输合同初步证据的效力)、6份副本、3份额外副本(不具有运输合同初步证据的效力)。

航空分运单有正本3份,副本若干份。正本分别交发货人、航空货运公司及随货物同行交收货人。副本分别为报关、财务、结算及国外代理办理中转分拨等用。

2. 航空运单的作用

1) 承运合同

航空运单一经签发,就成为签署承运合同的书面证据。该合同必须由发货人(或代理)与承运人(或代理)签署后方能生效。当代理人既是发货人代理又是承运人代理时,就要在运单上签署两次。

2) 接收货物的证明

运单的第一份正本交给发货人,作为承运人接收货物的证明。

3) 运费账单

航空运单上分别记载着属于收货人应负担的费用和属于代理的费用，因此可以作为运费账单和发票。承运人自己留存第三份正本，作为运费收取凭据。

4) 收货人核收货物的收据

第三份正本交收货人，收货人据此核收货物。

5) 报关凭证

当航空货物运达目的地后，应向当地海关报关，在报关所需各种单证中，航空运单通常是海关放行查验时的基本单据。

6) 保险证书

当发货人要求承运人代办保险时，航空运单即可用来作保险证书。载有保险条款的航空运单又称为红色航空运单。

7) 承运人内部处理业务的依据

承运人根据运单办理发货、转运、交付、处理事故等。

3. 航空主运单及分运单的流转使用

航空主运单及分运单的具体流转程序如图 6.6 所示。

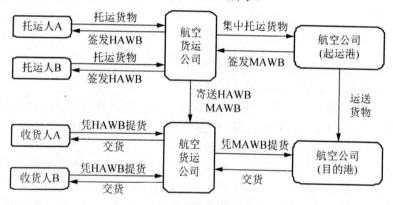

图 6.6　航空运单流转流程

航空货物托运对货物的要求

1. 一般要求

托运人托运的货物应是国家准许航空运输的货物；托运政府限制运输以及需要向公安、检疫等部门办理手续的货物，应附有有效证明；托运的货物不致危害飞机、人员、财产的安全，不致烦扰旅客。

2. 货物的包装

货物的包装应符合航空运输的要求，包装应符合所装货物的特性，严禁使用草袋包装和草绳捆扎；托运人应当在每件货物的外包装上标打货物的发站、到站，收、发货人的单位、姓名、地址等运输标记，并按规定粘贴或拴挂承运人的货物运输标签和航空运输指示标签。

3. 货物的重量和尺寸

非宽体飞机载运的货物，每件货物一般不超过 80 千克，体积一般不超过 40 厘米×60 厘米×100 厘米。宽体飞机载运的货物，每件货物重量一般不超过 250 千克，体积一般不超过 100 厘米×100 厘米×140 厘米。每件货物的长、宽、高之和不得小于 40 厘米，且最小一边长不得小于 5cm。超过以上重量和体积的货物，应与承运人预约

4. 其他要求

(1) 急件货物应经承运人同意，预先订妥航班。凡经人工制造、提炼、进行无菌处理的疫苗、菌苗、抗菌素、血清等生物制品，托运人应提供无菌、无毒证明。

(2) 托运活体动物、植物和植物产品，托运人应提供当地县级及县级以上动植物检疫部门出具的免疫注射证明和动植物检疫证书并按规定支付运费。

(3) 未经中国民用航空总局特殊批准，承运人不得承运对人体、动植物有害的菌种、带菌培养基等生物制品；属于国家保护的动物，还需提供有关部门出具的准运证明；属于市场管理范围的动物，需有市场管理部门出具的证明；托运需要护理和喂养或者批量大的活体动物则应派人押运，托运人和收货人应当在机场托运和提取活体动物，并负责动物运输前和到达后的保管。

(4) 托运人托运鲜活易腐物品应说明最长允许运输时限和储运注意事项，运输时限应不少于 24h。政府规定需要进行检疫的鲜活易腐物品，托运人应提供有关证明。需特殊照料的，托运人应提供必要的设施或派人押运。

(5) 危险物品的运输必须遵守《危险化学品安全管理条例》和民航总局有关危险物品航空运输的管理规定。

(6) 超过 1 000 美元或等值货币的贵重物品、毛重价值在人民币 2 000 元/kg 以上的物品，托运时托运人应提供保险公司的证明，并应预先订妥航班、日期。其包装应用坚固严密的包装箱包装，外加"井"字形金属包装带，接缝处必须有标志。

此外，航空公司对于一些禁运物品有详细的规定。

4. 航空运单的内容

航空运单与海运提单类似，也有正面、背面条款之分，不同的航空公司也会有自己独特的航空运单格式。所不同的是，海运公司的海运提单可能千差万别，但各航空公司所使用的航空运单则大多借鉴 IATA 所推荐的标准格式，见表 6-8。

表 6-8 航空运单样式

①		
②shipper's name and address	③Shipper's Account Number	NOT NEGOTIABLE Air waybill Issued by
④Consignee's name and address	⑤Consignee's Account Number	It is agreed that the goods described herein are accepted in apparent good order and condition (except as noted)for carriage SUBJECT TO THE CONDITIONS OF CONTRACT ON THE REVERSE HEREOF,ALL GOODS MAY BE CARRIED BY ANY OTHER MEANS.INCLUDING ROAD OR ANY OTHER CA.RRIER UNLESS SPECIFIC CONTRARY INSTRUCTIONS ARE GIVEN HEREON BY THE SHIPPER.THE SHIPPER'S ATTENTION IS DRAWN TO THE NOTICE CONCERNING CARIER'S LIMITATION OF LIABILITY Shipper may increase such limitation of liability by declaring a higher value of carriage and paying a supplemental charge if required.
⑥Issuing Carrier's Agent Name and City		
⑦Notify Party		
⑧Airport of Departure(Add. of First Carrier) And Requested Routing		⑨Accounting Information

续表

⑩to	⑩By first carrier	⑩to	⑩by	⑩to	⑩by	⑪Currency	⑫Declared Value for carriage	⑬Declared Value for Customs
⑭Airport of Destination		⑮Flight/Date		⑯Amount of Insurance		INSURANCE-If carrier offers insurance and such insurance is requested in accordance with the conditions thereof indicate amount to be insured in figures in box marked "amount of insurance"		
⑰Handling Information								
⑱No. of Pieces	⑲Gross Weight	⑳Kg/Lb	㉑Rate Class	㉒Commodity Item No.	㉓Chargeable Weight	㉔Rate/Charge	㉕Total	㉖Nature and Quantity of Goods
㉗	㉘						㉙	

㉛Prepaid Weight charge Collect	㉚Other Charges
㉜Valuation Charge	
㉝Tax	
㉞Total Other Charges Due Agent	Shipper certifies that the particulars on the face hereof are correct and that insofar as any part of the consignment contains dangerous goods, such part is properly described by name and is in proper condition for carriage by air according to the applicable Dangerous Goods Regulations.
㉟Total Other Charges Due Carrier	
	㊱Signature of Shipper or his Agent
Total Prepaid	Total Collect	㊲ Executed on (date)___at(place)___Signature of issuing Carrier or as Agent
Currency Conversion Rates	CC Charges in des. Currency	
For Carrier's Use Only at Destination	Charges at Destination	Total Collect Charges	

项目6 航空货物运输

小贴士

国际航空运输协会(International Air Transport Association, IATA)是各国航空运输企业之间的联合组织，其会员必须是国际民用航空组织成员国的空运企业。协会的主要任务是促进安全、定期和经济的航空运输，扶助发展航空运输业；提供各种方式，以促进直接或间接从事国际空运业务的空运企业之间的合作；促进与国际民用航空组织和其他国际组织的合作。国际航空运输协会是一个自愿参加、不排他的、非政府的民间国际组织。

航空运单填写见表 6-9。

表 6-9 航空运单填写说明

序号	名称	英文名称	具体内容
①	"货运单号码"栏	——	填写始发站机场或所在城市的 IATA 三字代码
②	托运人名称和地址	Shipper's Name and Address	详细填写托运人全名，地址应详细填明国家、城市、门牌号码及电话号码
③	托运人账号	Shipper's Account Number	有必要时填写
④	收货人名称和地址	Consignee's Name and Address	详细填写收货人全名，地址应详细填明国家、城市、门牌号码及电话号码。此栏不得出现"To Order"字样
⑤	收货人账号	Consignee's Account Number	有必要时填写
⑥	代理人名称和城市	Issuing Carrier's Agent Name and City	填写制单代理人的名称及所在城市
⑦	通知人	Notify Party	通知收货人
⑧	始发站、第一承运人地址及所要求的线路	Airport of Departure(Address of First Carrier)and Requested Routing	填写始发站城市的英文全称
⑨	财务计算注意事项	Accounting Information	财务结算有关注意事项
⑩	运输路线和目的站	To By First Carrier	填写目的站或第一中转站机场的 IATA 三字代码； 填写第一承运人的全称或 IATA 两字代码
⑪	货币	Currency	填写始发站所在国的三字代码
⑫	托运人向承运人声明的货物价值	Declared Value for Carriage	填写托运人在运输货物时声明货物的价值总数。如托运人不需办理声明价值，则填写"NVD"(No Value Declared)
⑬	托运人向目的站海关声明的货物价值	Declared Value for Customs	填写托运人向海关申报的货物价值。托运人未声明价值时，必须填写"NCV"(No Customs Valuation)
⑭	目的站	Airport of Destination	填写目的站城市的英文全称，必要时注明机场和国家名称

续表

序号	名称	英文名称	具体内容
⑮	航班/日期	Flight/Date	填写已订妥的航班日期
⑯	保险金额	Amount of Insurance	托运人委托航空公司代办保险时填写
⑰	处理情况	Handling Information	本栏填写以下内容：货物上的唛头标记、号码和包装等；通知人的名称、地址、电话号码；货物在途中需要注意的特殊事项；其他需要说明的特殊事项；运往美国商品的规定
⑱	件数	No. of Pieces	填写货物的件数，如使用的运价种类不同，分别填写，并将总件数写在㉗栏内
⑲	毛重	Gross Weight	与件数相对应，填写货物的毛重，如果分别填写时，将总毛重填写在㉘栏内
⑳	毛重的计量单位	Kg/Lb	填写货物毛重的计量单位
㉑	运价种类	Rate Class	用 M、N、Q、C、R 或 S 分别代表起码运费、45 千克以下普通货物运价、45 千克以上普通货物运价、指定商品运价、附减运价(低于 45 千克以下普通货物运价的等级运价)、附加运价(高于 45 千克以下普通货物运价的等级运价)
㉒	品名编号	Commodity Item Number	指定商品运价则填写其商品编号：按45千克以下普通货物运价的百分比收费的，则分别填写具体比例
㉓	计费重量	Chargeable Weight	填写航空运费的计费重量
㉔	费率	Rate/Charge	填写适用的货物运价
㉕	航空运费	Total	填写根据货物运价和货物计费重量计算出的航空运费金额。如果分别填写时，将航空运费总额填写在㉙栏内
㉖	货物品名及体积	Nature and Quantity of Goods	填写货物的具体名称及数量 货物体积按长、宽、高的顺序以 cm(厘米)为单位填写最大的长、宽、高
㉚	其他费用	Other Charges	其他费用的项目名称及金额
㉛	航空运费	Prepaid Weight Charge Collect	㉕和㉙栏中的航空运费总额，可以预付或到付，根据付款方式分别填写
㉜	声明价值附加费	Valuation Charge	按规定收取的声明价值附加费
㉝	税款	Tax	按规定收取的税款额
㉞	交代理人的其他费用	Total Other Charges Due Agent	交代理人的其他费用总额
㉟	交承运人的其他费用	Total Other Charges Due Carrier	交承运人的其他费用总额
㊱	托运人或其代理人签字	Signature of Shipper or his Agent	有此签字，航空货运单才能生效
㊲	运单签发日期和地点 承运人或其代理人签字	Executed on(Date)___at (place)___ Signature of Issuing Carrier or as Agent	日期应为飞行日期，如货运单在飞行日期前签发，则应以飞行日期为货物装运期 有此签字，航空货运单才能生效

项目6 航空货物运输

5. 航空运单的限制

一张航空运单只能用于一个托运人在同一时间、同一地点托运的由承运人承运的，运往同一目的站同一收货人的一件或多件货物。

航空运单可以是代表航空公司身份，由该航空公司印制的货运单，还可以是非任何一个航空公司印制的，代表中立的运单。

航空运单的右上端印有"不可转让"(Not Negotiable)字样，其意义是指航空运单仅作为货物航空运输的凭证，所有权属于出票航空公司，与可以转让的海运提单恰恰相反。因此，任何 IATA 成员都不允许印制可以转让的航空运单，运单上的"不可转让"字样不可删除或篡改。

6. 运单号码

运单号码是航空运单不可缺少的重要组成部分，每本航空运单都有一个号码，它直接确定航空运单的所有人——出票航空公司，它是托运人、发货人或其代理人向承运人询问货物运输情况的重要依据，也是承运人在各个环节组织运输，如订舱、配载、查询货物时必不可少的依据。

6.2.2 航空货运运费计算

1. 航空货物运价

航空货物运价是指出发地机场至目的地机场之间的航空运输价格，不包括机场与市区间的地面运输费及其他费用。

1) 运价率(RATES)

承运人为运输货物规定的单位重量(或体积)收取的费用称为运价率。

2) 运费(TRANSPORTATION CHARGES)

根据适用运价率所得的发货人或收货人应当支付的每批货物的运输费用称为运费。

航空货物运输费用包括运费和附加费。附加费包括声明价格附加费、地面运费、中转手续费、制单费、货到付款手续费、提货费和送货费等。

运价按照公布形式不同分为公布直达运价和非公布直达运价。公布的直达运价是指航空公司在运价本上直接注明承运人对由甲地运至乙地的货物收取的一定金额，包括普通货物运价、指定商品运价、等级货物运价和集装货物运价等。非公布直达运价是指未在运价手册上对外公布的运价，包括比例运价、分段相加运价等。

本项目主要介绍公布的直达运价。

2. 计费重量(质量)

所谓计费重量就是据以计算运费的货物重量。航空公司规定计费重量按实际重量和体积重量两者之中较高的一种统计。

1) 实际重量

实际重量是指一批货物包括包装在内的实际总重量，即毛重。凡重量大而体积相对小的货物(如机械、金属零件等)用实际重量作为计费重量。具体界限是每 6 000 立方厘米或每 366 立方英寸重量超过 1 千克，或每 166 立方英寸重量超过 1 磅的货物。

具体计算时，重量不足 0.5 千克的按 0.5 千克计算，0.5 千克以上不足 1 千克时按 1 千克计算，不足 1 磅的按 1 磅计算。

2) 体积质量

体积大、重量相对小的货物称为轻泡货物。轻泡货物以体积重量作计费重量，计算方法如下。

(1) 分别量出货物的最长、最宽和最高的部分，单位为厘米或英寸，测量数值四舍五入。

(2) 计算货物的体积。

(3) 将体积折合成千克或磅，即根据所使用的度量单位分别用体积值除以 6 000 立方厘米或 366 立方英寸，结果即为该货物的体积质量，即

$$体积重量=最长×最宽×最高÷6 000(或 366)$$

计费重量是按货物的实际毛重和体积重量两者中较高的一个计算。当一批货物由几件不同货物所组成，如集中托运的货物，其中有重货也有轻泡货，其计费重量采用整批货物的总毛重或总的体积重量两者之中较高的一个计算。

 应用案例

一批货物的实际毛重是 250kg，体积是 1 908 900cm³。请问该批货物的计费重量是多少？

分析：(1) 计算货物的体积重量。

$$\frac{1\,908\,900}{6000}=318.15(kg)$$

(2) 由于 318.15kg＞250kg，所以计费重量采用体积重量。另外，国际航协规定，国际货物的计费重量以 0.5kg 为最小单位，重量尾数不足 0.5kg 的，按 0.5kg 计算；0.5kg 以上不足 1kg 的，按 1kg 计算。所以，该批货物的计费重量应为 318.5kg。

3. 公布的直达运价

1) 普通货物运价率(General Cargo Rate，GCR)

普通货物运价率又称一般货物运价率，是为一般货物制定的。仅适用于计收一般普通货物的运价。一般普通货物运价率以 45 千克作为重量划分点，分类如下。

(1) 45 千克(或 100 磅)以下的普通货物运价，运价类别代号为"N"。

(2) 45 千克以上(含 45 千克)，运价类别代号为"Q"。

45 千克以上可分为 100 千克、300 千克、500 千克、1 000 千克、2 000 千克等多个计费质量分界点，但运价类别代号仍以"Q"表示。

普通货物运价率的数额随运输量的增加而降低。

 应用案例

北京到斯特拉斯堡运价分类如下。

N 级为 18 元/kg；Q 级中，45kg 的为 14.8 元/kg，300kg 的为 13.54 元/kg，500kg 的为 11.95 元/kg。有一件普通货物为 38kg，从北京运往斯特拉斯堡，计算其运费。

项目6 航空货物运输

分析:

N级运费: 38×18=684(元)

Q级运费: 45×14.8=666.45(元)

二者比较取其低者,故该件货物应按45kg以上运价计得的运费666.45元收取运费。

2) 指定货物运价率(或特种货物运价率,Specific Cargo Rate,SCR)

指定货物运价率是指承运人根据在某一航线上经常运输某一种类货物的托运人的请求或为促进某一地区间某一种类货物的运输,经国际航空运输协会同意所提供的优惠运价。指定货物运价类别代号为"C"。

国际航空运输协会公布指定商品运价时,将货物划分为10种类型。指定商品运价是给予在特定的始发站和到达站的航线上运输的特种货物的。公布指定商品运价时,同时公布起码质量。

通常情况下,指定商品运价低于相应的普通货物运价。就其性质而言,该运价是一种优惠性质的运价。因此,指定商品运价在使用时,对于货物的起讫地点、运价使用期限、货物运价的最低重量起点等均有特定的条件。

特种货物一般有最低计费重量的限制;当运量较小时,若采用普通货物运价率计算的运费小于按特种货物运价率计算的运费,采用普通货物运价率,运价类别代号栏应填写"N"。

 应用案例

Routing: BEIJING,CHINA(BJS)
　　　　　to OSAKA,JAPAN(OSA)
Commodity: FRESH APPLES
Gross Weight: EACH 65.2kg,TOTAL 5 PIECES
Dimensions: 102cm×44cm×25cm×5

计算航空运费。

公布运价见表6-10。

表6-10 航空公布运价表

BEIJING Y.RENMINGBI		CN CNY	BJS kg
OSAKA	JP	M	230
		N	37.51
		45	28.13
	0008	300	18.80
	0300	500	20.61
	1093	100	18.43
	2195	500	18.80

分析:

(1) 先查询运价表,如有指定商品代号,则考虑使用指定商品运价。

(2) 查找TACT TATES BOOKS的品名表,找出与运输货物品名相对应的指定商品代号。

(3) 如果货物的计费重量超过指定商品运价的最低重量,则优先使用指定商品运价。

(4) 如果货物的计费重量没有达到指定商品运价的最低重量,则需比较计算。

查找TACT TATES BOOKS的品名表,品名编号"0008"所对应的货物名称为"FRUIT,VEGETABLES

(FRESH)",现在承运的货物是 FRESH APPLES,符合指定商品代码 "0008",由于货主交运的货物重量符合 "0008" 指定商品运价使用时的最低重量要求。

运费计算如下:

体积:102cm×44cm×25cm×5=561 000cm³

体积重量:561 000cm³÷6 000cm³/kg=93.5kg

毛重:65.2kg×5=326.0kg

计费重量:326.0kg

适用运价:SCR 0008/Q300   18.80CNY/kg

运费:326.0kg×18.80 CNY/kg=6 128.80CNY

 小贴士

在 TACT RATES BOOKS 中,根据货物的性质、属性以及特点等对货物进行分类,共分为 10 大组,每一组又分为 10 个小组。同时,对其分组形式用 4 位阿拉伯数字进行编号,该编号即为指定商品货物的品名编号。

指定商品货物的分组及品名编号如下。

0001—0999 Edible animal and vegetable products
可食用的动植物产品
1000—1999 Live animals and inedibal animal and vegetable products
活动物及非食用的动植物产品
2000—2999 Textiles, fibres and manufactures
纺织品、纤维及其制品
3000—3999 Metals and manufactures, excluding machinery, vehicles and electrical equipment
金属及其制品,不包括机器、汽车和电器设备
4000—4999 Machinery, vehicles and electrical equipment
机器、汽车和电器设备
5000—5999 Non-metallic minerals and manufactures
非金属材料及其制品
6000—6999 Chemicals and related products
化工材料及其相关产品
7000—7999 Paper, reed, rubber and wood manufactures
纸张、芦苇、橡胶和木材制品
8000—8999 Scientific, professional and precision instrument, apparatus and supplies
科学仪器、专业仪器、精密仪器、器械及配件
9000—9999 Miscellaneous
其他
9700—9799 系列指定商品运价的品名编号。

为了减少常规的指定商品品名的分组编号,IATA 还推出了试验性的指定商品运价,该运价用 9700—9799 内的数字编出,主要特点是一个代号包括了传统指定商品运价中分别属于不同指定商品代号的众多商品品名,如 9735 这个指定商品代号就包括了属于 20 多个传统指定商品运价代号的指定商品。

从整个国际航协来看,指定商品代码非常多,但主要了解从中国始发的常用指定商品代码,从北京始发的货物的指定商品代码,记住常用的指定商品代码。

0007   FRUIT, VEGETABLES
               水果、蔬菜

0008	FRUIT,VEGETABLES(FRESH)
	新鲜的水果，蔬菜
0300	FISH(EDIBLE)，SEAFOOD
	鱼(可食用的)，海鲜、海产品
1093	WORMS
	沙蚕

3) 等级货物运价率(Class Cargo Rate，CCR)

等级货物运价适用于指定地区内部地区之间的少数货物运输，通常是在普通货物运价的基础上增加或减少一定的百分比。当某种货物没有指定商品运价可以适用时，才可选择合适的等级运价，其起码质量规定为 5 千克。

(1)等级运价加价(运价类别代号为"S")。此类商品包括：①动物、活动物的集装箱和笼子；②急件、生物制品、珍贵植物和植物制品、鲜活易腐物品、贵重物品、枪械、弹药、押运货物等；③骨灰、灵柩。

上述物品的运价是按 45 千克以下的普通货物的运价的 150%～200%计收。

(2) 等级运价减价(运价类别代号为"R")。此类商品包括：①报纸、杂志、书籍及出版物；②作为货物托运的行李。

上述物品的运价是按 45 千克以下的普通货物运价的 50%计收。

4) 起码运费

起码运费代号为"M"，它是航空公司办理一批货物所能接受的最低运费，是航空公司在考虑办理即使很小的一批货物也会产生固定费用后判定的。如果承运人收取的运费低于起码运费就不能弥补运送成本。

航空公司规定无论所运送的货物适用哪一种航空运价，所计算出来的运费总额都不得低于起码运费，否则以起码运费计收。不同的国家和地区有不同的起码运费。

应用案例

A 点至 B 点，某种普通货物为 4kg，M 级运费为人民币 37.5 元，而 45kg 以下货物运价即等级运价为人民币 7.5 元/kg。计算应收运费。

分析：

N 级运费：4×7.5=30(元)

M 级运费：37.5 元

N 级运费＜M 级运费，故此批货物应收运费为 37.50 元。

4. 非公布的直达航空运价

如果甲地至乙地没有可适应的公布的直达运价，则要选择比例运价或利用分段相加运价。

1) 比例运价

在运价手册上除公布的直达运价外；还公布一种不能单独使用的附加数。当货物的始发地或目的地无公布的直达运价时，可采用比例运价与已知的公布的直达运价相加，构成非公布的直达运价。

2) 分段相加运价

分段相加运价是指在两地间既没有直达运价也无法利用比例运价时，可以在始发地与目的地之间选择合适的计算点,分别找到始发地至该点、该点至目的地的运价,两段运价相加组成全程的最低运价。

5. 航空货物的声明价值附加费

根据《华沙公约》的规定,由于承运人的失职而造成货物损坏、丢失或延误等应承担责任,其最高赔偿限额每千克(毛重)为20美元或9.07英镑或等值的当地货币。如果货物的价值毛重每千克超过20美元时,就增加了承运人的责任。这种情况下,托运人在交运货物时,可向承运人或其代理人声明货物的价值,称为货物的声明价值。

该声明价值为承运人承担正式赔偿责任的限额,承运人或其代理人根据货物的声明价值向托运人收取一定的费用,该费用称为声明价值附加费。声明价值附加费一般按声明价值额的0.4%~0.5%收取。

声明价值附加费=(整批货物的声明价值-20美元×货物毛重)×0.5%

应用案例

上海运往科威特一箱重25kg的玉雕,声明价值为12 000元,上海至科威特运价N为47.30元/kg,1美元=6.3元。计算航空运输收费。声明价值费的费率通常为0.5%。

分析:

声明价值附加费=(12 000-25×20×6.3)×0.5%=44.25(元)

N级运费 25×47.30=1 182.50(元)

总运费=44.25+1 182.50=1 226.75(元)

故该箱货物应收运费为1 226.75(元)。

6. 其他附加费

其他附加费包括地面运费、中转手续费、制单费、货到付款附加费、提货费、送货费等,一般只有在航空公司或航空货运公司提供相应服务时才收取。

活动1 填制航空运单

作为航空物流有限公司的运输物流员,接收到货物托运的消息后,明确这项任务中的托运人是上海机电公司的李明先生,收货人是哈格机械设备(东京)有限公司黄征先生,而作为上海天地航空物流有限公司是双重身份,对于上海机电公司来说是作为承运人,而对于完成运输的航空公司(此处选用上海东方航空公司)来说又是托运人。在任务6.1中此单货物已经选用班机运输方式。在此,要明确货物托运信息并在此基础上完成航空运单的填制。

在填制过程中仍按照表6-8所示。运单填制部分按照以下步骤进行。

步骤一:将学生分组,4~6人一组,共同讨论任务中的货物信息,并熟悉运单的基本内容。

步骤二:教师引导学生讨论填写运单所需的资料,并给各组学生提供相关资料。此处提供IATA中部分航空公司代码和城市代码等,见表6-11~表6-14。

表 6-11 常见的机场三字代码

英文全称	中文全称	三字代码	所在国家
Capital Internation Airport	首都国际机场	PEK	中国
Hongqiao Internation Airport	上海虹桥机场	SHA	中国
Pudong Internation Airport	上海浦东国际机场	PVG	中国
Charles de DE Gaulle	巴黎戴高乐机场	CDG	法国
New York John F. Kennedy	纽约肯尼迪国际机场	JFK	美国
Pearson Internation Airport	多伦多国际机场	YTO	加拿大
Tokyo Narita Internation Airport	东京成田国际机场	NRT	日本

表 6-12 常见的航空公司代码

航空公司英文名称	航空公司中文全称	二字英文代码	三位数字代码	所在国家
Air China	中国国际航空公司	CA	999	中国
China Eastern Airlines	中国东方航空公司	MU	781	中国
China Southern Airlines	中国南方航空公司	CZ	784	中国
Northwest Airlines Inc.	美国西北航空公司	NW	012	美国
Air Canada	加拿大航空公司	AC	014	加拿大
German Lufthansa AG	汉莎航空公司	LH	020	德国
Air France	法国航空公司	AF	057	法国
Japan Airlines	日本航空公司	JL	131	日本

表 6-13 常见的城市三字代码

中文全称	三字代码
北京	BJS
上海	SHA
香港	HKG
广州	CAN
深圳	SZX
哈尔滨	HRB
东京	NRT
大阪	OSA
纽约	JFK
伦敦	LON

表 6-14 各国(地区)货币代码

英文全称	符号	名称	国家(地区)
HongKong Dollars	HKD	港币	中国香港
Macao Pataca	MOP	澳门元	中国澳门
Renminbi Yuan	CNY	人民币	中国
Japanese Yen	JPY	日圆	日本
Singapore Dollar	SGD	新加坡元	新加坡
Euro	EUR	欧元	欧洲货币联盟

续表

英文全称	符号	名称	国家(地区)
Canadian Dollar	CAD	加元	加拿大
U.S.Dollar	USD	美元	美国

步骤三：各组按照任务中资料填写航空运单基本信息部分，各组之间交流。教师对填写部分进行点评，并指出运单基本信息填写的注意点。

步骤四：航空运单中运费栏部分的填写参考活动2。

活动2　核算航空运费

在填制航空运单的基础上，完成航空运费的核算，并填制运单的航空运费栏。

步骤一：熟悉航空运费栏，如图6.7所示。

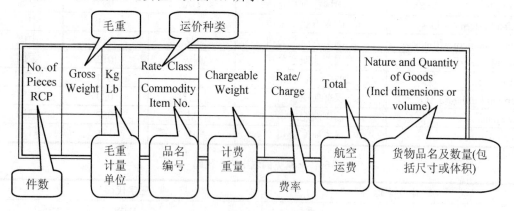

图6.7　航空运费栏基本信息

步骤二：根据任务中表6-7读懂IATA公布运价表。运价表中基本信息如图6.8所示。

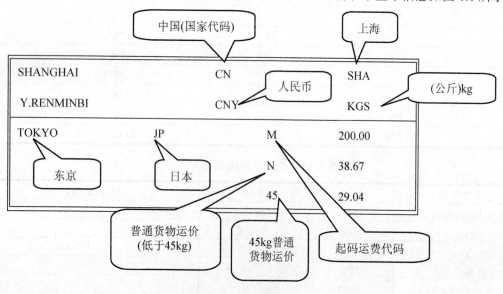

图6.8　运价表基本信息

步骤三：计算航空货物运费。

其中一件货物 28.4kg，体积 82cm×48cm×32cm。

(1) 重量以 kg 为单位，以 0.5 为计算单位，不满 0.5 进入 0.5，超过 0.5 进入 1.0。所以该件货物毛重 28.4kg→28.5kg。

(2) 体积重量。

体积量至厘米后一位小数点，三边长度四舍五入进位至整数，该件货物体积为(82×48×32)cm³=125 952cm³

体积重量为 125 952cm³/6 000=20.992kgs→21.0kgs。

特别提示

体积重量在进位前必须保留 3 位小数，作为体积重量进位与毛重相同，所以此处体积重量进位为 21.0kgs。

(3) 通过比较毛重和体积重量，该件货物计费重量为 28.5kg。
(4) 该件货物运费为

    N 级   28.5×38.67=1 102.095(元)
    Q45 级   45×29.04=1 306.8(元)

两者比较，运费取较小者，按照 N 级收取，为 1 102.10 元。

步骤四：填写运费信息栏，如图 6.9 所示。

No. of Pieces RCP	Gross Weight	Kg/Lb	Rate Class		Chargeable Weight	Rate/Charge	Total	Nature and Quantity of Goods (Incl dimensions or volume)
			N	Commodity Item No.				
1	28.4	K			28.5	38.67	1 102.10	INSTRUMENT DIMS：82CM×48CM ×32CM

图 6.9　28.4kg 货物运费信息填写

步骤五：教师指导学生计算另一件货物运费，并填写航空运单。
步骤六：填写运单其他部分内容，各组交流，教师进行点评。

实　　训

一、实训目的

1. 掌握航空运费的计算方法；能熟练计算各种货物运价的运费。
2. 培养学生根据航空运输业务正确填写航空运单的能力。
3. 培养学生与人协作、沟通、团队合作的能力。

二、实训内容

一批货物始发站是上海浦东国际机场，目的站为日本东京成田国际机场，承运人为中国国际航空公司，托运人未声明货物价值，承运人未代办保险事宜，航空运费预付，其他费用到付，货物为 REAL PEARLS，10 件，实际毛重为 32.0KGS，尺寸为 60cm×50cm×50cm。公布运价见表 6-15。

表 6-15 IATA 公布运价

SHANGHAI		CN		SHA
Y.RENMINBI		CNY		KGS
TOKYO	JP	M		320.00
		N		42.60
		45		35.27
		100		41.22
		500		31.71

根据以上信息填写航空货运单中相应栏目。

三、实训要求

1．学生分组，每组 5～6 人，小组成员进行角色定位及工作分工。
2．解读托运货物信息，填制航空运单。
3．各组交流运单填写内容。
4．核算航空运费。
5．小组派代表发言。
6．教师点评。

四、实训评价

航空货物运单填制技能训练评价表见表 6-16。

表 6-16 航空货物运单填制技能训练评价表

	内容	分值	教师评价
考评标准	运单内容填写完整、准确	40	
	计费重量计算正确	20	
	运费计算准确	20	
	成员分工合理，积极参与	20	
	合计	100	

备注：① 项目得分由组内自评、组间互评和教师评价 3 部分构成。
② 组间互评得分均不能相同，原则上优秀率为 20%(90 以上)；良好率为 60%(分 85、80 两档)；中等及以下为 20%(75 以下)。
③ 项目得分=组内自评×20%+互评×30%+教师评价×50%。

项目 7　多式联运货物运输

任务 7.1　多式联运方案设计

 学习目标

1. 了解多式联运的含义。
2. 掌握多式联运的特点和多式联运经营人的含义。
3. 能够选择正确的多式联运运输路线。
4. 能够设计多式联运方案。

 任务描述

大众汽车有限公司现有一批轿车出口伊朗，轿车的发货地为上海，交货地为伊朗的德黑兰市。现委托腾达国际货运代理有限公司完成此次货物运输。小王是腾达国际货运代理有限公司物流管理专业刚毕业的职员，在这次轿车出口业务中运输主管安排小王负责这次运输任务的线路查询。在完成运输任务过程中，学习如何进行运输方式选择，确定运输路线和设计运输方案。小王如何完成这次运输任务？

任务分析

大众汽车有限公司的轿车从上海到伊朗，很显然和以前的单一运输方式业务不同。这批轿车如果采用传统的单一运输方式，由大众公司分别与铁路、航运或汽车运输公司签订合同进行运输，将会耗费大量的人力和物力。如果委托腾达国际货运代理公司进行多式联运运输，享受"门到门"的服务，就会使这项工作变得简单、快捷。小王作为货代公司员工，在完成这次任务的过程中，作为承运方要办理哪些手续才能将货物送到收货人手中？本任务需要通过以下两个活动来完成。

活动 1　选择多式联运运输路线
活动 2　设计多式联运方案

 知识准备

7.1.1 多式联运概述

1. 多式联运的含义

我国立法没有明确多式联运的概念,通过对相关概念的界定可以获得多式联运的定义。我国《海商法》规定,"本法所称多式联运合同,是指多式联运经营人以两种以上的不同运输方式,其中一种是海上运输方式,负责将货物从接收地运至目的地交付收货人,并收取全程运费的合同"。我国《合同法》规定,"本法所称的多式联运合同,是指多式联运经营人以两种以上的不同运输方式,负责将货物从接收地运至目的地交付收货人,并收取全程运费的合同"。可见,多式联运是指以两种以上的不同运输方式进行的运输。《合同法》并不要求有一种必须是海运方式,而《海商法》所调整的多式联运其中必须有一种是海运方式。

多式联运在国际上也没有通用的定义,根据欧洲交通部长会议上的定义,多式联运具有广义和狭义之分。狭义的多式联运定义:使用连续的运输方式进行且在运输方式转换时不对货物本身进行单独处理的货物移动(使用同一的装载单位或工具)。广义的多式联运描述如下:使用至少两种不同的运输方式进行的货物移动。联合国在《国际货物多式联运公约》(以下简称《多式联运公约》)中把多式联运定义为:国际多式联运是指按照多式联运合同,以至少两种不同的运输方式,由多式联运经营人将货物从一国境内接管货物的地点运到另一国境内指定交付货物的地点。

本文所指的多式联运采用国际多式联运的概念,该定义强调了多式联运的整体性。

2. 多式联运的基本条件

1) 只有一份多式联运合同

所谓多式联运合同,是指多式联运经营人使用两种或两种以上不同运输工具,负责组织完成货物全程运输的合同。在多式联运中,多式联运经营人必须与托运人订立多式联运合同。

 特别提示

一份全程多式联运合同这一特点是和联运形式不同的一点(联运,即联合运输)。在分段联运中,托运人必须与不同运输区段的承运人分别订立不同的运输合同;而在多式联运中,无论采取几种运输方式,无论涉及几段运输,都只需订立一份多式联运合同。托运人只和多式联运经营人有业务和法律上的关系,而各区段的实际承运人只对多式联运经营人负责。

2) 使用一份多式联运单据

多式联运经营人在接收货物后必须签发多式联运单据,从发货地直到收货地,一单到底,托运人凭联运单据向银行结汇,收货人凭联运单据向多式联运经营人或其代理人提领货物。因此,不管在全程运输中涉及多种运输方式,由多式联运经营人签发的多式联运单据应满足不同运输方式的需要。

3) 至少两种不同的运输方式连贯运输

多式联运是至少两种不同运输方式的连贯运输,如海—铁、海—公联运等。因此判断一个联运是否为多式联运,不同运输方式的组成是一个重要因素。

特别提示

在一定程度上确定货物是否属于多式联运，其中运输方式的组成是一个非常重要的因素。如航空运输长期以来依靠汽车接送货物运输，从形式上来看，这种运输已构成两种运输方式，但这种汽车接送业务习惯上被视为航空运输业务的一个组成部分，只是航空运输的延伸，因而不属于多式联运。

4) 由一个多式联运经营人对全程负责

根据多式联运的定义，多式联运经营人必须对从接货地至交货地的全程运输负责，货物在全程运输中的任何实际运输区段的灭失损害以及延误交付，均由多式联运经营人以本人身份直接负责赔偿，然后多式联运经营人再和各区段实际承运人进行交涉，查询责任区段。

5) 按全程单一运费率，以包干形式一次收取

各种不同的运输方式的成本各不相同，但在多式联运中，尽管组成多式联运的各运输区段运费率不同，但托运人与多式联运经营人订立的多式联运全程中的运费率是单一的，即以一种运费率结算从接货地至交货地的全程运输费用，从而大大简化和方便了货物运费计算。

3. 多式联运的特点

多式联运是货物运输的一种较高组织形式，它集中了各种运输方式的优点，扬长避短，组成连贯运输，达到简化货运环节、加速货运周转、减少货损货差、降低运输成本、实现合理运输的目的。它比传统单一运输方式具有无可比拟的优越性，主要表现在以下方面。

1) 责任统一，手续简便

在多式联运方式下，不论全程运输距离多么遥远，也不论需要使用多少种不同的运输工具，更不论途中要经过多少次转换，一切运输事宜统一由多式联运经营人负责办理，而货主只要办理一次托运、订立一份运输合同、一次保险。一旦在运输过程中发生货物的损害时，由多式联运经营人对全程负责。货方只需要与多式联运经营人打交道就可以了。与单一运输方式的分段托运相比，不仅手续简便，而且责任更加明确。

2) 减少货物运输时间，提高货运质量

多式联运通常以集装箱为运输单元，实现"门到门"运输。货物从发货人仓库装箱验关铅封后直接运至收货人仓库交货，中途无需拆箱倒载，减少很多中间环节。即使经多次换装，也都是使用机械装卸，丝毫不触及箱内货物，货损货差和偷窃丢失事故就大为减少，从而较好地保证货物安全和货运质量。此外，由于是连贯运输，各个运输环节和各种运输工具之间配合密切，衔接紧凑。货物所到之处中转迅速及时，减少在途中停留时间，能较好地保证货物安全、迅速、准确、及时地运抵目的地。

3) 降低运输成本，节省运输费用

多式联运是实现"门到门"运输的有效方法。对货方来说，货物装箱或装上第一程运输工具后就可取得联运单据进行结汇，结汇时间提早，有利于加速货物资金周转，减少利息支出。采用集装箱运输，还可以节省货物包装费用和保险费用。此外，多式联运全程使用的是一份联运单据和单一运费，这就大大简化了制单和结算手续，节省大量人力物力，尤其是便于货方事先核算运输成本，选择合理运输路线，为开展贸易提供了有利条件。

4) 提高运输组织水平，实现运输合理化

在开展多式联运以前，各种方式的运输经营人都是自成体系，各自为政，只能经营自己运输工具能够涉及的运输业务，因而其经营业务的范围和货运量受到很大限制。一旦发展成

为多式联运经营人或作为多式联运的参与者，其经营的业务范围可大大扩展，各种运输方式的优势得到充分发挥，其他与运输有关的行业及机构如仓储、代理、保险等都可通过参加多式联运扩大业务。

4. 多式联运经营人

《多式联运公约》中描述多式联运经营人是指其本人或通过其代表订立多式联运合同的任何人，他是事主，而不是发货人的代理人或代表，或参加多式联运的承运人的代理人或代表，并且负有履行合同的责任。

1) 多式联运经营人的特征

(1) 国际多式联运经营人既不是发货人的代理，也不是承运人的代理，它是一个独立的法律实体，具有双重身份，对货主来说它是承运人，对实际承运人来说，它又是托运人，它一方面与货主签订多式联运合同，另一方面又与实际各分包承运人签订运输合同。

(2) 它是总承运人，对全程运输负责，对货物灭失、损坏延迟交付等均承担责任，但可向各个分包承运人追偿。

2) 多式联运经营人的类型

通常根据多式联运经营人是否参加海上运输，把多式联运经营人分为以下种类。

(1) 以船舶运输经营为主的多式联运经营人：主要利用船舶提供港至港服务，不拥有也不从事公路、铁路和航空运输，而是通过与各相关承运人订立分合同来安排运输，同时还订立内陆装卸仓储和其他服务分合同。

(2) 无船多式联运经营人：无船多式联运经营人可以是除海上承运人以外的运输经营人，也可以是没有任何运输工具的货运代理人、报关经纪人或装卸公司。

无论是有船多式联运经营人还是无船多式联运经营人，其法律地位并无差异。

3) 多式联运经营人的责任和义务

要确定多式联运经营人的责任，首先要确定多式联运中责任制的类型。所谓责任制(Liability Regime)类型，是指在多式联运当中如何划分或确定各个运输区段承运人责任和多式联运经营人责任及承运人和经营人之间责任关系的制度。目前，有4种责任类型。

(1) 统一责任制(Uniform Liability System)。统一责任制(又称同一责任制)就是多式联运经营人对货主负有不分区段的统一原则责任，即货物的灭失和损坏，包括隐蔽损失(即损失发生的区段不明)，不论发生在哪个区段，多式联运经营人都要按一个统一原则负责并一律按一个约定的限额进行赔偿。这一做法对多式联运经营人来说，责任较大，赔偿额较高，所以实务中应用较少。

(2) 网状责任制(Network Liability System)。网状责任制(又称混合责任制)，即多式联运经营人的责任范围以各运输区段原有的责任为限。如海上区段按《海牙规则》处理，铁路区段按《国际铁路运输公约》处理，公路区段按《国际公路货物运输公约》处理，航空区段按《华沙公约》处理。在不适用上述国际法时，则按相应的国内法规定处理。同时，赔偿限额也是按各区段的国际法或国内法的规定进行赔偿，对不明区段的货物隐蔽损失，或作为海上区段按《海牙规则》处理，或按双方约定的原则处理。

目前，国际上大多采用的就是网状责任制。根据我国《海商法》第一百零四条至一百零六条的规定，我国国际多式联运经营人也是采用网状责任制。

(3) 修正性的统一责任制(Modified Uniform Liability System)。这是介于上述两种责任制之间的责任制，即在责任范围上按统一责任制，在赔偿限额上按网状责任制。也就是说，多式联运经营人在全程运输中对货损事故按统一标准向货主赔偿，但如果该统一赔偿标准低于实际货运事故发生区段的适用法律法规所规定的赔偿标准时，按该区段高于统一赔偿标准的标准，由多式联运经营人负责向货主赔偿。统一修正责任制与统一责任制相比，加大了多式联运经营人的赔偿责任，故实际应用更少。

(4) 责任分担制。责任分担制是指多式联运经营人和各区段承运人在合同中事先划分运输区段，并按各区段所应适用的法律来确定各区段承运人责任的一种制度。这种责任制实际上是单一运输方式的简单组合，并没有真正发挥多式联运的优越性，故目前很少被采用。

多式联运经营人不管采用哪种规定，都应在其签发的多式联运提单或提单的背面条款中加以明确。

4) 多式联运经营人的责任期限

所谓责任期限，是指多式联运经营人对货物负责的时间或期限。自《海牙规则》制定以来，承运人的责任期限随着运输的变化也在不断发展变化着。《海牙规则》对承运人关于货物的责任期限规定为"自货物装上船舶时起至卸下船舶时止"的一段时间，也就是说货物的灭失、损害发生在该期间才适用《海牙规则》。《汉堡规则》则扩大了承运人的这一责任期限，规定承运人对货物负责的期限包括在装船港、运输途中和船港由承运人掌管的整个期限，也就是说，从接管货物时起至交付货物时止。这一规定突破了承运人的最低责任期限，向货物装卸前后两个方向发展，在一定程度上加重了承运人的责任。《多式联运公约》根据多式联运的特点，并参照这个规则的精神，对多式联运经营人规定的责任期限为："多式联运经营人对货物负责的责任期限自接管货物时起至交付货物时止"。

7.1.2 多式联运方案设计概述

多式联运方案设计是指多式联运企业针对客户的运输需求，运用系统理论和运输管理的原理和方法，合理地选择运输方式、运输工具与设备、运输路线以及货物包装与装卸等过程。

1. 多式联运方案设计的影响因素

多式联运方案设计的最终目的在于满足客户的需求，因此，以下客户需求特征应该成为国际多式联运方案设计时应考虑的主要因素。

(1) 货物特征方面，主要包括货物的种类，单件体积与毛重，外包装规格与性能，可堆码高度，货物价值，是否是贵重、冷藏、危险品等特种商品等。

(2) 运输与装卸搬运特征，主要包括每次发运货物数量(数量有无增减)、装运时间、发运频率、到达时间、可否拼装及分拼装与转运、装货与卸货地点是否拥挤或罢工、运输距离的长短等。

(3) 储运保管特征，主要是指货物的物理与化学性质对储运与保管的要求等。

(4) 客户其他要求。例如，对运输价格、运输方式、运输工具、运输线路、装卸搬运设备、运输时间、运输单证等有无具体要求。

2. 多式联运方案设计的内容与程序

如图 7.1 所示，多式联运方案设计主要包括运输模式、运输工具与设备、运输路线和自营与分包 4 个方面的决策。多式联运方案设计是一项复杂的系统工程，最佳的设计方案往往是通过对各种方案的多次修正与调整后获取的。一方面，多式联运企业应以客户的需求为导向，为客户"量身定做"国际多式联运运作方案。一个好的方案，必须得到客户的认可，因而方案设计时，应与客户不断沟通、交流，这样做出的方案才能运行达到预期的目标和效果。另一方面，国际多式联运方案设计所包括的 4 个模块都应以客户的运输需求为中心，并依此确立的评价准则为依据，设计出最佳的方案。同时对这些模块设计方案的评价结果，也可能会影响到客户的运输需求,从而引起客户运输需求的调整。此外,这些模块之间也相互影响、相互补充。

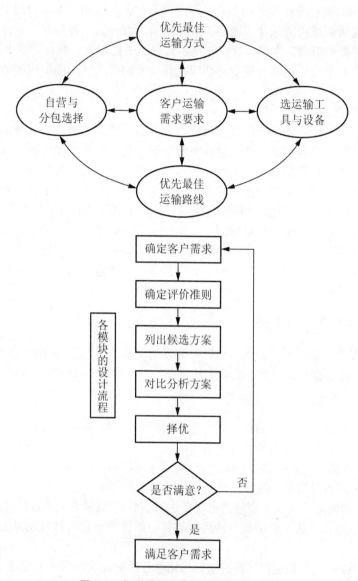

图 7.1 多式联运方案设计的内容与程序

1) 运输工具与设备的选择

(1) 运输工具的选择。

在同一运输路线上使用技术性能与经济性能不同的运输工具,将会产生不同的经济效果;同一运输工具在不同的运输路线上营运其经济效果也会不同。因此,研究各类运输工具在运输路线上的合理配置是国际多式联运方案设计的重要内容之一。

运输工具的选择主要是指对运输工具的类型、吨位(载重量)、国籍、出厂日期等有关指标的选择。

(2) 装卸搬运设备的选择。

选用合理的装卸搬运设备,对于提高装卸搬运效率、加速运输工具的周转,以及最大限度地防止货运事故的发生,有着极其重要的意义。尤其对于那些超长、超宽、超高、超重、移动困难、易损坏的货物,装卸搬运设备的选择更是如此。

(3) 集装箱的选择。

在货物装箱前,针对所运货物的实际情况和运输要求、运输线路和港口、内陆场站条件及经济合理等因素,选择合适的集装箱,对保证运输质量,提高运输效率,减少运输时间,降低运输成本都有重要意义。对集装箱的选择主要是指集装箱种类(箱型)的选择、集装箱规格尺度的选择以及所需集装箱数量的计算。

(4) 运输包装的设计。

运输包装的设计和造型多种多样,包装用料和质地各不相同,包装程度也有差异,这就导致运输包装的多样性。在设计运输包装时要考虑对运输方式的适应性和方便性,以及何时、何地将运输包装转换为销售包装,以达到货物运输既安全又快捷。

2) 自营与分包的选择

实际上,任何一个国际多式联运企业都不可能具备最完备、最经济的海、陆、空运输资源和最合适的仓储资源,每个多式联运企业都不同程度地建立了使用自有运力和对外采购运力相结合的双重能力。在采购外部运输运作资源时,各个企业基本都是运用市场机制,但在使用自有运输运作资源时,则根据管理模式的不同,有不同的价格采购标准。

3) 运输方式的选择

铁路、公路、水运、民航和管道 5 种基本运输方式的优缺点及适用范围可参考项目 1 中的内容。

运输方式选择的基本标准一般来说主要考虑以下 10 个方面:运费的高低,运输时间的长短,可以运输的次数(频率),运输能力的大小,运输货物的安全性,运输货物时间的准确性,运输货物的适用性,能适合多种运输需要的伸缩性,与其他运输方式衔接的灵活性,提供货物所在位置信息的可能性。

4) 运输线路的选择

多式联运线路可以归纳为以下 3 种类型。

(1) 往复式运输路线。

往复式运输线路是指车辆在两个装卸作业点之间的线路上,做一次或多次重复运行的运输线路。这种运输线路的几个形状可近似看做直线型,可分为单程有载往复式、回程部分有载往复式和双程有载往复式 3 种。这 3 种线路类型,以双程有载往复式线路的里程利用率最高,而单程有载往复里程利用率最低。在实际的运输组织工作中,应尽量避免选择单程有载往复式运输线路。

(2) 环行式运输线路。

环行式运输线路是指车辆在若干个装卸作业点组成的封闭回路上,做连续单项运行的运输线路。在环行式运输线路的选择中,采用里程利用率最高的原则。

(3) 汇集式运输线路。

汇集式运输线路是指车辆沿分布运行线路上各装卸作业点,依次完成相应的装卸作业,且每次货物装卸量均小于该车额定载重,直到整个车辆装满后返回出发点的行驶路线。

运输路线的选择应注意以下 3 点。

(1) 运输线路选择与运输方式选择的协同。

(2) 注重装卸地点的选择。

(3) 注重不同装货量的拼装,以实现集运、拼装模式,从而影响运输路线的选择。

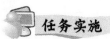

任务实施

活动1　选择多式联运运输路线

完成这项任务需要将班级分组，并为学生提供网络条件和每组一张世界地图。

步骤一：熟悉发货地和收货地的地理位置。

打开世界地图，在地图上找到上海和伊朗的德黑兰市。标出上海和德黑兰市所在世界地图中的位置，了解两个城市所处的地理环境和周边交通状况。

步骤二：设计从上海到伊朗德黑兰市的路线。

在地图中标出需要经过的国家以及海峡及港口，并考虑海运里程及至目的地需要的大致时间，在完成这个路线过程中收货人和发货人需要联系的承运人数量。

步骤三：就每组学生设计的路线进行汇报分析，各组学生进行评议并提出理由，教师对各组路线选择进行点评，并最终选出最优运输路线。为活动2做好方案设计的初步准备。

活动2　设计多式联运方案

在活动1的基础上，各组学生进一步完成这批轿车运输的多式联运方案设计。

步骤一：在世界地图中标出路线中经过的国家、地区及主要港口货站。

步骤二：设计在这些过程中需要涉及的运输方式，并考虑多式联运经营人和实际承运人所承担的运输区间。

步骤三：将多式联运方案和大众公司自己组织运输的方案相比较，分析多式联运方案的优点，并初步计算所节省的运输时间和费用。

步骤四：各组对所设计的方案进行汇报并评价，教师点评。

实　　训

一、实训目的

1. 培养学生根据实际运输任务进行多式联运方案设计的能力。
2. 掌握多式联运的特点及作用。
3. 培养学生与人协作、沟通和团队合作的能力。

二、实训内容

有一批安防产品需从中国山西运至西班牙的塞维利亚(Seville)，试设计运输方案。

三、实训要求

1. 学生分组，每组5～6人，需提供网络和世界地图。
2. 小组成员了解发货地和接货地的地理位置。
3. 在世界地图中标出相应位置，并计算相应的海运运输里程。
4. 设计多式联运运输方案。

项目 7　多式联运货物运输

5. 将海运方案和多式联运运输方案比较，掌握多式联运方案的优势。
6. 小组派代表发言。
7. 教师点评。

四、实训评价

多式联运方案设计技能训练评价表见表 7-1。

表 7-1　多式联运方案设计技能训练评价表

考评标准	内容	分值	教师评价
考评标准	路线选择合理	30	
	海运方案中涉及的人员分析正确	20	
	多式联运方案设计思路清晰	30	
	成员分工合理，积极参与	20	
	合计	100	

备注：① 项目得分由组内自评、组间互评和教师评价 3 部分构成。
② 组间互评得分均不能相同，原则上优秀率为 20%(90 以上)；良好率为 60%(分 85、80 两档)；中等及以下为 20%(75 以下)。
③ 项目得分=组内自评×20%+互评×30%+教师评价×50%。

任务 7.2　多式联运业务组织

(1) 了解多式联运的运输组织形式。
(2) 掌握国际多式联运的主要业务程序与组织方法。
(3) 能够正确签订多式联运合同。
(4) 能够正确填写并签订多式联运单证。

大众汽车有限公司现有一批轿车出口伊朗，轿车的发货地为上海，交货地为伊朗的德黑兰市。现委托腾达国际货运代理有限公司完成此次货物运输。小王是腾达国际货运代理有限公司的职员，物流管理专业刚毕业，在任务 7.1 中已经完成运输路线的选择和方案设计，现在需要按照多式联运方案设计进行货物的运输组织。小王所在的团队要如何办理手续才能将货物送到收货人手中？

在任务 7.1 中，已经完成多式联运运输路线的选择。该任务中主要解决的问题是作为承运方要办理哪些手续才能将货物送到收货人手中。本任务需要通过以下两个活动来完成。

活动 1　模拟多式联运业务流程
活动 2　缮制多式联运单证

7.2.1　多式联运组织过程

1. 多式联运的组织形式

多式联运是采用两种或两种以上不同运输方式进行联运的运输组织形式。这里所指的至少两种运输方式可以是海陆、陆空、海空等。这与一般的海海、陆陆、空空等形式的联运有着本质的区别。后者虽也是联运，但仍是同一种运输工具之间的运输方式。众所周知，各种运输方式均有自身的优点与不足。一般来说，水路运输具有运量大，成本低的优点；公路运输则具有机动灵活，便于实现货物门到门运输的特点；铁路运输的主要优点是不受气候影响，可深入内陆和横贯内陆，实现货物长距离的准时运输；而航空运输的主要优点是可实现货物的快速运输。由于国际多式联运严格规定必须采用两种或两种以上的运输方式进行联运，因此这种运输组织形式可综合利用各种运输方式的优点，充分体现社会化大生产大交通的特点。目前多式联运主要组织形式如下。

1) 海陆联运

海陆联运是多式联运的主要组织形式，也是远东/欧洲多式联运的主要组织形式之一。目前组织和经营远东/欧洲海陆联运业务的主要有班轮公会的三联集团、北荷、冠航和丹麦的马士基等国际航运公司，以及非班轮公会的中国远洋运输公司、中国台湾长荣航运公司和德国那亚航运公司等。这种组织形式以航运公司为主体，签发联运提单，与航线两端的内陆运输部门开展联运业务，与大陆桥运输展开竞争。

2) 陆桥运输

在多式联运中，陆桥运输(Land Bridge Service)起着非常重要的作用。它是远东/欧洲国际多式联运的主要形式。所谓陆桥运输是指采用集装箱专用列车或卡车，把横贯大陆的铁路或公路作为中间"桥梁"，使大陆两端的集装箱海运航线与专用列车或卡车连接起来的一种连贯运输方式。严格地讲，陆桥运输也是一种海陆联运形式。只是因为其在多式联运中的独特地位，因此将其单独作为一种运输组织形式。目前，远东/欧洲的陆桥运输线路有西伯利亚大陆桥和北美大陆桥。

(1) 西伯利亚大陆桥(Siberian Landbridge)。西伯利亚大陆桥(SLB)是指使用国际标准集装箱，将货物由远东海运到俄罗斯东部港口，再经跨越欧亚大陆的西伯利亚铁路运至波罗的海沿岸如爱沙尼亚的塔林或拉脱维亚的里加等港口，然后采用铁路、公路或海运运到欧洲各地的国际多式联运的运输线路。西伯利亚大陆桥于 1971 年由原全苏对外贸易运输公司正式确立。现在全年货运量高达 10 万标准箱(TEU)，最多时达 15 万标准箱。使用这条陆桥运输线的经营者主要是日本、中国和欧洲各国的货运代理公司。其中，日本出口欧洲杂货的 1/3，欧洲出口亚洲杂货的 1/5 是经这条陆桥运输的。由此可见，它在沟通亚欧大陆，促进国际贸易中所处的重要地位。

(2) 北美大陆桥(North American Landbridge)。北美大陆桥是指利用北美的大铁路从远东到欧洲的"海陆海"联运。该陆桥运输包括美国大陆桥运输和加拿大大陆桥运输。美国大陆桥有两条运输线路：一条是从西部太平洋沿岸至东部大西洋沿岸的铁路和公路运输线；另一条

项目 7 多式联运货物运输

是从西部太平洋沿岸至东南部墨西哥湾沿岸的铁路和公路运输线。美国大陆桥于 1971 年年底由经营远东/欧洲航线的船公司和铁路承运人联合开办"海陆海"多式联运线,后来美国几家班轮公司也投入营运。目前,主要有 4 个集团经营远东经美国大陆桥至欧洲的国际多式联运业务。这些集团均以经营人的身份,签发多式联运单证,对全程运输负责。加拿大大陆桥与美国大陆桥相似,由船公司把货物海运至温哥华,经铁路运到蒙特利尔或哈利法克斯,再与大西洋海运相接。

(3) 其他陆桥运输形式。北美地区的陆桥运输不仅包括上述大陆桥运输,而且还包括小陆桥运输(Minibridge)和微桥运输(Microbridge)等运输组织形式。小陆桥运输从运输组织方式上看与大陆桥运输并无大的区别,只是其运送的货物的目的地为沿海港口。目前,北美小陆桥运送的主要是日本经北美太平洋沿岸到大西洋沿岸和墨西哥湾地区港口的集装箱货物。当然也承运从欧洲到美西及海湾地区各港的大西洋航线的转运货物。北美小陆桥在缩短运输距离、节省运输时间上效果是显著的。以日本/美东航线为例,从大阪至纽约全程水运(经巴拿马运河)航线距离为 9 700 n mile,运输时间 21~24 天。而采用小陆桥运输,运输距离仅为 7 400 n mile,运输时间为 16 天,可节省 1 周左右的时间。

微桥运输与小陆桥运输基本相似,只是其交货地点在内陆地区。北美微桥运输是指经北美东、西海岸及墨西哥湾沿岸港口到美国、加拿大内陆地区的联运服务。随着北美小陆桥运输的发展,出现了新的矛盾,主要反映在:如货物由靠近东海岸的内地城市运往远东地区(或反向),首先要通过国内运输,以国内提单运至东海岸交船公司,然后由船公司另外签发由东海岸出口的国际货运单证,再通过国内运运至西海岸港口,然后海运至远东。

3) 海空联运

海空联运又被称为空桥运输(Airbridge Service)。在运输组织方式上,空桥运输与陆桥运输有所不同,陆桥运输在整个货运过程中使用的是同一个集装箱,不用换装,而空桥运输的货物通常要在航空港换入航空集装箱。不过两者的目标是一致的,即以低费率提供快捷、可靠的运输服务。海空联运方式始于 20 世纪 60 年代,但到 20 世纪 80 年代才得以较大的发展。采用这种运输方式,运输时间比全程海运少,运输费用比全程空运便宜。目前,国际海空联运线主要有以下几种。

(1) 远东—欧洲。目前,远东与欧洲间的航线有以温哥华、西雅图、洛杉矶为中转地,也有以香港、曼谷、海参崴为中转地,此外,还有以旧金山、新加坡为中转地。

(2) 远东—中南美。近年来,远东至中南美的海空联运发展较快,因为此处港口和内陆运输不稳定,所以对海空运输的需求很大。该联运线以迈阿密、洛杉矶、温哥华为中转地。

(3) 远东—中近东、非洲、澳洲。这是以香港、曼谷为中转地至中近东、非洲、澳洲的运输服务。在特殊情况下,还有经马赛至非洲、经曼谷至印度、经香港至澳洲等联运线,但这些线路货运量较小。

总的来讲,运输距离越远,采用海空联运的优越性就越大,因为同完全采用海运相比,其运输时间更短。同直接采用空运相比,其费率更低。因此,从远东出发将欧洲、中南美以及非洲作为海空联运的主要市场是合适的。

2. 多式联运运输组织方法

货物多式联运的全过程就其工作性质的不同,可划为实际运输过程和全程运输组织业务过程两部分。实际运输过程是由参加多式联运的各种运输方式的实际承运人完成,其运输组织工作属于各方式运输企业内部的技术、业务组织。全程运输业务过程是由多式联运全程运输的组织者——多式联运经营人完成的,主要包括全程运输所涉及的所有商务性事务和衔接服务性工作的组织实施。其运输组织方法可以有很多种,但就其组织体制来说,基本上分为协作式联运和衔接式联运两大类。

1) 协作式多式联运的运输组织方法

协作式多式联运的组织者是在各级政府主管部门协调下,由参加多式联运的各种方式运输企业和中转港站共同组成的联运办公室(或其他名称)。货物全程运输计划由该机构制定,这种联运组织下的货物运输过程如图 7.2 所示。

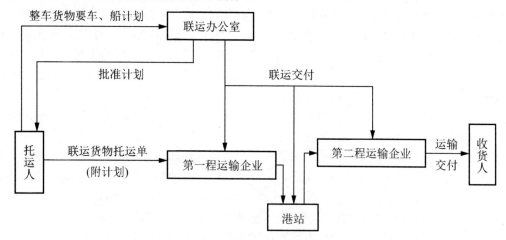

图 7.2 协作式多式联运的运输组织方法

在这种机制下需要使用多式联运形式,运输整批货物的发货人根据运输货物的实际需要,向联运办公室提出托运申请,并按月申报整批货物要车、要船计划。联运办公室根据多式联运线路及各运输企业的实际情况制定该托运货物的运输计划,并把该计划批复给托运人及转发给各运输企业和中转港站。发货人根据计划安排向多式联运第一程的运输企业提出托运申请并填写联运货物托运委托书,第一程运输企业接受货物后经双方签字,联运合同即告成立。第一程运输企业组织并完成自己承担区段的货物运输至与后一区段衔接地,直接将货物交给中转港站,经换装由后一程运输企业继续运输,直到最终目的地由最后一程运输企业向收货人直接交付。在前后程运输企业之间和港站与运输交接货物时,需填写货物运输交接单和中转交接单。联运办公室或第一程企业负责按全程费率向托运人收取运费,然后按各企业之间商定的比例向各运输企业及港站分配。

在这种组织体制下,全程运输组织是建立在统一计划、统一技术作业标准、统一运行图和统一考核标准基础上的,而且在接受货物运输、中转换装、货物交付等业务中使用的技术标准、衔接条件等也需要在统一协调下同步建设或协议解决,并配套运行以保证全程运输的协同性。对这种多式联运的组织体制,在有的资料中称为"货主直接托运制"。协作式联运是计划经济体制下特有的一种形式,一般指为保证指令性计划的货物运输、重点物资和国防、抢险、救灾等急需物资的运输而开展的在国家和地区计划指导下的合同运输。这种联运最显著的特点是在国家统一计划下的全程性运输协作。随着计划经济体制向市场经济体制的转变,这种联运方式正在逐渐减少。

2) 衔接式多式联运的组织方法

衔接方式联运的全程运输组织业务是由多式联运经营人完成的,这种联运组织下的货物运输过程如图 7.3 所示。

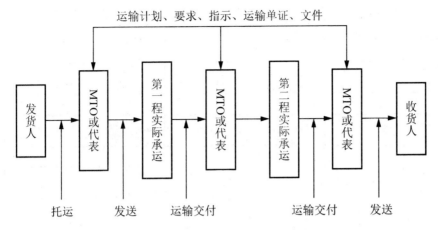

图 7.3　衔接式多式联运的组织方法

在这种组织体制下,需要使用多式联运形式运输成批或零星货物的发货人首先向多式联运经营人(MTO)提出托运申请,多式联运经营人根据自己的条件考虑是否接受,如接受,双方订立货物全程运输的多式联运合同,并在合同指定的地点双方办理货物的交接,联运经营人签发多式联运单据。接受托运后,多式联运经营人首先要选择货物的运输路线,划分运输区段,确定中转、换装地点,选择各区段的实际承运人,确定零星货物集运方案,制定货物全程运输计划并把计划转达发给各中转衔接地点的分支机构或委托的代理人,然后根据计划与第一程、第二程……第 N 程的实际承运人分别订立各区段的货物合同,通过这些实际承运人来完成货物全程位移。全程各区段之间的衔接,由多式联运经营人(或其代表或其代理人)采用从前程实际承运人手中接受货物再向后程承运人发运方式完成,在最终目的地从最后一程实际承运人手中接受货物后再向收货人交付货物。在与发货人订立运输合同后,多式联运经营人根据双方协议费率收取全程运费和各类服务费、保险费等费用。多式联运经营人在与各区段实际承运人订立各分运合同时,需向各实际承运人支付运费及其他必要费用;在各衔接地点委托代理人完成衔接服务业时,也需向代理人支付委托代理费用。

在这种多式联运组织体制下,承担各区段运输的运输企业的业务与传统分段运输形式下完全相同,这与协作式体制下还要承担运输衔接工作是有很大区别的。这种联运组织体制,在有些资料中称为"运输承包发运制"。目前在国际货物多式联运中主要采用这种组织体制,在国内多式联运中采用这种体制的也越来越多。随着我国经济体制的改革,这种组织体制将成为国内多式联运的主要组织方式。

3. 多式联运主要业务流程

多式联运经营人是全程运输的组织者,在从事多式联运业务时,其主要业务流程如图 7.4 所示。

1) 接受托运申请,订立多式联运合同

多式联运经营人根据货主提出的托运申请和自己的运输路线等情况,判断是否接受该托运申请。如果能够接受,则双方议定有关事项后,在交给发货人或其代理人的场站收据副本上签章,证明接受托运申请,多式联运合同已经订立并开始执行。发货人或其代理人根据双方就货物交接方式、时间、地点、付费方式等达成协议,填写场站收据,并把其送至多式联运经营人处编号,多式联运经营人编号后留下货物托运联,将其他联交还给发货人或其代理人。

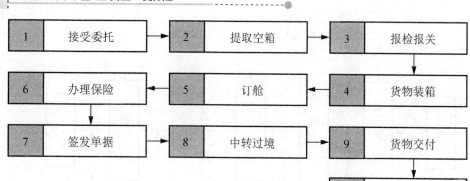

图 7.4　多式联运业务流程

 小贴士——多式联运合同

多式联运合同又称为"多式联合运输合同"、"混合运输合同",是指以两种以上(含两种)的不同运输方式将旅客(及其行李)或货物运输到约定地点的运输合同。按《合同法》第三百十七条规定,多式联运经营人负责履行或者组织履行多式联运合同实施,对全程运输享有承运人的权利,承担承运人的义务。

多式联运合同的主要内容如下。

(1) 承运货物的名称、种类、包装、件数、重量、尺码等货物状况。

(2) 承运人的责任范围,货物接收地和交付地。

(3) 双方费用约定以及结算时间。

(4) 承运人的除外责任。

(5) 承运人的赔偿限额。

(6) 违约责任规定。

(7) 合同争议解决方式和适用法律。

多式联运合同范本如下所示。

多式联运合同

甲　　方:　　　　　　　(托运人)

法定代表人:

法 定 地 址:　　　　　　邮编:

经 办 人:　　　　　　　联系电话:　　　　　　传真:

银 行 账 户:

乙　　方:　　　　　　　(承运人)

法定代表人:

法 定 地 址:　　　　　　邮编:

经 办 人:　　　　　　　联系电话:　　　　　　传真:

银 行 账 户:

甲乙双方经过友好协商,就办理甲方货物多式联运事宜达成如下合同。

1. 甲方应保证如实提供货物名称、种类、包装、件数、重量、尺码等货物状况,由于甲方虚报给乙方或者第三方造成损失的,甲方应承担损失。

2. 甲方应按双方商定的费率在交付货物____天之内将运费和相关费用付至乙方账户。甲方若未按约定支付费用，乙方有权滞留提单或者留置货物，进而依法处理货物以补偿损失。

3. 托运货物为特种货或者危险货时，甲方有义务向乙方做详细说明。未做说明或者说明不清的，由此造成乙方的损失由甲方承担。

4. 乙方应按约定将甲方委托的货物承运到指定地点，并应甲方的要求，签发联运提单。

5. 乙方自接货开始至交付为止，负责全程运输，对全程运输中乙方及其代理或者区段承运人的故意或者过失行为而给甲方造成的损失负赔偿责任。

6. 乙方对下列原因所造成的货物灭失和损坏不负责任。
(1) 货物由甲方或者代理人装箱、计数或者封箱的，或者装于甲方的自备箱中。
(2) 货物的自然特性和固有缺陷。
(3) 海关、商检、承运人行使检查权所引起的货物损耗。
(4) 天灾，包括自然灾害，例如但不限于雷电、台风、地震、洪水等，以及意外事故，例如但不限于火灾、爆炸、由于偶然因素造成的运输工具的碰撞等。
(5) 战争或者武装冲突。
(6) 抢劫、盗窃等人为因素造成的货物灭失或者损坏。
(7) 甲方的过失造成的货物灭失或者损坏。
(8) 罢工、停工或者乙方雇佣的工人劳动受到限制。
(9) 检疫限制或者司法扣押。
(10) 非由于乙方或者乙方的受雇人、代理人的过失造成的其他原因导致的货物灭失或者损坏，对于第(7)项免除责任以外的原因，乙方不负举证责任。

7. 货物的灭失或者损坏发生于多式联运的某一区段，乙方的责任和赔偿限额，应该适用该区段的法律规定。如果不能确定损坏发生区段的，应当使用调整海运区段的法律规定，不论是根据国际公约还是根据国内法。

8. 对于逾期支付的款项，甲方应按每日万分之五的比例向乙方支付违约金。

9. 由于甲方的原因(如未及时付清运费及其他费用而被乙方留置货物或滞留单据，或提供单据迟延而造成货物运输延迟)所产生的损失由甲方自行承担。

10. 合同双方可以依据《合同法》的有关规定解除合同。

11. 乙方在运输甲方货物的过程中应尽心尽责，对于因乙方的过失而导致甲方遭受的损失和发生的费用承担责任，以上损失不包括货物因延迟等原因造成的经济损失。在任何情况下，乙方的赔偿责任都不应超出每件____元人民币或每千克____元人民币的责任限额，两者以较低的限额为准。

12. 本合同项下发生的任何纠纷或者争议，应提交中国海事仲裁委员会，根据该会的仲裁规则进行仲裁。仲裁裁决是终局的，对双方都有约束力。

本合同的订立、效力、解释、履行、争议的解决均适用中华人民共和国法律。

13. 本合同从甲乙双方签字盖章之日起生效，合同有效期为____天，合同期满之日前，甲乙双方可以协商将合同延长____天。合同期满前，如果双方中任何一方欲终止合同，应提前____天，以书面的形式通知另一方。

14. 本合同经双方协商一致可以进行修改和补充，修改及补充的内容经双方签字盖章后，视为本合同的一部分。

本合同正本一式____份。

甲方：　　　　　　　　　　　乙方：
签字盖章　　　　　　　　　　签字盖章
　　　　　　　　　　　　　　年　月　日

2) 集装箱的发放、提取及运送

多式联运中使用的集装箱一般由多式联运经营人提供，这些集装箱的来源可能有 3 种情况：一是多式联运经营人自己购置使用的集装箱；二是向借箱公司租用的集装箱；三是由全程运输中的某一分运人提供。如果双方协议由发货人自行装箱，则多式联运经营人应签发提箱单或租箱公司或分运人签发提箱单交给发货人或其代理人，由他们在规定日期到指定的堆场提箱，并自行将空箱拖运到货物装箱地点，准备装货。

3) 出口报关

若多式联运从港口开始，应在港口报关；若从内陆地区开始，则应在附近内陆地区海关办理报关出口。报关事宜一般由发货人或其代理人办理，也可委托多式联运经营人代为办理。报关时应提供场站收据、装箱单、出口许可证等有关单据和文件。

4) 货物装箱及接收货物

若是发货人自行装箱，发货人或其代理人提取空箱后在自己的工厂和仓库组织装箱，装箱工作一般要在报关后进行，并请海关派员到装箱地点监装和办理加封事宜。如需理货，还应请理货人员现场理货，并与其共同制作装箱单。对于由货主自行装箱的整箱货物，发货人应负责将货物运至双方协议规定的地点，多式联运经营人或其代表在指定地点接收货物。如果是拼箱货，则由多式联运经营人在指定的货运站接收货物，验收货物后，代表多式联运经营人接收货物的人应在场站收据正本上签章，并将其交给发货人或其代理人。

5) 订舱及安排货物运送

多式联运经营人在合同订立后，应立即制定该合同涉及的集装箱货物的运输计划。该计划应包括货物的运输路线，区段的划分，各区段实际承运人的选择及确定各区段衔接地点的到达，起运时间等内容。

这里所说的订舱泛指多式联运经营人要按照运输计划安排确定各区段的运输工具，与选定的各实际承运人订立各区段的分运合同，这些合同的订立由多式联运经营人本人或委托的代理人办理，也可请前一区段的实际承运人代为向后一区段的实际承运人订舱。货物运输计划的安排必须科学并留有余地，工作中应相互联系，根据实际情况调整计划，避免彼此脱节。

6) 办理保险

由于多式联运涉及不同的国家、不同的运输方式，风险大、环节多，为了避免有可能发生的货运事故，多式联运经营人还可以向保险公司投保，当出现事故时可以将损失降到最低。

在发货人方面，应投保货物运输保险，该保险由发货人自行办理，或由发货人承担费用而由多式联运经营人代为办理。货物运输保险可以是全程投保，也可以是分段投保。在多式联运经营人方面，应投保货物责任险和集装箱保险，由多式联运经营人或其代理人向保险公司或以其他形式办理。

7) 签发多式联运提单，组织完成货物的全程运输

多式联运经营人的代表收取货物后，多式联运经营人应向发货人签发多式联运提单。在将提单交给发货人之前，应注意按双方议定的付费方式及内容、数量向发货人收取全部应付费用。

多式联运经营人有完成和组织完成全程运输的责任和义务。在接收货物后，多式联运经营人要组织各区段实际承运人、各派出机构及代表人共同协调工作，完成全程中各区段运输之间的衔接工作，并做好运输过程中所涉及的各种服务性工作和运输单据、文件及有关信息等的组织和协调工作。

8) 运输过程中的转关手续

当多式联运在全程运输过程中途经多个国家时，应由多式联运经营人或其代理人负责办理转关手续。该环节的工作主要包括货物及集装箱进口国的通关手续，进口国内陆段保税运输手续及结关等内容。

如果陆上运输要通过其他国家海关和内陆运输线路，还应包括这些海关的通关及保税运输手续。

如果货物在目的地港交付，则结关应在港口所在地海关进行。如果在内陆地区交货，则应在口岸办理保税运输手续，海关加封后方可运往内陆目的地，然后在内陆海关办理结关手续。

9) 货物支付

货物到达指定交货地后，由多式联运经营人或其代理人将货物交多式联运单据指明的收货人或按指示交指定的收货人，即完成全程运输任务。交货地代理人应在货物到达前向收货人发出到货通知，以便收货人及时做好提货准备。如果是整箱提货，则收货人要负责至掏箱地点的运输，并在货物掏出后将集装箱运回指定的堆场，此时，运输合同终止。

10) 货运事故处理

全程运输过程中如果发生了货物灭失、损害和运输延误，无论能否确定损害发生的区段，发(收)货人均可向多式联运经营人提出索赔。多式联运经营人根据提单条款及双方协议确定责任并作出赔偿。如果已对货物及责任投保，则存在要求保险公司赔偿和向保险公司进一步追索问题。

7.2.2 多式联运单据

1. 多式联运单据的定义

《多式联运公约》对多式联运单证所下的定义："是指证明多式联运合同及证明多式联运经营人接管货物并负责按合同条款交付货物的单据。"在实践中一般称为多式联运提单，它是发货人与多式联运经营人订立的国际货物多式联运合同的证明；是多式联运经营人接管货物的证明和收据；是收货人提取货物和多式联运经营人交付货物的凭证；是货物所有权的证明，可以用来结汇、流通和抵押等。

2. 多式联运单据的签发

多式联运经营人在接收货物后，凭发货人持有的货物收据(在集装箱运输时一般是场站收据正本)签发多式联运提单，并应发货人的要求签发可转让或不可转让多式联运单据，在签发可转让的多式联运单据时应注意下列问题。

(1) 应列明按指示交付或向持有多式联运单据人交付。
(2) 如列明按指示交付，须经背书后才能转让。
(3) 如列明向多式联运单据持有人交付，无需背书即可转让。
(4) 如签发一套数份正本多式联运单据，应注明正本的份数。
(5) 对于签发的任何副本多式联运单据，应在每一份副本上注明"副本不可转让"字样。

如果签发数份多式联运单据，多式联运经营人只要按其中一份正本交付货物后，便完成向收货人交货的义务，其余各份正本自动失效。

3. 多式联运单据的内容

根据《多式联运公约》规定，多式联运提单应载明下列事项。

(1) 货物的品类、识别货物所必需的主要标志。如属危险货物，其危险特性应明确声明，包件数、货物的毛重或其他方式表示的数量等，所有这些事项均由发货人提供。
(2) 货物的外表状况。
(3) 多式联运经营人的名称和主要营业场所。
(4) 发货人、收货人(必要时可有通知人)的名称。

(5) 多式联运经营人接管货物的地点和日期。
(6) 交付货物的地点。
(7) 双方明确协议的交付货物地点、交货的时间、期限。
(8) 表示该提单为可转让或不可转让的声明。
(9) 多式联运提单签发的地点和日期。
(10) 多式联运经营人或经其授权人的签字。
(11) 经双方明确协议的有关运费支付的说明,包括应由发货人支付的运费及货币,或由收货人支付的其他说明。
(12) 有关运输方式、运输路线、转运地点的说明。
(13) 有关声明与保留。
(14) 在不违背签发多式联运提单所在国法律的前提下,双方同意列入提单的其他事项等。

4. 多式联运单据的证据效力与保留

多式联运单据一经签发,除非多式联运经营人在单据上作了保留,否则多式联运单据便是多式联运经营人收到货物的初步证据,也表示多式联运经营人对货物的责任已经开始。

如果多式联运经营人或其代表对于所收到的货物的品种、数量、包装、重量等内容有合理的怀疑,而又无合适方法进行核对或检查时,多式联运经营人或其代表可在多式联运单据作出保留,注明不符的地方。反之,如果多式联运经营人或其代表在接收货物时未在多式联运单据上作出任何批注,则应视为他所接收的货物外表状况良好,并应在同样状态下将货物交付收货人。

活动 I 模拟多式联运业务流程

根据任务内容,将班级学生平均分成几个小组,每组7~9人,具体分工:接受托运申请1人,集装箱发放、提取及运送1人,出口报关及转关业务1人,货物装箱及接收1人,订舱及安排货物运送1人,办理保险1人,签发多式联运提单、完成全程运输1人,货物交付1人,货运事故处理1人。

并准备多式联运合同、海关进出口报关单、提箱单等单据。
步骤一: 模拟成立多式联运公司(腾达国际货运代理有限公司)。
步骤二: 各个角色进行模拟,按照多式联运业务流程进行相关单据流转。
步骤三: 各小组互评,教师进行点评,并帮助小王完成这次货物运输。

(1) 在流程模拟中,在接受托运申请时要看清楚是否符合本公司业务范围。
(2) 订立多式联运合同时要写清楚内容。
(3) 包装验收内容要双方认可并详细说明。
(4) 出口报关办理人要写清楚责任人。
(5) 货运事故处理如何进行,要在签订合同前双方协商好。

项目 7 多式联运货物运输

活动 2 缮制多式联运单证

在活动 1 中已经完成多式联运的运输流程,其中涉及多式联运单证的缮制,本活动同样是将班级分组完成单证缮制。在活动 1 的基础上,提供多式联运单据,并对相应的填写栏进行填写说明。

实　训

一、实训目的

1. 培养学生根据实际业务进行多式联运业务流程模拟的能力。
2. 掌握多式联运合同和单据的填写。
3. 培养学生与人协作、沟通和团队合作的能力。

二、实训内容

张明在山西一家出口公司工作,销售部经理交给张明一批半成品出口到西班牙的塞维利亚(Seville),要求他将这批货物委托给一家多式联运经营企业作为货运代理。接下来张明该怎么做?

三、实训要求

1. 学生分组,每组 5～6 人。
2. 分配角色,发货人、承运人、多式联运代理人各 1 名,并准备好相关单据,如多式联运合同 1 份、带包装货物若干。
3. 进行货物运输流程的模拟。
4. 各小组派代表发言。
5. 教师点评。

四、实训评价

多式联运业务组织技能训练评价表见表 7-2。

表 7-2 多式联运业务组织技能训练评价表

	内容	分值	教师评价
考评标准	流程模拟正确	30	
	多式联运合同填写规范	30	
	多式联运单据填写完整正确	20	
	成员分工合理,积极参与	20	
	合计	100	

备注:① 项目得分由组内自评、组间互评和教师评价 3 部分构成。
② 组间互评得分均不能相同,原则上优秀率为 20%(90 以上);良好率为 60%(分 85、80 两档);中等及以下为 20%(75 以下)。
③ 项目得分=组内自评×20%+互评×30%+教师评价×50%。

项目 8　特殊货物运输

任务 8.1　危险货物运输组织

 **学习目标**

(1) 掌握危险货物的概念及主要特征。
(2) 掌握危险货物运输装卸要求。
(3) 能够对危险货物进行分类，并组织与管理危险货物运输。
(4) 能够应用危险货物运输相关法律法规完成危险货物运输业务。

 **任务描述**

苏州顺达物流有限公司是一家集仓储、配载、大件运输、冷藏货物运输、危险品货物运输等业务为一体的专业、综合型运输企业，拥有 2～30 吨车源 30 余台，大件车型 40～300 吨 20 余台，可调度车辆 200 余台，并配有超过 1 000 平方米的标准大型仓库为客户仓储。目前在全国 30 多个大中城市开通专、快线长途零担与整车业务，并在长江三角洲与珠江三角洲区域内开展城际配送业务。

王明是该公司特殊货物运输部的运输助理。2012 年 10 月 20 日，公司接到一单运输任务，客户需要将 160 箱烟花爆竹从苏州运往宁波，每箱 80×55×40 立方厘米，每箱重 15 千克，要求运输时限是 6 天。

小王作为运输助理，如何和自己的团队完成此单运输任务？

 **任务分析**

作为特殊货物运输部的运输助理，小王需要明确自己的岗位职责，并根据货物的性质安排相应货物运输。所承担的运输对象为危险货物，所以小王需要了解危险品货物的分级，知道危险品运输相关法规，并明确危险品运输操作细则。本项目需要通过以下 3 个活动来完成。

活动 1　确认危险货物分类
活动 2　制定危险货物运输操作规范
活动 3　组织危险货物运输

项目 8　特殊货物运输

8.1.1　危险货物的确认

1. 危险货物的定义

在货物运输中，凡具有爆炸、燃烧、毒害、腐蚀、放射性等性质，在运输、装卸和保管过程中，容易引起人身伤亡和财产损毁而需要特别防护的货物，均属于危险货物。

危险货物的定义包含以下 3 点要求：

(1) 具有爆炸性、易燃、毒害、放射性等性质。这些危险货物是能造成火灾、中毒、灼伤、辐射伤害与污染事故的基本条件。

(2) 能引起人身伤亡和财产损毁。这是指危险货物在运、装卸和储存保管过程中，在一定外界因素作用下，比如受热、明火、摩擦、震动、撞击、洒漏以及与性质相抵触物品接触等，发生化学变化所产生的危险效应，不仅使(危险)货物本身遭受损失，而且危及人身安全和破坏周围环境。

(3) 在运输、装卸、保管过程中需要特别防护。这里所指的特别防护，不仅是一般所说的轻拿轻放、谨防明火，而且是指针对各种危险货物本身的物理化学特性所采取的"特别"防护措施，如对某种爆炸品必须添加抑制剂，对有机过氧化物必须控制环境温度等。大多数危险货物的配载都有所忌物品。这是危险货物安全运输的先决条件。

危险货物定义中所包含的 3 点要求必须同时具备方属于危险货物。精密仪器防震动、易碎器具防破损都需要特别防护，但是这些物品不具有危险货物的特殊性质，一旦防护失措，不致造成人身伤亡或除货物本身以外的财务损毁，所以不属于危险货物。按闪点划分，含酒精 30%以上的水溶液，应作易燃液体，但是食用酒包装小，在实际运输中食用酒失火的事故很少见，故即使是酒精浓度在 60%以上的白酒，旅客少量携带，可不作危险货物运输。

2. 危险货物的分类

危险货物是一个总称，包括很多品种，《危险货物运输规则》列名的就有 3 000 种以上，这些危险货物性质各异，危险程度参差不齐，有的还相互抵触。为了保证储运安全和管理的方便，有必要根据各种危险货物的主要特征进行分类。

我国于 2005 年 7 月 26 日发布，2005 年 11 月 1 日实施的国家标准《危险货物品名表》(GB 12268—2005)中将危险货物分成 9 类，具体如下。

1) 第 1 类　爆炸品

爆炸品是指爆炸性物质、爆炸性物品和为产生爆炸或烟火实际效果而制造的物质或物品。就其危险性细分为 6 项，见表 8-1。

表 8-1　爆炸品的分类

分类	示例物品	标识说明
第 1.1 项　有整体爆炸危险的物质和物品	引爆炸药、爆破雷管、带有雷管的引爆器等	(NO.1) **第 1.1、1.2 和 1.3 类** 符号(爆炸的炸弹)：黑色；底色：橙黄色；数字"1"写在底角 ** 属于危险类别的位置——如果属于副危险性则留空 * 属于配装组的位置——如果属于副危险性则留空
第 1.2 项　有迸射危险，但无整体爆炸危险的物质和物品	无引信弹类、照明弹、火箭发动机等	
第 1.3 项　有燃烧危险并有局部爆炸危险或局部迸射危险或这两种危险都有，但无整体爆炸危险的物质和物品 本项包括：a) 可产生大量辐射热的物质和物品；b) 相继燃烧产生局部爆炸或迸射效应或两种效应兼而有之的物质和物品	燃烧弹药、烟幕弹药、C 型烟火等	
第 1.4 项　不呈现重大危险的物质和物品 本项包括运输中万一点燃或引发时仅出现小危险的物质和物品，其影响主要限于包件本身，并预计射出的碎片不大、射程也不远，外部火烧不会引起包件内全部内装物的瞬间爆炸	演习手榴弹、安全导火索、用手操纵的信号装置等	(NO.1.4)　(NO.1.5)　(NO.1.6) **第 1.4 类　第 1.5 类　第 1.6 类** 底色：橙黄色；数字：黑色；数字高大约为 30mm，字体笔画的宽度约 5mm(对于 100mm×100mm 的标志)；数字"1"写在底角 ** 属于危险类别的位置——如果属于副危险性则留空 * 属于配装组的位置——如果属于副危险性则留空
第 1.5 项　有整体爆炸危险的非常不敏感物质 本项包括有整体爆炸危险性、但非常不敏感以致在正常运输条件下引发或由燃烧转为爆炸的可能性很小的物质	E 型、B 型引爆剂等	
第 1.6 项　无整体爆炸危险的极端不敏感物品 本项包括仅含有极端不敏感起爆物质、并且其意外引发爆炸或传播的概率可忽略不计的物品。该项物品的危险仅限于单个物品的爆炸	二亚硝基苯等	

2) 第2类 气体

根据气体在运输中的主要危险性分为3项，见表8-2。

表8-2 气体的分类

分类	示例物品	标识说明
第2.1项 易燃气体 本项包括在20℃和101.3 kpa条件下：a)与空气的混合物按体积分类占13%或更少时可点燃的气体；b)不论易燃下限如何，与空气混合，燃烧范围的体积分数至少为12%的气体	氢气、甲烷、乙炔等	(NO.2.1) **第2.1类 易燃气体** 符号(火焰)：黑色或白色；底色：红色；数字"2"写在底角
第2.2项 非易燃无毒气体 在20℃压力不低于280 kpa条件下运输或以冷冻液体状态运输的气体，并且是：a)窒息性气体——会稀释或取代通常在空气中的氧气的气体；b)氧化性气体——通过提供氧气比空气更能引起或促进其他材料燃烧的气体；c)不属于其他项别的气体	氧气、空气、二氧化碳等	(NO.2.2) **第2.2类 非易燃无毒气体** 符号(气瓶)：黑色或白色；底色：绿色；数字"2"写在底角
第2.3项 毒性气体 本项包括：a)已知对人类具有的毒性或腐蚀性强到对健康造成危害的气体；b)半数致死浓度Lc50值不大于5 000 mL/m³，因而推定对人类具有毒性或腐蚀性的气体	氰气、光气、二氧化硫等	(NO.2.3) **第2.3类 有毒气体** 符号(骷髅和交叉的骨头棒)：黑色；底色：白色；数字"2"写在底角

注：具有两个项别以上危险性的气体和气体混合物，其危险性先后顺序为2.3项优先于其他项，2.1项优先于2.2项。

3) 第3类 易燃液体

凡闭杯试验闪点在61℃或61℃以下，易散发出易燃蒸气的液体，或者液体混合物，或含有处于溶解或悬浮状态固体的液体(如油漆、清漆)均属易燃液体(但不包括因其危险性已列入其他类别危险货物的液体)，如乙醇(酒精)、苯、乙醚、二硫化碳、油漆类以及石油制品和含有机溶剂制品等。其分类见表8-3。

表 8-3 易燃液体的分类

分类	示例物品	标识说明
包括： a) 易燃液体 在其闪点温度(其闭杯试验闪点不高于 60.5℃，或其开杯试验闪点不高于 65.6℃)时放出易燃蒸气的液体或液体混合物，或是在溶液或悬浮液中含有固体的液体。本项还包括：在温度等于或高于其闪点的条件下提交运输的液体；或以液态在高温条件下运输或提交运输、并在温度等于或低于最高运输温度下放出易燃蒸气的物质。 b) 液态退敏爆炸品	乙醛、松香水、印刷油墨等	(NO.3) 符号(火焰)：黑色或白色；底色：红色；数字"3"写在底角

4) 第 4 类　易燃固体、易于自燃的物质、遇水放出易燃气体的物质

易燃固体是指燃点低，对撞击、摩擦敏感，易被外部火源点燃，燃烧迅速，并可能散出有毒烟雾或有毒气体的固体，不包括已列入爆炸品范围的物品。

易于自燃的物质是指自燃点低，在空气中易于发生氧化反应，放出热量而自行燃烧的物品。

遇水放出易燃气体的物质是指遇水或受潮时，发生剧烈化学反应，放出大量易燃气体和热量的物品。其分类见表 8-4。

表 8-4　易燃固体、易于自燃的物质、遇水放出易燃气体的物质的分类

分类	示例物品	标识说明
第 4.1 项　易燃固体 本项包括：a) 容易燃烧或摩擦可能引燃或助燃的固体；b) 可能发生强烈放热反应的自反应物质；c) 不充分稀释可能发生爆炸的固态退敏爆炸品	硫磺、赤磷等	(NO.4.1) 第 4.1 类　易燃固体 符号(火焰)：黑色；底色：白色加上七条竖直红色条带；数字"4"写在底角
第 4.2 项　易于自燃的物质 本项包括：a) 发火物质；b) 自热物质	黄磷、油浸的麻、棉、纸及其制品等	(NO.4.2) 第 4.2 类　易自燃物质 符号(火焰)：黑色；底色：上半部为白色，下半部为红色；数字"4"写在底角

续表

分类	示例物品	标识说明
第4.3项 遇水放出易燃气体的物质 与水相互作用易变成自燃物质或能放出危险数量的易燃气体的物质	纳、钾等碱金属，电石(碳化钙)等	(NO.4.3) 第4.3类 遇水放出易燃气体的物质 符号(火焰)：黑色或白色；底色：蓝色；数字"4"写在底角

5) 第5类 氧化性物质和有机过氧化物

氧化性物质和有机过氧化物是指易于放出氧气从而促使其他材料燃烧并助长火势的物质。本身未必燃烧，但一般因容易分解放出氧气并产生大量的热可导致或促成其他物质的燃烧，甚至引起爆炸。有机过氧化物绝大多数是燃烧猛烈的，能起到强氧化剂的作用，并易于发生爆炸性的分解，能严重损害眼睛。本类物质分类见表8-5。

表8-5 氧化性物质和有机过氧化物的分类

分类	示例物品	标识说明
第5.1项 氧化性物质 本身不一定可燃，但通常因放出氧或起氧化反应可能引起或促使其他物质燃烧的物质	高锰酸钾、过氧化钠等	(NO.5.1) 第5.1类 氧化剂(物质) 符号(圆圈上带有火焰)：黑色；底色：黄色；数字"5.1"写在底角
第5.2项 有机过氧化物 分子组成中含有过氧基的有机物质，该物质为热不稳定物质，可能发生放热的自加速分解。该类物质还可能具有以下一种或数种性质：a) 可能发生爆炸性分解；b) 迅速燃烧；c) 对碰撞或摩擦敏感；d) 与其他物质起危险反应；e) 损害眼睛	过氧化苯酰、过氧化二碳酸二苯甲酯等	(NO.5.2) 第5.2类 有机过氧化物 符号(圆圈上带有火焰)：黑色；底色：黄色；数字"5.2"写在底角

6) 第6类 毒性物质和感染性物质

有毒的(毒性)物质是指如误被吞咽、吸入或与皮肤接触易于造成人或动物死亡或严重损害人体健康的物质。感染性物质是指含有会引起或可能引起人或动物疾病的活性微生物的物质。其分类见表8-6。

表 8-6 毒性物质和感染性物质的分类

分类	示例物品	标识说明
第 6.1 项　毒性物质 经吞食、吸入或皮肤接触后可能造成死亡或严重受伤或健康损害的物质	砷及砷化合物、氰化钾等	(NO.6.1) **第 6.1 类　有毒物质** 符号(骷髅和交叉的骨头棒)：黑色；底色：白色；数字"6"写在底角
第 6.2 项　感染性物质 含有病原体的物质，包括生物制品、诊断样品、基因突变的微生物、生物体和其他媒介等	病毒蛋白等	(NO.6.2) **第 6.2 类　感染性物质** 标志的下半部可以标上"INFECTIOUS SUBSTANCE"(感染性物质)以及"In the case of damage of leakage immediately notify Public Health Authority"（"如发生损伤或泄漏立即通知公共卫生机关"）的字样。符号(三个新月形符号沿一个圆圈重叠在一起)和文字：黑色；底色：白色；数字"6"写在底角

7) 第 7 类　放射性物质

放射性物质是指其原子核能自发地、不断地放出无形射线的物质。这些射线能杀伤细胞，破坏人体组织，如长时间大剂量照射会引起伤残或死亡。放射性物质按其放射性比活度或安全程度分为 4 个小类。其分类见表 8-7。

表 8-7 放射性物质的分类

分类	示例物品	标识说明
第 7 类　Ⅰ 级放射性物质	反应堆燃料、高水平放射性废物等	(NO.7A) 符号(三叶型)：黑色；底色：白色；文字(强制性要求)，在标志的下半部分用黑体标出：RADIOACTIVE(放射性) CONTENTS...(内容物名称) ACTIVITY...(强度为……)；紧跟"放射性"字样的后面标上一条垂直的红色短杠；数字"7"写在底角

续表

分类	示例物品	标识说明
第7类 Ⅱ级放射性物质	钼-锝发生器等	(NO.7B) **Ⅱ级——黄色** 符号(三叶型):黑色;底色:上半部黄色加白边,下半部白色。文字(强制性要求),在标志的下半部分用黑体标出:RADIOACTIVE(放射性) CONTENTS…(内容物名称) ACTIVITY…(强度为……);在一个黑框里标出:TRANSPORT INDEX…(运输指数);紧跟"放射性"字样的后面标上两条垂直的红色短杠;数字"7"写在底角
第7类 Ⅲ级放射性物质	放射性活度小于 $7 \times 10^7 Bq$ 的碘-131 溶液、黄饼等	(NO.7C) **Ⅲ级——黄色** 符号(三叶型):黑色;底色:上半部黄色加白边,下半部白色。文字(强制性要求),在标志的下半部分用黑体标出:RADIOACTIVE(放射性) CONTENTS…(内容物名称) ACTIVITY…(强度为……);在一个黑框里标出:TRANSPORT INDEX…(运输指数);紧跟"放射性"字样的后面标上三条垂直的红色短杠;数字"7"写在底角
第7类 裂变性物质	U-233、U-235、Pu-239、Pu-241 或这些放射性核素的任意组合	(NO.7E) **第7类裂变性物质** 底色:白色;文字(强制性要求),在标志的上半部用黑体标出:FISSILE(裂变性)字样;在一个黑框内标出:Criticality Safety index…(临界安全指数);数字"7"写在底角

8) 第8类 腐蚀性物质

腐蚀性物质是指通过化学作用使生物组织接触时会造成严重损伤、或在渗漏时会严重损害甚至毁坏其他货物或运载工具的物质。

腐蚀性物质包含与完好皮肤组织接触不超过4h,在14d的观察期中发现引起皮肤全厚度损毁，或在温度55℃时，对 s235jr+cr 型或类似型号钢或无覆盖层铝的表面均匀年腐蚀率超过 6.25 mm/a(毫米/年)的物质。见表8-8。

表8-8 腐蚀性物质的分类

分类	示例物品	标识说明
第8类 腐蚀性物质	硝酸、硫酸、氧化钠等	(NO.8) 符号(液体，从两个玻璃容器流出来侵蚀到手和金属上)：黑色；底色：上半部白色，下半部黑色带白边；数字"8"写在底角

9) 第9类 杂项危险物质和物品

该类是指具有其他类别未包括的危险的物质和物品，如：a) 危害环境物质；b) 高温物质；c) 经过基因修改的微生物或组织。见表8-9。

表8-9 杂项危险物质和物品的分类

分类	示例物品	标识说明
第9类 杂项危险物质和物品	干冰、自行充气的救生设备等	(NO.9) 符号(在上半部有7条竖直条带)：黑色；底色：白色；数字"9"写在底角

3. 危险货物的确认

为了加强危险货物运输的管理，在具体确认某一货物是否为危险货物时，不能仅凭定义，这不仅在具体操作上常有困难(因承、托各方不可能对众多的危险品在需要运输时再进行技术鉴定和判断)，而且有时还会引起歧义和矛盾。所以，各种运输方式在确认危险货物时，都采取了列举原则。

另外，为适应国际贸易运输的需要，使危险货物运输在分类、标志、包装和运输条件等方面与国际接轨，我国国内公路、铁路、水路、民航等在制定或修订《危险货物运输规则》时，都原则上采用按联合国推荐的《危险货物运输》提出的货物分类方法所制定的国家标准《危险货物分类和品名编号》(GB 6944—2005)所规定的危险货物分类，使国内各种运输方式的《危险货物运输规则》的危险货物分类得到统一。要运输《危险货物运输规则》中未列名的、而性能确实危险的某些货物，必须根据各种危险货物的分类各项标准，由托运人提出技术鉴定书，并经有关主管部门审核或认可后，才能作为危险货物运输。

8.1.2 危险货物运输要求

1. 危险货物运输的资质管理

1) 危险货物运输的基本条件

(1) 凡从事道路危险货物运输的单位,必须拥有能保证安全运输危险货物的相应设施设备。

(2) 从事营业性道路危险货物运输的单位,必须具有 10 辆以上专用车辆的经营规模,5 年以上从事运输经营的管理经验,配有相应的专业技术管理人员,并已建立健全安全操作规程、岗位责任制、车辆设备维护修理和安全质量教育等规章制度。

(3) 直接从事道路危险货物运输、装卸、维修作业和业务管理人员,必须掌握危险货物运输的有关知识,经当地的地(市)级以上道路运政管理机关考核合格,发给"道路危险货物运输操作证",方可上岗作业。

(4) 运输危险货物的车辆、容器、装卸机械及工具,必须符合交通部《汽车危险货物运输规则》(JT 617—2004)规定的条件,并经道路运政管理机关审验合格。

2) 公路危险货物运输的资质凭证

(1) 公路危险货物运输的资质凭证,是证明公路危险货物运输者、作业者的基本条件符合规定要求,并经过办理申报批准手续,有资格从事公路危险货物运输、作业的凭证。它包括由公路运政管理部门审批、发放的加盖"危险货物运输"字样的"道路运输经营许可证"、"道路营业运输证"或"道路非营业运输证"、"危险货物作业证",向当地工商行政管理部门办理"工商营业执照"。

(2) 公路危险货物运输车辆的"道路营业运输证",是在办理了"道路运输经营许可证"和"工商营业执照"后,按营运车辆数从管辖道路运政管理机关领取的一车一证,是随车同行的。公路危险货物运输车辆的"道路非营业运输证"是非营业性公路危险货物运输车辆运行的凭证,它是在办理了非营业性公路危险货物手续后,凭批准文件从主管公路运输行政管理机关领取的,一车一证,随车同行。

(3) 公路危险货物运输车辆标志,按国家规定是印有黑色"危险品"字样的三角形小黄旗;有的地方法规规定是印有黑色"危险品"字样的黄色三角灯。公路危险货物运输车辆标志的功能是在装运危险货物车辆运行和存放时向人们示警,以利于加强安全警戒和安全避让,这对保障安全生产具有重要作用。

(4) 公路运输危险货物作业证,是从事危险货物装卸、保管、理化和业务人员上岗作业的凭证。按职位岗位规范的要求,凡公路危险货物作业人员,必须经过规定内容的技术业务培训,方准上岗作业。

2. 危险货物运输的车辆要求

1) 运输车辆的技术要求

(1) 车辆排气管应有隔热罩和火星熄火装置。

(2) 装运大型气瓶、可移动式槽罐的车辆必须装备有效的紧固装置。

(3) 车厢底板必须平整完好,周围栏板必须牢固。

(4) 装有易燃易爆危险品的车辆,不得使用明火修理或采用明火照明,不得用易产生火花的工具敲击。

运输组织与管理项目式教程

(5) 装运易燃易爆危险品时，一般应使用木质底板车厢，如是铁质底板，应采取衬垫防护措施，例如铺垫胶合板、橡胶板等，但不能使用稻草片、麻袋等松软材料。

(6) 装运放射性同位素的专用车辆、设备、搬运工具、防护用具，必须定期进行放射性污染程度的检查，当污染量超过允许水平时，不得继续使用。

(7) 装运危险品的车辆应具备良好避震性能的结构和装置。

(8) 装运危险货物的车辆必须按国家标准规定设置"危险品"字样的信号装置，即三角形磁吸式"危险品"字样的黄色顶灯和车尾标志牌。

2) 对运输危险货物车辆的限制

(1) 拖拉机不得装运爆炸物品、一级氧化剂、有机过氧化物、一级易燃物品(包括固体、液体和气体)。

(2) 自卸车原则上不得装运各类危险货物，但沥青、散装硫磷除外。

(3) 非机动车不得装运爆炸品、压缩气体和液化气体(民用液化石油气暂予免除限制)。

(4) 畜力车不能驮运起爆器材、炸药或爆炸物品。

3. 危险货物运输的包装要求

1) 包装应与所装危险货物的性质相适应

由于危险货物的性质不同，对包装以及容器的材质有不同的要求。如浓硫酸和盐酸都属于强酸，都是腐蚀品，但包装容器材质的选择却不相同。浓硫酸可用铁质容器；而盐酸则需用玻璃容器；氢氟酸可用塑料、橡胶质容器装运，而不能用玻璃容器；硝酸是一种强酸，对大多数金属有强腐蚀性，并可引起有机材料如木材、棉花及其纤维产品的燃烧，因此，硝酸可用玻璃瓶、耐硝酸腐蚀的塑料瓶或金属制成的桶来盛装。

压缩气体和液化气体，因其处于较高压力的状态下，应使用耐压的钢瓶来装运。

包装与所装物品直接接触的部分，不应受某些物品的化学或其他作用的影响，必要时，制造包装的材料可采用惰性的材料或涂有适当的内深层，以防止发生危险反应。

2) 包装应具有一定的强度

包装应有一定的强度，一般来说，性质比较危险、发生事故造成危害较大的危险货物，其包装强度要求就高。

船舶装运危险货物时，由于舱容大、船舱深，一般万吨级货船，舱深为 8m 左右，因此包装应有一定的强度，能经受住其上面货物重量的压力以及在航行途中风浪等海况引起货物的挤压、振动而不损坏。

3) 包装的封口应符合所装危险货物的性质

对于危险货物的包装，一般来讲，封口均应严密，特别是易挥发和腐蚀性强的各种气体，封口应更严密。但也有些危险货物其封口则不要求密封，而且还要求设有通气孔。因此，如何封口要根据所装危险货物的特性来确定。

根据包装性能的要求，封口可分为气密封口(不透蒸气的封口)、液密封口(不透液体的封口)和牢固封口(关闭的程度应使所装的干燥物质在正常运输过程中不致漏出)3 种。

4) 内、外包装之间应有适当的衬垫

内包装(容器)应装在外包装内，以防止内包装(容器)在正常运输的条件下发生破裂、戳穿或渗漏，特别是对于易破裂或戳穿的内包装(容器)，如玻璃、陶瓷或某些塑料等制成的内包装(容器)，应采用适当的减振衬垫材料固定在外包装内。属于防震、防摩擦的衬垫材料有瓦楞纸、泡沫塑料、塑料袋等。属于吸收性材料有矿土、陶土等。

5) 包装应便于装卸、运输和储存

每件包装的最大容积和最大净重均有规定。根据《国际海运危险货物规则》的规定，包装的最大容积为 450 L，最大净重为 400kg。我国目前也采用这一标准。

8.1.3 危险货物运输流程

危险货物运输，要经过受理托运、仓储保管、货物装卸、运送、交付等环节。这些环节分别由不同岗位人员操作完成。其中，受理托运、货物运送及交接保管工作环节尤其应加强管理。其操作流程及规范如图 8.1 所示。

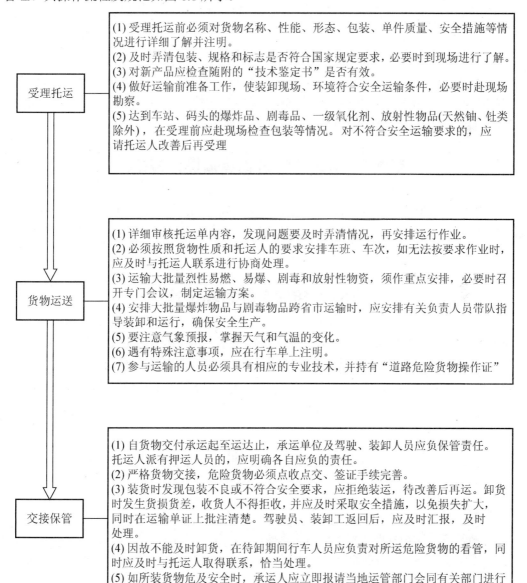

图 8.1 危险货物运输流程及操作规范

任务实施

活动1 确认危险货物分类

苏州顺达物流有限公司是一家具有危险货物运输资质的大型综合运输企业。王明作为该公司特殊货物运输部的运输助理，首先要明确自己部门的岗位职责，即①负责完成公司危险品、冷藏货物、大件货物运输业务；②负责特殊货物运输的相关安全工作；③与相关主管部门沟通，负责办理与特殊货物运输有关的手续；④配合客户服务部完成客户服务工作；⑤配合财务部完成运输费用的结算工作。

在此次运输任务中，运输对象是 160 箱烟花爆竹，每箱 80×55×40 立方厘米，每箱重 15 公斤，货物需要从苏州运往宁波，运输时限是 6 天。分析特殊货物种类，根据《危险货物分类和品名编号》，王明已经具体了解该危险品货物的分级，获知烟花爆竹属于危险货物中的 1.2 类，即具有抛射危险但无整体爆炸危险的物质或物品。

活动2 制定危险货物运输操作规范

根据烟花爆竹的分类，王明协助部门制定具体货物运输操作规范。通过查找所有关于危险品运输法律、法规来了解危险品运输相关法规，并制定危险品装车、卸车、运输操作的注意事项。

活动3 组织危险货物运输

按照危险货物的运输操作规范组织货物运输。根据运输起运地，此次运输公司采用公路运输，在运输过程中，注意货物运输车辆标志，即按国家规定印有"危险品"字样的三角形小黄旗。同时注意在运输包装中按照危险货物 1.2 类的标志进行相应的包装标记。安排人员进行具体的受理托运、货物运送和交接保管工作。

实　　训

一、实训目的

1. 了解危险货物运输的作业流程以及各项作业内容。

2. 培养学生根据具体业务组织危险货物运输的能力，养成严谨的工作作风和良好的职业操守。

3. 培养学生与人协作、沟通、团队合作的能力。

项目 8　特殊货物运输

二、实训内容

上海腾达运输公司为综合运输企业，具有危险货物运输的相关资质，2012 年 11 月 10 日接到一家客户的运输任务，该公司准备从上海运往杭州 150 箱烟花爆竹。作为腾达运输公司的物流员如何操作这单货物？

三、实训要求

1. 学生分组，每组 5~6 人，小组成员进行角色定位及工作分工，受理作业 1 人，接收查验货物 1 人，货物堆码 1 人，核算运费 1 人，收款 1 人。循环训练，保证每个学生在每个岗位都进行训练。教师准备相应的单据，如危险货物托运单、货票若干。

2. 模拟托运方，填制危险货物托运书。

3. 模拟运输公司，审核托运书，制定相应运输操作规范。

4. 模拟运输流程，完成危险货物的运输。

5. 各组互评。

6. 教师点评。

四、实训评价

危险货物运输组织技能训练评价表见表 8-10。

表 8-10　危险货物运输组织技能训练评价表

	内容	分值	教师评价
考评标准	危险货物托运书内容填写完整、准确	20	
	危险货物运输操作规范制定详细、准确	30	
	危险货物运输流程模拟操作规范	30	
	成员分工合理，积极参与	20	
	合计	100	

备注：① 项目得分由组内自评、组间互评和教师评价 3 部分构成。

② 组间互评得均不能相同，原则上优秀率为 20%(90 以上)；良好率为 60%(分 85、80 两档)；中等及以下为 20%(75 以下)。

③ 项目得分=组内自评×20%+互评×30%+教师评价×50%。

任务 8.2　超限货物运输组织

学习目标

(1) 掌握超限货物的概念和类型。

(2) 了解超限货物运输基本流程。

(3) 能遵守超限货物运输的相关要求组织超限货物运输业务。

苏州顺达物流有限公司是一家集仓储、配载、大件运输、冷藏货物运输、危险品货物运输等业务为一体的专业、综合型运输企业，拥有2~30吨车源30余台，大件车型40~300吨20余台，可调度车辆200余台，并配有超过1 000平方米的标准大型仓库为客户仓储。目前在全国30多个大中城市开通专、快线长途零担与整车业务，并在长江三角洲与珠江三角洲区域内开展城际配送业务。

王明是该公司特殊货物运输部的运输助理。2012年10月20日，公司接到一单运输任务，客户需要将一型号CA20的设备从苏州运往上海,设备长宽高为21×14.2×21m，重量为737.6t。

小王作为运输助理，如何和自己的团队完成此单运输任务？

作为特殊货物运输部的运输助理，小王需要明确自己的岗位职责，并根据货物的性质安排相应货物运输。所承担的运输对象为超长超重货物，所以小王需要了解超限货物的运输要求，明确超限货物运输操作细则。本项目需要通过以下活动来完成。

活动　模拟超限货物运输流程

8.2.1　超限货物运输概述

1. 超限货物的定义

超限货物运输是公路运输中的特定概念，指使用非常规的超重型汽车列车(车组)载运外形尺寸和重量超过常规车辆装载的规定的大型物件的公路运输。大型物件一般是指符合下列条件之一的货物：

(1) 货物外形尺寸。长度在14m以上或宽度在3.5m以上或高度在3m以上的货物。

(2) 重量在20t以上的单位货物或不可解体的成组(捆)货物。

2. 超限货物的类型

根据我国公路运输主管部门的现行规定，公路超限货物按其外形尺寸和重量分成四级，见表8-11。

表8-11　公路超限货物外形尺寸和重量

大型物件级别	重量(t)	长度(m)	宽度(m)	高度(m)
一	40 ~(100)	14~(20)	3.5~(4)	3~(3.5)
二	100~(180)	20~(25)	4~(4.5)	3.5~(4)
三	180~(300)	25~(40)	4.5~(5.5)	4~(5)

续表

大型物件级别	重量(t)	长度(m)	宽度(m)	高度(m)
四	300 以上	40 以上	5.5 以上	5 以上

注：① "括号数"表示该项参数不包括括号内的数值。

② 货物的重量和外廓尺寸，有一项达到表列参数，即为该级别的超限货物；货物同时在外廓尺寸和重量达到两种以上等级时，按高限级别确定超限等级。

③ 超限货物重量指货物的毛重，即货物的净重加上包装和支撑材料后的总量，它是配备运输车辆的重要依据，一般以生产厂家提供的货物技术资料所标明的重量为参考数据。

3. 超限货物的特点

超限货物有如下特点：

(1) 装载后车与货的总重量超过所经路线桥涵、地下通道的限载标准。

(2) 货物宽度超过车辆界限。

(3) 载货车辆最小转弯半径大于所经路线设计弯道半径。

(4) 装载总高度超过 5m；通过电气化铁路平交道口时，装载总高度超过 4.2m；通过无轨电车路线时，装载总高度超过 4m；通过立交桥和人行过街天桥时，装载总高度超过桥下净空限制高度。

特别提示

根据国家交通部、铁道部等多部委的《超限运输车辆行驶公路管理规定》，运输车辆有以下情形之一的就属超限运输车辆和超限运输。

(1) 外廓尺寸超限。

车高 4m，集装箱高 4.2m 以上(均从地面算起)。

车货总长 18m 以上。

车货总宽度 2.5m 以上。

(2) 车货总质量超限。

单车、半挂列车、全挂列车 40t(40 000kg)以上。

集装箱 46t(46 000kg)以上。

要特别注意的是任何一辆运载工具，只要符合以上两类 5 种规定情形之一的属超限，不需要同时具备两个以上的条件，更不需要具备全部条件；同时，还必须注意货载质量超限是超限运输管理的最本质条件。

8.2.2 超限货物运输要求

1. 特殊装载要求

超限货物运输对车辆和装载有特殊要求，一般情况下超重货物装载在超重型挂车上，用超重型牵引车牵引，而这种起重型车组是非常规的特种车组，车组装上超限货物后，往往重量和外形尺寸大大超过普通汽车、列车，因此，超重型挂车和牵引车都是用高强度钢材和大负荷轮胎制成，价格昂贵。

在操作时装卸可以遵循以下要求:

(1) 为了保证货物和车辆的完好,保证车辆运行安全,必须满足一定的基本技术条件。

(2) 除有特殊规定者外,装载货物的质量不得超过车辆的核定吨位,其装载的长度、高度、宽度不得超过规定的装载界限。

(3) 支重面不大的笨重货物,为使其质量能均匀地分布在车辆底板上,必须将货物安置在纵横垫木上,或相当于起垫木作用的设备上。

(4) 货物的重心尽量置于车底板纵、横中心线交叉点的垂直线上,如无可能时,则对其横向位移严格限制。

(5) 重车重心高度应有一定限制,重车重心如偏高,除应认真进行装载加固外,还应采取配重措施以降低其重心高度。

(6) 长大笨重货物装车后,运送长大笨重货物时,除应考虑它们合理装载的技术条件外,还应视货物质量、形状、大小、重心高度、车辆和道路条件、运送速度等具体情况,采取相应的加固捆绑措施。

- 2. 特殊运输条件

超限货物运输条件有特殊要求,途经道路和空中设施必须满足所运货物车载负荷和外形储存的通行需要。道路要有足够的宽度、净空以及良好的曲度,桥涵要有足够的承载能力。这些要求在一般道路上往往难以满足,必须事先进行勘测,运前要对道路相关设施进行改造,如排除地空障碍、加固桥涵等,运输中采取一定的组织技术措施,采取分段封闭交通,大件车组才能顺利通行。

3. 特殊安全要求

超限货物一般均为国家重点工程的关键设备,因此超限货物运输必须确保安全,万无一失。其运输可说是一项系统工程,要根据有关运输企业的申请报告,组织有关部门、单位对运输路线进行勘察筛选;对地空障碍进行排除;对超过设计荷载的桥涵进行加固;指定运输护送方案;在运输中,进行现场的调度,搞好全程护送,协调处理发生的问题;所运大件价值高、运输难度大,牵涉面广,所以受到各级政府和领导、有关部门、有关单位和企业的高度重视。

8.2.3 超限货物运输流程

依据超限货物运输的特殊性,其组织工作环节主要包括办理托运、理货、验道、制订运输方案、签订运输合同、组织线路运输工作以及运输统计与结算等项。其作业流程和操作要求如图 8.2 所示。

超限运输应按规定向公路管理机构申请办理"超限运输车辆通行证",按照核定的路线行车。在市区运送大件货物时,要经公安机关和市政工程部门审查并发给准运证,方可运送。

在运输费用结算中,费用由承、托双方协商确定。但是因运输大型特型笨重物件发生的道路改造、桥涵加固、清障、护送、装卸等费用,由托运人负担。

项目8 特殊货物运输

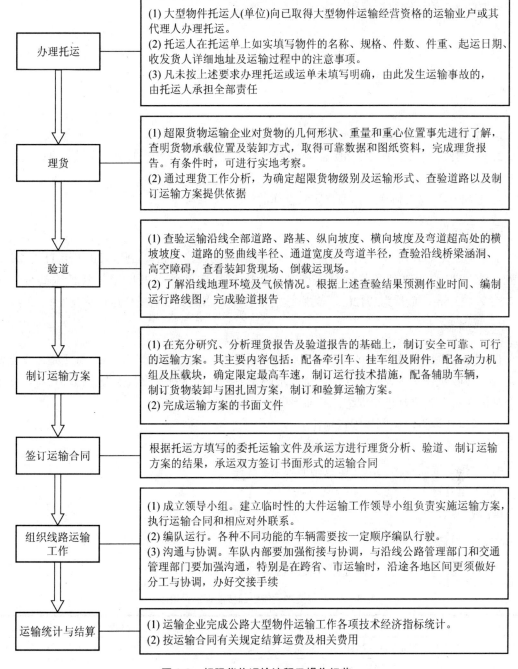

图8.2 超限货物运输流程及操作规范

活动　模拟超限货物运输流程

在此次运输任务中，运输对象是长宽高为 21×14.2×21m，重量为 737.6t 的型号 CA20 设备。根据超限货物的性质，该货物为超长超重货物。

根据图 8.2 的运输组织流程完成该设备的运输任务。

实 训

一、实训目的

1. 掌握超限货物运输托运与承运过程及接收的作业流程。
2. 培养学生根据具体业务组织超限货物运输的能力，养成严谨的工作作风和良好的职业操守。
3. 培养学生与人协作、沟通、团队合作的能力。

二、实训内容

上海腾达运输公司为综合运输企业，具有大件货物运输的相关资质，2012 年 11 月 20 日接到一家客户的运输任务，该公司准备从上海运往宁波一台变压器，其长宽高分别为 26.7×29×23.5m，重量为 912t。作为腾达运输公司的物流员如何操作这单货物？

三、实训要求

1. 学生分组，每组 5～6 人，小组成员进行角色定位及工作分工。具体分工是：受理作业 1 人，接收货物 1 人，测量 1 人，货物堆码 1 人，核算运费及收款 1 人。循环训练，保证每个学生在每个岗位都进行训练。教师提供相应单据，如托运单等。
2. 模拟托运方，填制超限货物托运书。
3. 模拟运输公司，审核托运书，制定相应运输操作规范。
4. 模拟运输流程，完成超限货物的运输。
5. 各组互评。
6. 教师点评。

四、实训评价

超限货物运输组织技能训练评价表见表 8-12。

表 8-12　超限货物运输组织技能训练评价表

	内容	分值	教师评价
考评标准	超限货物托运书内容填写完整、准确	20	
	超限货物运输操作规范制定详细、准确	30	
	超限货物运输流程模拟操作规范	30	
	成员分工合理，积极参与	20	
	合计	100	

备注：① 项目得分由组内自评、组间互评和教师评价 3 部分构成。
② 组间互评得分均不能相同，原则上优秀率为 20%(90 以上)；良好率为 60%(分 85、80 两档)；中等及以下为 20%(75 以下)。
③ 项目得分=组内自评×20%+互评×30%+教师评价×50%。

项目 8 特殊货物运输

任务 8.3 鲜活易腐货物运输组织

(1) 掌握鲜活易腐货物的概念及特征。
(2) 了解鲜活易腐货物运输基本流程。
(3) 能根据鲜活易腐货物的特性组织具体的鲜活易腐货物运输业务。

苏州顺达物流有限公司是一家集仓储、配载、大件运输、冷藏货物运输、危险品货物运输等业务为一体的专业、综合型运输企业。目前在全国 30 多个大中城市开通专、快线长途零担与整车业务，并在长江三角洲与珠江三角洲区域内开展城际配送业务。

王明是该公司特殊货物运输部的运输助理。2012 年 10 月 26 日，公司接到一单运输任务，客户需要将冻肉从上海运往郑州。

小王作为运输助理，如何和自己的团队完成此单运输任务？

作为特殊货物运输部的运输助理，小王需要明确自己的岗位职责，并根据货物的性质安排相应货物运输。所承担的运输对象为鲜活易腐货物，所以小王需要了解鲜活易腐货物的运输要求，明确鲜活易腐货物运输操作细则。本项目需要通过以下活动来完成。

活动　模拟鲜活易腐货物运输流程

8.3.1 鲜活易腐货物概述

1. 鲜活易腐货物的定义

鲜活易腐货物是指在运输过程中，需要采取一定措施，以防止死亡和腐烂变质的货物。

根据中国铁道部 2009 年 10 月 1 日起实施的《铁路鲜活货物运输规则》，鲜活易腐货物主要分为两大类：(1)易腐货物：肉、蛋、乳制品、速冻食品、冻水产品、鲜蔬菜、鲜水果等，按其热状态分为冻结货物、冷却货物和未冷却货物；(2)活动物：禽、畜、兽、蜜蜂、活水产品等。

公路运输的鲜活易腐货物主要有鲜鱼虾、鲜肉、瓜果、蔬菜、牲畜、观赏野生动物、花木秧苗、蜜蜂等。

2. 鲜活易腐货物运输的特点

1) 季节性强、运量变化大

如水果蔬菜大量上市的季节、沿海渔场的渔汛期等，运量会随着季节的变化而变化。

2) 运送时间上要求紧迫

大部分鲜活易腐货物极易变质，要求以最短的时间、最快的速度及时运到。

3) 运输途中需要特殊照料

如牲畜、家禽、蜜蜂、花木秧苗等的运输，需配备专用车辆和设备，沿途专门地照料。

8.3.2 鲜活易腐货物运输要求

1. 鲜活易腐货物的保藏方法

鲜活易腐货物运输中，除了少部分确因途中照料或车辆不适造成死亡外，其中大多数都是因为发生腐烂所致。因此，冷藏方法比较有效并常被采用，它的优点是能很好地保持食物原有的品质，包括色、味、香、营养物质和维生素，保藏的时间长，能进行大量的保藏及运输。

冷藏货大致分为冷冻货和低温货两种。冷冻货是指货物在冻结状态下进行运输的货物，运输温度的范围一般在-20℃至-10℃；低温货是指货物在还未冻结或货物表面有一层薄薄的冻结层的状态下进行运输的货物，一般允许的温度调整范围在-1℃至+16℃。货物要求低温运输的目的，主要是为了维持货物的呼吸以保持货物的鲜度。

冷藏货在运输过程中为了防止货物变质需要保持一定的温度，该温度一般称作运输温度。温度的大小应根据具体的货种而定。即使是同一货物，由于运输时间、冻结状态和货物成熟度的不同，对运输温度的要求也不一样。现将一些具有代表性的冷冻货和低温货的运输温度介绍如下，见表8-13和表8-14。

表8-13 冷冻货物的运输温度

货名	运输温度(℃)	货名	运输温度(℃)
鱼	-17.8～-15.0	虾	-17.8～-15.0
肉	-15.0～-13.3	黄油	-12.2～-11.1
蛋	-15.0～-13.3	浓缩果汁	-20

表8-14 低温货物的运输温度

货名	运输温度(℃)	货名	运输温度(℃)
肉	-5～-1	葡萄	+6.0～+8.0
腊肠	-5～-1	菠萝	+11.0 以内
黄油	-0.6～+0.6	橘子	+2.0～+10.0
带壳鸡蛋	-1.7～+15.0	柚子	+8.0～+15.0
苹果	-1.1～+16.0	红葱	-1.0～+15.0
白兰瓜	+1.1～+2.2	土豆	+3.3～+15.0
梨	0～+5.0		

特别提示

用冷藏方法来保藏和运输鲜活易腐货物时,温度固然是主要的条件,但湿度的高低、通风的强弱和卫生条件的好坏对货物的质量也会产生直接的影响。处理好温度、湿度、通风和卫生 4 个条件之间的关系,才能保证鲜活易腐货物的运输质量。

2. 鲜活易腐货物运输要求

良好的运输组织工作,对保证鲜活易腐货物的质量十分重要。在运输组织过程中,鲜活易腐货物运输有如下几点要求。

1) 保证及时运输

鲜活易腐货物运输的特殊性,要求保证及时运输。应充分发挥公路运输快速、直达的特点,协调好仓储、配载、运送各环节,及时送达。

2) 配载装运中包装符合要求

配载运送时,应对货物的质量、包装和温度要求进行认真的检查,包装要合乎要求,温度要符合规定。应根据货物的种类、运送季节、运送距离和运送地方确定相应的运输服务方法,及时地组织适宜车辆予以装运。

3) 装车时根据不同货物特点确定装载方法

鲜活易腐货物装车前,必须认真检查车辆及设备的完好状态,应注意清洗和消毒。装车时应根据不同货物的特点,确定其装载方法。如为保持冷冻货物的冷藏温度,可紧密堆码,水果、蔬菜等需要通风散热的货物,必须在货件之间保留一定的空隙,怕压的货物必须在车内加隔板,分层装载。

8.3.3 鲜活易腐货物运输流程

鲜活易腐货物运输流程及操作规范如图 8.3 所示。

特别提示

在鲜活易腐货物的商品发运中填写货物运单,需要特别注意以下几点内容:

(1) 填写商品的具体名称和热状态。

这是确定运输方法的基础,如"冻猪肉""冻牛肉"。对具体的品名还应在运单上注明温度。因为物品温度是承运冷却和冷冻商品的依据,如冻肉的承运温度,铁路部门规定应在-1℃以下,高于规定的温度,一般不能承运。

(2) 写明易腐商品的容许运输期限。

易腐商品的容许运输期限是指商品在一定的运输方式下,能够保证其质量的最大运输期限,其长短取决于商品的种类、性质、状态、产地、季节和运输工具等因素。

(3) 热状态和要求温度必须相同。

作为一批发运的易腐商品,品名可以不同,但其热状态和要求运输的温度必须相同(上限或下限差别不超过 3℃),发货人在运单上要注明按哪一种商品的温度要求来保持车内温度,具备这些要求,就可以按一批货物办理托运。

(4) 填写所要求的运输方法。

因为运输方法对易腐商品运输质量有着决定性的影响。应注明"途中加冰""途中制冷""途中加温""不加冰运输""途中不加温"等字样。

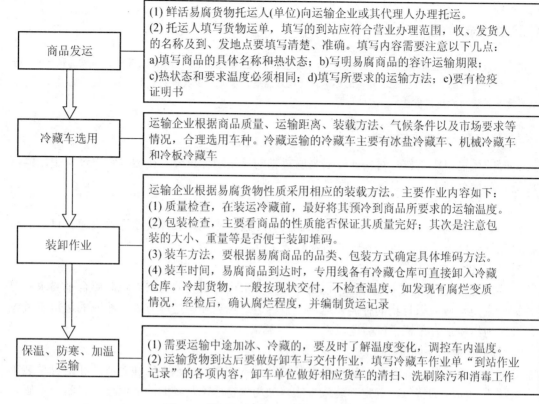

图 8.3 鲜活易腐货物运输流程及操作规范

活动　模拟鲜活易腐货物运输流程

在此次运输任务中，运输对象是冻肉，为鲜活易腐货物。在托运前要进行质量鉴定，用白布套包装，采用紧密堆码方法，不留空隙，装车时要"头尾交错、腹背相连、长短对弯、码紧码平"，底层应将肉皮紧贴底格板，最上层应使肉皮朝上，以免车顶上的冷凝水珠落在精肉上。装车完毕上层可加盖一层草席。

根据图 8.3 的运输组织流程完成冻肉的运输任务。

实　　训

一、实训目的

1. 掌握鲜活易腐货物运输托运与承运过程及接收的作业流程。
2. 培养学生根据具体业务组织鲜活易腐货物运输的能力，养成严谨的工作作风和良好的职业操守。
3. 培养学生与人协作、沟通、团队合作的能力。

二、实训内容

上海腾达运输公司为综合运输企业,具有鲜活易腐货物运输的相关资质,2012 年 11 月 22 日接到一家客户的运输任务,该公司准备从上海运往郑州一批冻虾。作为腾达运输公司的物流员如何操作这单货物?

三、实训要求

1. 学生分组,每组 5~6 人,小组成员进行角色定位及工作分工。具体分工是:受理作业 1 人,接收货物 1 人,过磅 1 人,货物堆码 1 人,核算运费及收款 1 人。循环训练,保证每个学生在每个岗位都进行训练。教师提供相应单据,如托运单等。
2. 模拟托运方,填制鲜活易腐货物托运书。
3. 模拟运输公司,审核托运书,制定相应运输操作规范。
4. 模拟运输流程,完成鲜活易腐货物的运输。
5. 各组互评。
6. 教师点评。

四、实训评价

鲜活易腐货物运输组织技能训练评价表见表 8-15。

表 8-15 鲜活易腐货物运输组织技能训练评价表

	内容	分值	教师评价
考评标准	鲜活易腐货物托运书内容填写完整、准确	20	
	鲜活易腐货物运输操作规范制定详细、准确	30	
	鲜活易腐货物运输流程模拟操作规范	30	
	成员分工合理,积极参与	20	
	合计	100	

备注:① 项目得分由组内自评、组间互评和教师评价 3 部分构成。
② 组间互评得分均不能相同,原则上优秀率为 20%(90 以上);良好率为 60%(分 85、80 两档);中等及以下为 20%(75 以下)。
③ 项目得分=组内自评×20%+互评×30%+教师评价×50%。

参 考 文 献

[1] 阎子刚. 物流运输管理实务[M]. 北京：高等教育出版社，2006.
[2] 高明波. 物流运输管理实训[M]. 北京：中国劳动社会保障出版社，2006.
[3] 季永青. 运输管理实务[M]. 北京：高等教育出版社，2007.
[4] 曲昭仲. 物流运输管理与实务[M]. 北京：机械工业出版社，2008.
[5] 王凤刚. 物流运输管理[M]. 北京：高等教育出版社，2009.
[6] 何柳. 物流运输管理实务[M]. 青岛：中国海洋大学出版社，2010.
[7] 申纲领. 运输案例与实训[M]. 北京：北京大学出版社，2010.
[8] 楚玉琳，乔志强. 运输组织管理实务[M]. 北京：科学出版社，2011.
[9] 王海兰. 运输管理实务[M]. 上海：上海财经大学出版社，2012.
[10] 仪玉莉. 运输管理[M]. 北京：高等教育出版社，2012.

北京大学出版社高职高专财经类规划教材书目

财务会计系列

序号	书　名	标准书号	主　编	定价	出版年月
1	统计学基础	978-7-81117-756-5	阮红伟	30	201101 第 2 次印刷
2	统计学原理	978-7-81117-825-8	廖江平	25	201111 第 3 次印刷
3	统计学原理	978-7-301-21924-9	吴思莹	36	201301
4	统计学原理与实务	978-7-5038-4836-0	姜长文	26	201007 第 5 次印刷
5	实用统计基础与案例	978-7-301-20409-2	黄彬红	35	201204
6	经济学基础	978-7-301-21034-5	陈守强	34	201301
7	经济法实用教程	978-7-81117-675-9	胡卫东	39	201111 第 3 次印刷
8	经济法原理与实务	978-7-5038-4846-9	孙晓平	38	200905 第 3 次印刷
9	财经法规	978-7-81117-885-2	李　萍	35	201202 第 2 次印刷
10	会计基本技能	978-7-5655-0067-1	高东升	26	201211 第 3 次印刷
11	会计基础实训	978-7-301-19964-0	刘春才	29	201201
12	会计基础实务	978-7-301-21145-8	刘素菊等	27	201208
13	企业会计基础	978-7-301-20460-3	徐炳炎	33	201204
14	基础会计	978-7-5655-0062-6	常　美	28	201008
15	基础会计教程	978-7-81117-753-4	侯　颖	30	200907
16	基础会计教程与实训	978-7-5038-4845-2	李　洁	28	201008 第 5 次印刷
17	基础会计教程与实训（第 2 版）	978-7-301-16075-6	李　洁	30	201109
18	基础会计实训教程	978-7-5038-5017-2	王桂梅	20	201106 第 3 次印刷
19	基础会计原理与实务	978-7-5038-4849-0	侯旭华	28	200908 第 3 次印刷
20	财务管理	978-7-5655-0328-3	翟其红	29	201107
21	财务活动管理	978-7-5655-0162-3	石兰东	26	201101
22	财务管理教程与实训	978-7-5038-4837-7	张　红	37	200911 第 3 次印刷
23	财务会计	978-7-5655-0117-3	张双兰	40	201101
24	财务会计（第 2 版）	978-7-81117-975-6	李　哲	32	201003
25	财务会计	978-7-301-20951-6	张严心等	32	201208
26	财务会计实用教程	978-7-5038-5027-1	丁增稳	36	200805
27	财务会计实务		管玲芳	36	201301
28	财务管理	978-7-301-17843-0	林　琳	35	201108
29	Excel 财务管理应用	978-7-5655-0358-0	陈立稳	33	201108
30	中小企业财务管理教程	978-7-301-19936-7	周　兵	28	201201
31	财务管理实务教程		包忠明	30	201303
32	成本会计	978-7-5655-0130-2	陈东领	25	201101
33	成本会计	978-7-81117-592-9	李桂梅	28	201207 第 3 次印刷
34	成本会计实训教程	978-7-81117-542-4	贺英莲	23	201101 第 3 次印刷
35	成本费用核算	978-7-5655-0165-4	王　磊	27	201211 第 2 次印刷
36	成本会计	978-7-301-19409-6	徐亚明	24	201211 第 2 次印刷
37	成本会计实务	978-7-301-19308-2	王书果	36	201108
38	成本会计	978-7-301-21561-6	潘素琼	27	201301
39	审计业务操作	978-7-5655-0171-5	涂申清	30	201101
40	审计业务操作全程实训教程	978-7-5655-0259-0	涂申清	26	201204 第 2 次印刷
41	审计学原理与实务	978-7-5038-4843-8	马西牛	32	201007 第 2 次印刷
42	税务会计实用教程	978-7-5038-4848-3	李克桥	37	200808 第 2 次印刷
43	涉税业务核算	978-7-301-18287-1	周常青	29	201101
44	企业纳税实务	978-7-5655-0188-3	司宇佳	25	201101
45	企业纳税与筹划实务	978-7-301-20193-0	郭武燕	38	201203
46	纳税申报与筹划	978-7-301-20921-9	李英艳等	38	201207
47	企业纳税计算与申报	978-7-301-21327-8	傅凤阳	30	201210

序号	书 名	标准书号	主编	定价	出版年月
48	会计电算化实用教程	978-7-5038-4853-7	张耀武	28	200802
49	会计电算化实用教程（第2版）	978-7-301-09400-6	刘东辉	20	200806
50	电算会计综合实习	978-7-301-21096-3	陈立稳等	38	201208
51	会计电算化项目教程		亓文会	33（估）	201301
52	会计英语	978-7-5038-5012-7	杨洪	28	200908 第2次印刷
53	财经英语阅读	978-7-81117-952-1	朱琳	29	201101 第2次印刷
54	行业特殊业务核算	978-7-301-18204-8	余浩	30	201101
55	预算会计	978-7-301-20440-5	冯萍	39	201205

经济贸易系列

序号	书 名	标准书号	主编	定价	出版年月
1	资产评估	978-7-81117-645-2	董亚红	40	201107 第2次印刷
2	国际结算	978-7-81117-842-5	黎国英	25	201207 第2次印刷
3	国际结算	978-7-5038-4844-5	徐新伟	32	200907 第2次印刷
4	国际贸易结算	978-7-301-20980-6	罗俊勤	31	201207
5	货币银行学	978-7-5038-4838-4	曹艺	28	201206 第4次印刷
6	货币银行学	978-7-301-21181-6	王菲等	37	201209
7	国际金融基础与实务	978-7-5038-4839-1	冷丽莲	33	200708
8	国际金融	978-7-301-21097-0	张艳清	26	201208
9	国际金融实务	978-7-301-21813-6	付玉丹	36	201301
10	国际贸易概论	978-7-81117-841-8	黎国英	28	201204 第4次印刷
11	国际贸易理论与实务	978-7-5038-4852-0	程敏然	40	200708
12	国际贸易实务	978-7-301-19393-8	李湘滇	34	201108
13	国际贸易实务操作	978-7-301-19962-6	王言炉	37	201201
14	国际贸易实务	978-7-301-20929-5	夏新燕	30	201208
15	国际贸易实务	978-7-301-20192-3	刘慧等	25	201203
16	国际贸易实务	978-7-301-16838-7	尚洁等	26	201208
17	国际商务谈判	978-7-81117-532-5	卞桂英	33	201001 第2次印刷
18	国际商务谈判（第2版）	978-7-301-19705-9	刘金波	35	201112
19	国际商法实用教程	978-7-5655-0060-2	聂红梅	35	201204 第2次印刷
20	进出口贸易实务	978-7-5038-4842-1	周学明	30	200805 第2次印刷
21	金融英语	978-7-81117-537-0	刘娣	24	201009 第3次印刷
22	财政基础与实务	978-7-5038-4840-7	才凤玲	34	201001 第2次印刷
23	财政与金融	978-7-5038-4856-8	谢利人	37	200808 第2次印刷
24	外贸单证	978-7-301-17417-3	程文吉	28	201109
25	新编外贸单证实务	978-7-301-21048-2	柳国华	30	201208
26	国际商务单证	978-7-301-20974-5	刘慧等	29	201207
27	商务英语学习情境教程	978-7-301-18626-8	孙晓娟	27	201109
28	国际投资	978-7-301-21041-3	高田歌	33	201208
29	商业银行会计实务	978-7-301-21132-8	王启姣	35	201208
30	商业银行经营管理	978-7-301-21294-3	胡良琼等	27	201209
31	保险实务	978-7-301-20952-3	朱丽莎	30	201208
32	国际市场营销项目教程	978-7-301-21724-5	李湘滇	38	201301
33	报关实务		董章清	33（估）	201301
34	报关与报检实务		农晓丹	33（估）	201301
35	报检报关业务：认知与操作	978-7-301-21886-0	姜维	38	201301
36	外贸英语函电	978-7-301-21847-1	倪华	28	201301

营销管理系列

序号	书 名	标准书号	主编	定价	出版年月
1	电子商务实用教程	978-7-301-18513-1	卢忠敏	33	201211 第2次印刷

序号	书 名	标准书号	主编	定价	出版年月
2	网络营销理论与实务	978-7-5655-0039-8	宋沛军	32	201112第2次印刷
3	电子商务项目式教程	978-7-301-20976-9	胡 雷	25	201208
4	电子商务英语	978-7-301-17603-0	陈晓鸣	22	201111第2次印刷
5	市场营销学	978-7-5038-4859-9	李世宗	28	200807第2次印刷
6	市场营销	978-7-81117-957-6	钟立群	33	201207第2次印刷
7	市场调查与预测	978-7-5655-0252-1	徐 林	27	201105
8	市场调查与预测	978-7-301-19904-6	熊衍红	31	201112
9	市场营销理论与实训	978-7-5655-0316-0	路 娟	27	201107
10	市场营销项目驱动教程	978-7-301-20750-5	肖 飞	34	201206
11	市场调查与预测情景教程	978-7-301-21510-4	王生云	36	201301
12	市场调研案例教程	978-7-81117-570-7	周宏敏	25	201101第2次印刷
13	营销策划技术	978-7-81117-541-7	方志坚	26	201012第2次印刷
14	营销策划	978-7-301-20608-9	许建民	37	201205
15	现代推销技术	978-7-301-20088-9	尤凤翔等	32	201202
16	推销与洽谈	978-7-301-21278-3	岳贤平	25	201009
17	商务沟通实务	978-7-301-18312-0	郑兰先	31	201112第2次印刷
18	商务礼仪	978-7-5655-0176-0	金丽娟	29	201207第2次印刷
19	商务礼仪	978-7-81117-831-9	李 巍	33	201205第3次印刷
20	现代商务礼仪	978-7-81117-855-5	覃常员	24	201206第3次印刷
21	商务谈判	978-7-5038-4850-6	范银萍	32	200908第2次印刷
22	商务谈判	978-7-301-20543-3	尤凤翔等	26	201205
23	职场沟通实务	978-7-301-16175-3	吕宏程	30	201208
24	管理学基础	978-7-81117-974-3	李蔚田	34	201204第3次印刷
25	管理学原理	978-7-5038-4841-4	季 辉	26	201007第3次印刷
26	管理学原理与应用	978-7-5655-0065-7	秦 虹	27	201207第2次印刷
27	管理学实务教程	978-7-301-21324-7	杨清华	33	201301
28	企业管理	978-7-5038-4858-2	张 亚	34	201007第3次印刷
29	现代企业管理	978-7-81117-806-7	于翠华	38	200908
30	现代企业管理	978-7-301-19687-8	刘 磊	32	201204第2次印刷
31	通用管理实务	978-7-81117-829-6	叶 萍	39	201101第2次印刷
32	中小企业管理	978-7-81117-529-5	吕宏程	35	201108第4次印刷
33	中小企业管理（第2版）	978-7-301-21124-3	吕宏程	39	201208
34	企业管理实务	978-7-301-20657-7	关善勇	28	201205
35	连锁经营与管理	978-7-5655-0019-0	宋之苓	37	201208第3次印刷
36	企业经营管理模拟训练（含记录手册）	978-7-301-21033-8	叶 萍等	29	201208
37	企业经营ERP沙盘实训教程	978-7-301-21723-8	葛颖波	29	201301
38	管理信息系统	978-7-81117-802-9	刘 宇	30	200907
39	现代公共关系原理与实务	978-7-5038-4835-3	张美清	25	201003第2次印刷
40	公共关系实务	978-7-301-20096-4	李 东等	32	201202
41	人力资源管理	978-7-5038-4851-3	李蔚田	40	200802
42	人力资源管理实务	978-7-301-19096-8	赵国忻	30	201107
43	消费心理学	978-7-81117-661-2	臧良运	31	201205第5次印刷
44	消费心理与行为分析	978-7-301-19887-2	王水清	30	201112
45	广告原理与实务	978-7-5038-4847-6	郑小兰	32	201007第2次印刷
46	零售学	978-7-81117-759-6	陈文汉	33	201111第2次印刷
47	商品学概论	978-7-5038-4855-1	方凤玲	20	201008第3次印刷
48	秘书理论与实务	978-7-81117-590-5	赵志强	26	200812
49	广告实务	978-7-301-21207-3	夏美英	29	201209
50	营销渠道开发与管理	978-7-301-21214-1	王水清	34	201209
51	商务统计实务	978-7-301-21293-6	陈晔武	29	201209

序号	书 名	标准书号	主 编	定价	出版年月
52	秘书与人力资源管理	978-7-301-21298-1	肖云林等	25	201209

物流管理系列

序号	书 名	标准书号	编著者	定价	出版时间
1	现代物流概论	978-7-81117-803-6	傅莉萍	40	201010 第 2 次印刷
2	现代物流管理	978-7-301-17374-9	申纲领	30	201205 第 2 次印刷
3	现代物流管理	978-7-5038-4854-4	沈默	37	200908 第 3 第印刷
4	现代物流概论	978-7-301-20922-6	钮立新	38	201207
5	企业物流管理	978-7-81117-804-3	傅莉萍	32	201208 第 3 次印刷
6	物流专业英语	978-7-5655-0210-1	仲颖	24	201205 第 2 次印刷
7	现代生产运作管理实务	978-7-301-17980-2	李陶然	39	201211 第 2 次印刷
8	物流案例与实训	978-7-301-17521-7	申纲领	28	201201 第 2 次印刷
9	物流市场调研	978-7-81117-805-0	覃逢	22	201102 第 2 次印刷
10	物流营销管理	978-7-81117-949-1	李小叶	36	201205 第 2 次印刷
11	采购管理实务	978-7-301-17917-8	李方峻	28	201205 第 2 次印刷
12	采购实务	978-7-301-19314-3	罗振华	33	201108
13	供应链管理	978-7-301-20639-3	杨华	33	201205
14	采购与供应链管理实务	978-7-301-19968-8	熊伟	36	201201
15	采购作业与管理实务		李陶然	33（估）	201212
16	仓储管理技术	978-7-301-17522-4	王冬	26	201007
17	仓储管理实务	978-7-301-18612-1	李怀湘	30	201209 第 2 次印刷
18	仓储与配送管理	978-7-81117-995-8	吉亮	38	201207 第 3 次印刷
19	仓储与配送管理实训教程	978-7-81117-886-9	杨叶勇	24	201209 第 2 次印刷
20	仓储与配送管理实务	978-7-5038-4857-5	郭曙光	44	201009 第 2 次印刷
21	仓储与配送管理实务	978-7-301-20182-4	李陶然	35	201203
22	仓储与配送管理项目式教程	978-7-301-20656-0	王瑜	38	201205
23	仓储配送技术与实务		张建奇	33（估）	201301
24	物流运输管理	978-7-301-17506-4	申纲领	29	201109 第 2 次印刷
25	物流运输实务	978-7-301-20286-9	黄河	40	201203
26	运输管理项目式教程	978-7-301-19323-5	钮立新	30	201108
27	物流信息系统	978-7-81117-827-2	傅莉萍	40	201205 第 2 次印刷
28	物流信息系统案例与实训	978-7-81117-830-2	傅莉萍	26	200908
29	物流信息技术与应用	978-7-301-17212-4	谢金龙	30	201211 第 3 次印刷
30	物流成本管理	978-7-301-20891-5	傅莉萍	28	201207
31	第三方物流综合运营	978-7-301-21213-4	施学良	32	201209
32	物流市场营销	978-7-301-21249-3	张勤	36	201209
33	国际货运代理实务		张建奇	34（估）	201301
34	物流经济地理		葛颖波	33（估）	201301
35	运输组织与管理项目式教程	978-7-301-21946-1	苏玲利	26	201301

相关教学资源如电子课件、电子教材、习题答案等可以登录 www.pup6.com 下载或在线阅读。

扑六知识网(www.pup6.com)有海量的相关教学资源和电子教材供阅读及下载(包括北京大学出版社第六事业部的相关资源)，同时欢迎您将教学课件、视频、教案、素材、习题、试卷、辅导材料、课改成果、设计作品、论文等教学资源上传到 pup6.com，与全国高校师生分享您的教学成就与经验，并可自由设定价格，知识也能创造财富。具体情况请登录网站查询。

如您需要免费纸质样书用于教学，欢迎登陆第六事业部门户网(www.pup6.cn)填表申请，并欢迎在线登记选题以到北京大学出版社来出版您的大作，也可下载相关表格填写后发到我们的邮箱，我们将及时与您取得联系并做好全方位的服务。

扑六知识网将打造成全国最大的教育资源共享平台，欢迎您的加入——让知识有价值，让教学无界限，让学习更轻松。

联系方式：010-62750667，sywat716@126.com（经管），lihui851085153@163.com（物流），linzhangbo@126.com，欢迎来电来信咨询。